O que as pessoas estão falando sobre
Os Sonhos de Mateus

"Conseguir sentir como o filho ou a filha vivenciam a angústia de um futuro incerto enquanto estão dentro de uma universidade cada vez mais automatizada. Mais do que isso, conseguir compreender o sentimento de euforia e imediata perseverança que move esse jovem quando se inspira com algo e passa a ter o sonho de empreender em uma startup. Foi isso que João Bonomo fez, com exímia maestria, realismo e sensibilidade, ao permitir que milhões de pais e universitários antecipem a compreensão de que pessoas comuns fazem coisas extraordinárias quando aplicam tecnologias acessíveis a modelos de negócios inovadores. O autor nos liberta a ter diálogos de legado, e não apenas da escolha de um nome do curso superior com seus filhos. As comunidades de startups, o futuro e a esperança de nossa juventude agradecem."

Fábio Veras, Diretor de Programa de Aceleração de Startups e Fundador do Movimento Startup Kids

"*Os sonhos de Mateus* é o tipo de livro que mexe com a gente. Ele reúne tanto as questões técnicas e objetivas do empreendedorismo quanto aspectos de natureza mais subjetiva. Essa mistura nos faz viajar na história e ter um encontro surpreendente com o nosso próprio Mateus."

Marcelo Amaral, Consultor e Professor nas áreas de Vendas e Marketing

"Como Mateus, ser um empreendedor é estar disposto a lidar com riscos diários em situações adversas nos negócios e nas ideias, nos produtos e nas visões de suas missões ao desconhecido.
Saber que essa estrada é intensa e atraente aos corações valentes desse universo incerto é se dar conta de que são as inovações disruptivas e as transformações que nos marcam por toda vida."

Gedeon Antunes, Empreendedor na Agência Apps

"João Bonomo mostra em *Os sonhos de Mateus* a competência de quem conhece bem o tema empreendedorismo e também o público jovem que está enfrentando o desafio de fazer escolhas para o futuro. Em um texto que prende o leitor que busca as emoções de um bom romance e é didático para quem quer abrir seu próprio negócio, conhecemos um Mateus que rejeita a monotonia e a mesmice de um emprego que não abre espaço para escolhas pessoais e inovação, e decide escrever seu próprio roteiro de vida como empreendedor."

Afonso Cozzi, Professor de Empreendedorismo e acionista de gestora de Fundos de Venture Capital e Private Equity

OS SONHOS DE MATEUS

AVENTURAS E DESVENTURAS DE UM **EMPREENDEDOR** NO UNIVERSO DAS **STARTUPS**

EDITOR
Marcelo Amaral de Moraes

ASSISTENTE EDITORIAL
Vanessa Cristina da Silva Sá

CAPA
Diogo Droschi

REVISÃO TÉCNICA
Marcelo Amaral de Moraes

REVISÃO
Samira Vilela

DIAGRAMAÇÃO
Guilherme Fagundes

Dados Internacionais de Catalogação na Publicação (CIP)
(Câmara Brasileira do Livro, SP, Brasil)

Bonomo, João

Os sonhos de Mateus : aventuras e desventuras de um empreendedor no universo das startups / João Bonomo. -- 1. ed. -- São Paulo : Autêntica Business, 2018.

ISBN 978-85-513-0353-5

1. Administração de empresa 2. Empreendedores 3. Empreendedorismo 4. Empresários 5. Investimentos 6. Planejamento estratégico 7. Sucesso nos negócios I. Título.

18-13317 CDD-658.421

Índices para catálogo sistemático:
1. Empreendedorismo : Administração de empresas 658.421

A **AUTÊNTICA BUSINESS** É UMA EDITORA DO **GRUPO AUTÊNTICA**

São Paulo
Av. Paulista, 2.073,
Conjunto Nacional, Horsa I
23° andar . Conj. 2310 - 2312.
Cerqueira César . 01311-940
São Paulo . SP
Tel.: (55 11) 3034 4468

Belo Horizonte
Rua Carlos Turner, 420,
Silveira . 31140-520
Belo Horizonte . MG
Tel.: (55 31) 3465 4500

Rio de Janeiro
Rua Debret, 23, sala 401
Centro . 20030-080
Rio de Janeiro . RJ
Tel.: (55 21) 3179 1975

www.grupoautentica.com.br

JOÃO BONOMO

OS SONHOS DE MATEUS

AVENTURAS E DESVENTURAS DE UM **EMPREENDEDOR** NO UNIVERSO DAS **STARTUPS**

autêntica
BUSINESS

AGRADECIMENTOS

Os sentimentos decorrentes de um processo de agradecimento são realmente inesquecíveis e indispensáveis. Me cerco de pessoas que agradecem.

Já notou que o exercício de agradecer se torna recorrente à medida que você passa a agradecer? Cada linha da filosofia vai discorrer bastante para defender seu ponto de vista em relação ao ato e ao efeito da prática do agradecimento – e todas essas perspectivas são positivas e factíveis!

Hoje, tenho que praticar um pouco mais dessa atitude tão benéfica. Me custa muito fazê-la, pois temo que possa esquecer de agradecer um ou outro que fizeram a sua contribuição para que essa história pudesse ser construída. Ao mesmo tempo, me parece leviano não pontuar aqueles me sempre me deram inspiração e amor: a minha mulher Noemi e os meus filhos Miguel e Antônio.

Não poderia deixar de registrar também aquele que deu o empurrão imprescindível para que eu pudesse investir em alguma coisa que acreditava, mas não tinha coragem de encarar: Marcelo Amaral, obrigado mais uma vez.

Tendo destacado essas ilustres presenças, cedo à probabilidade do esquecimento e aponto para todos os alunos, ex-alunos, empreendedores dos programas de aceleração, mentores, coordenadores, demais professores e todos os amigos que me permitiram traçar uma trajetória pelo universo empreendedor desde o início desse milênio.

Mateus é a cara dos primeiros anos dessa geração, e tenho certeza que vários se identificarão com seus sonhos.

Meus mais profundos agradecimentos a todos vocês!

PREFÁCIO

Paulo Renato Macedo Cabral
Sócio-fundador do Instituto Inovação, grupo que congrega as empresas Tropos Lab, Inventta e Inseed Investimentos

Com uma história intensa e original, o sonho de Mateus com certeza irá despertar e inspirar os sonhos de centenas de jovens que desejam seguir um caminho diferente em suas vidas. Trata-se de um caminho mais protagonista e autônomo, no qual é possível criar e gerar riqueza a partir de uma ideia – e, é claro, de muito trabalho!

As tramas e cenas vividas por Mateus detalham com precisão os desafios e as oportunidades vividas por um empreendedor de Startup. Neste livro, João Bonomo teve a capacidade singular de nos apresentar, ao mesmo tempo, vários contextos e conhecimentos, como o do panorama do empreendedorismo inovador no Brasil e em alguns países do mundo, os métodos e processos para se criar uma nova empresa inovadora – no caso, uma startup – e também a trajetória de Mateus em si – seus anseios, tensões, angústias e alegrias – para criar o seu negócio. *Os sonhos de Mateus* não só nos ensina os pensamentos e comportamentos que se apresentam no empreendedor inovador, mas também o ambiente onde ele está inserido para empreender.

A história vivida por Mateus é a síntese da vida de muitos empreendedores. Sua história mostra desde a comunicação com os pais do desejo de empreender até o apoio de seus amigos Leo e George, passando pelo programa de aceleração, pelas conversas na cantina da universidade, pelo trabalho na BIG e pelas aventuras amorosas, assim como por tantos outros momentos desse sonho empreendedor, que representam, de forma muito concreta, a trajetória de muitos que hoje lideram a própria vida. É uma história que nos envolve! Durante sua leitura, me conectei ao personagem, senti seus dramas e frustrações, me alegrei com suas vitórias, fiquei muito angustiado ao conhecer seus erros, mas reduzi minha ansiedade nestes momentos por entender que, no meio empreendedor, na metodologia de aprendizagem empreendedora, o erro é o nosso melhor professor – ou melhor dizendo, nosso melhor mentor.

Sob uma ótica técnica e acadêmica, acredito que *Os sonhos de Mateus* é um livro urgente e inspirador para estimular os debates nas disciplinas de ensino de empreendedorismo, tanto em universidades quanto – e porque não – do ensino médio. Acredito que conhecer a trajetória de Mateus poderá ajudar centenas de jovens a conhecer e optar pelo caminho empreendedor de forma mais consciente. Neste livro, Bonomo conseguiu retratar e expressar seus vinte anos de trajetória no ensino e pesquisa em empreendedorismo, revivendo desde métodos como o plano de negócios e a pesquisa de mercado até o momento contemporâneo, onde metodologias como o Design Thinking, Canvas e Lean Startup, entre outras, permitiram a democratização e a massificação dos métodos e processos para a criação de empresas – e, por sua vez, o impacto nas pessoas que desejam empreender. Com muita propriedade, Bonomo expressa em sua história que as atuais gerações, principalmente os jovens entre 20 a 30 anos, tem o privilégio de viver em uma época em que não só o empreendedorismo, mas também o ensino do empreendedorismo nas universidades e faculdades não é mais um tema desconexo ou alternativo: hoje, ele se apresenta como um novo caminho para a aprendizagem e para a vida.

Os sonhos de Mateus representa muito mais do que o sonho de um indivíduo: ele representa o sonho de inúmeros jovens, o sonho de um Brasil mais empreendedor e inovador, mais aberto e competitivo, mais dinâmico e sem amarras burocráticas, mais tecnológico e avançado. Mateus nos mostra que é possível viver em um país onde o desenvolvimento acontece por meio dos empreendedores, e não por meio do governo e seus políticos. Ele nos mostra um país que dá certo!

Zeitgeist! *Os sonhos de Mateus* representa um tempo que já chegou, um tempo que exigirá dos jovens com espírito empreendedor não só muito foco e disciplina para empreender, mas também permitirá muita criatividade, liberdade, conexões, protagonismo, experiências e abundância para desenvolver, criar e implementar o que ainda não existe, as ideias e soluções que o nosso mundo precisa.

01

ESCOLHAS

A playlist não estava baixando da forma como ele havia se acostumado: estava demorando muito mais do que o normal. Lá no trabalho tinha um Wi-Fi poderosíssimo. Em casa, um notebook ligado a uma rede que, apesar de ter uma velocidade bem boa para vídeos e streaming, consumia uma parcela bastante significativa do seu salário. Mas valia cada centavo. Afinal, nada como assistir por live o show do Red Hot Chilli Peppers em Seattle, na cama, antes de dormir.

No ponto de ônibus, ele pensava se valia a pena pagar mais caro para ter rede em casa ou guardar a grana para conseguir assumir as parcelas de um carro, mesmo que fosse usado, para não ter mais que ficar até tarde da noite ali, esperando o ônibus na saída da faculdade, o ponto abarrotado de outros estudantes, para só chegar em casa depois das onze e tantas da noite e só conseguir se deitar por volta de meia noite e meia. No outro dia, ele estaria de pé às seis e meia e só chegaria ao trabalho às oito da matina. Pequenos prazeres. Mateus sabia que ter internet em casa, no quarto, era a única coisa que poderia proporcionar-lhe pequenos prazeres. Assistir a shows, conversar com os amigos, fazer novos amigos, reuniões, trabalhos da faculdade, ler tutoriais e até mesmo, quando estivesse mais à toa, um pouco de prazer sexual. Mas ele sabia que, mesmo estando dentro do seu próprio carro agora, estaria preso em um trânsito caótico e incompreensível na saída do câmpus.

Também não estaria feliz! Cada estudante vai para um lugar diferente, em um momento específico, com trajetórias pouco parecidas, e era preciso acreditar que as ruas e os ônibus dariam conta de melhorar toda aquela situação... "É inacreditável a nossa prepotência", pensava Mateus, naquele ponto de ônibus insólito. Não conseguia imaginar uma solução coletiva que não fosse o teletransporte.

Tinha assistido a um vídeo da série Jornada nas Estrelas original e, quando viu o teletransporte, teve uma dessas certezas da vida. Tinha então treze anos e estava assistindo no desktop do seu quarto. Há pouco tempo, havia ganhado a guarda compartilhada do PC do seu irmão mais velho. Mateus usava o computador de manhã, o irmão à tarde. À noite ninguém podia mexer, pois deviam fazer os exercícios da escola sem o auxílio da internet. Numa dessas manhãs, vendo um canal do YouTube, ouviu falar sobre a série, em especial sobre o Dr. Spock. Foi procurar quem era aquele e se deparou com os episódios.

Dali pra frente, até chegar ao teletransporte foi um pulo. Quando finalmente o viu em ação, logo na primeira temporada, Mateus previu o que seria o futuro e decidiu, por conta própria, que iria participar dele. Chegou a dizer publicamente, durante um almoço de domingo na casa de seus avós, que criaria o teletransporte e, assim, resolveria mais da metade dos problemas do mundo. Foi motivo de aplausos e de risadas – de seus familiares, é claro, mas sentiu-se confiante e capaz depois daquele dia. Mais do que imaginar o futuro, Mateus teve clareza de que poderia alcançar um protagonismo nele. É bem certo que ainda não sabia como, quando, onde ou nem mesmo por que, mas algo de latente explodiu em seus neurônios e os ativou de tal forma que ele sabia que seria possível. Difícil, com certeza, mas possível de qualquer forma.

Ainda teve de penar cinco longos anos no final do ensino fundamental e durante todo o médio – com direito a recuperações – para poder chegar ao início do que seria o seu primeiro passo para o futuro.

Escolheu fazer Engenharia Elétrica com ênfase em Eletrônica, pois esse era o caminho para o teletransporte. Lia sobre nanopartículas, sobre como elas podiam ser ionizadas e passadas de uma superfície à outra. Entrou na faculdade vislumbrando que, ao término do primeiro semestre, já teria construído um desintegrador de moléculas. Qual não foi a sua surpresa quando se deparou com um bando de professores chatos, que davam matérias chatas, com conteúdos chatos, um sem-número de textos chatos, com perguntas mais chatas ainda, enfim, um verdadeiro banho de água fria nos seus sonhos.

Mas ele conseguiu ultrapassar esse momento inicial tão desmotivador graças às calouradas, choppadas e noitadas com os novos colegas, que sempre surgiam com um convite para ficar bêbado sem gastar muito, além da chance de conseguir descolar um bom sexo. Era jovem, solteiro, livre, tinha um bom papo e estava com os hormônios à flor da pele. Equilibrava o seu ying com o yang, mesmo sem saber o que isso realmente significava. Dedicava um tempo à farra e um tempo aos estudos, pois sabia que não construiria nenhum teletransporte apenas comprando cervejas e camisinhas.

Olhava agora pelo retrovisor da vida e percebia que cada semestre que passou naquela faculdade, andando por cada canto daquele câmpus, teve uma contribuição significativa para o seu sonho. Aos poucos, as matérias não eram mais tão chatas, os conteúdos se tornavam interessantes e despertavam sua curiosidade. Até mesmo alguns dos professores já não eram tão chatos assim, e as provas e os trabalhos davam-lhe certo prazer. Mas Mateus sabia que, mesmo faltando alguns poucos meses para a sua formatura, estava longe de poder construir um teletransporte – ou mesmo um simples desintegrador de moléculas –, ainda que já contasse com um conhecimento e uma capacidade tão peculiares e fundamentais que já haviam lhe assegurado uma bolsa de iniciação científica encaminhado-lhe para um emprego em uma multinacional do setor de energia. Ele sabia que, em comparação aos que estavam naquele ponto de ônibus, a vida que conquistara, ainda sendo estudante, já era satisfatória. Mas ele tinha outra certeza: a de que ainda poderia ir bem mais longe.

A possibilidade do teletransporte era seu grande combustível. Ele ainda não tinha conhecimento suficiente para construí-lo, é verdade, mas até onde ele pesquisara, ninguém tinha – e isso lhe parecia tranquilizador.

Talvez aquela fosse uma história ainda muito distante da realidade. Mateus lia muito a respeito, assistia a vídeos, assinava canais, seguia as principais pessoas que estudavam sobre o tema. Ele se mantinha conectado com tudo o que estava relacionado ao teletransporte, mas, ao mesmo tempo, entendia que tudo estava científica e financeiramente muito longe da sua realidade, ou mesmo da faculdade. Esforçava-se em seus estudos, mas nada que pudesse garantir a ele uma bolsa no exterior, em algum centro de pesquisas renomado. No entanto, ele também não se sentia um fracassado por causa disso. Já era maduro o suficiente para compreender que, se não fosse com o teletransporte, poderia contribuir para o futuro de outras formas. Ele queria se destacar, queria fazer a diferença para a sua geração, queria ser lembrado por resolver algum problema, satisfazer alguma necessidade, mitigar algum risco, facilitar algum processo, enfim, gerar algum impacto positivo.

Naquele ponto de ônibus, esperando sua playlist baixar e vendo o futuro através de um telescópio, Mateus sabia que era possível pensar em qualquer coisa. O paradoxo da incontrolável espera naquele momento o fazia devanear sobre o dinamismo e a urgência do futuro.

Estava tão fundo em seus pensamentos que demorou a notar uma garota que também estava no ponto de ônibus, junto com outras garotas da faculdade, mas que o olhava e ria insistentemente. Não sabia ao certo se ela estava mesmo olhando pra ele, pois havia vários outros universitários no ponto. Mateus estava tão absorto em suas possibilidades que, na verdade, pouco importava: nem quis saber mesmo se ela olhava para ele ou não. Mas por um instante, pareceu que a conhecia. O penteado, a mochila e a capinha do celular lhe eram familiares... Sem conseguir distinguir de onde ele tinha visto estes símbolos, acabou julgando que a garota sorria para alguém atrás dele.

Voltou para os seus sonhos no mesmo instante em que seu ônibus vinha chegando. Subiu, passou a roleta e conseguiu um lugar quase na última fileira, mas fez tudo de forma tão automática que nem sequer notou que o grupo de garotas também pegara o mesmo veículo.

Na tela do celular, o sinal de Wi-Fi não aparecia nem um tracinho, por menor que fosse. Não havia nenhuma chance de baixar a playlist antes de chegar em casa. Continuou com fones nos ouvidos. Como as meninas estavam próximas, algumas em pé, julgou ser uma boa estratégia fingir ouvir música para ver se, pela conversa delas, ele conseguia se lembrar melhor daquela que o havia encarado no ponto de embarque.

Sentada de costas, ela não o olhava mais. Contudo, uma das amigas que, em pé, balançava com o ônibus, o observava e fazia breves comentários com ela. Mateus continuava viajando no seu som inaudível, fingindo-se de desinteressado mas, ao mesmo tempo, sem desviar o olhar. Seguia viagem. Ia até bem. Mas, à noite, o ônibus sempre parava em todos os pontos – sempre tinha alguém para descer. Foi em uma dessas paradas que ele sentiu seu celular vibrar. WhatsApp. Meio sem paciência, pegou o telefone, clicou naquele balãozinho simpático e reparou que a mensagem era de um número não cadastrado:

Número desconhecido: Oi, o que vc está ouvindo?

Na mesma hora, Mateus levantou o olhar e viu a colega em pé soltando uma risadinha enquanto olhava para o celular da garota que ele não reconhecera.

Agora, estava certo de que a conhecia. Pena não saber seu nome, de onde ou mesmo desde quando. Mas ele conseguiria responder com seu deplorável 4G? Por outro lado, se não respondesse ou se o fizesse por SMS, ela saberia que ele não escutava nada pelos fones. Tentou o WhatsApp mesmo:

Mateus: Queens of the Stone Age! Vc curte? Onde vc está?

Ele notou que ela escrevia alguma coisa e suspirou aliviado. Ufa! Ainda tinha um pouquinho de 4G. A resposta chegou rápido:

Número desconhecido: Sim, curto. Não sabe onde estou?
Cm assim????

Mateus: Agora sei! Rssss.

Mateus tirou os fones, levantou o olhar e deu um sorriso sem graça, meio forçado.

A colega cutucou a garota, que se virou e disse:

– Oi, tudo bom?!

Ele, ainda meio sem graça, respondeu:

– E aí? Beleza? – E soltou uma risadinha frouxa.

– Tudo certo! Faz tanto tempo, né? Tipo um ano?

– É, tipo isso!

Se Mateus perguntasse alguma coisa, ela com certeza ela iria sacar que ele não se lembrava de nada. Preferiu o silêncio. Abaixou o rosto, fechou os olhos e tentou se lembrar do que acontecera doze meses atrás. Era maio, ele estava fazendo um teste de seleção para uma vaga de trainee na empresa onde então trabalhava. Estava no sétimo período. Já tinha obtido a bolsa de pesquisa em um projeto do professor de Sistemas Binários. Estava na fase final de compilação dos dados e fazia o levantamento inicial das proposições. Mas nada vinha à sua mente em relação àquela garota em especial. Foi então que ele a ouviu dizer:

– Fiquei sabendo que você foi selecionado para a vaga. Como é que é lá?

Ele a olhou impressionado. A garota prosseguiu:

– Ué, você não se lembra do processo seletivo?

– Qual deles?

– Da Truesound, não foi?

– Ah sim! Passei.

Finalmente, a imagem da garota lhe veio à memória. Ela estava lá, junto com ele e mais outros dois candidatos, disputando as vagas de trainee. Eles se viram no vai e vem das entrevistas e de algumas dinâmicas de seleção. Tinham até trocado os números do celular para fazer um grupo de WhatsApp, e até chegaram a trocar algumas mensagens durante o processo seletivo, mas nessa época, Mateus andava tão focado que não conseguia nem se lembrar do nome dela.

– Esqueci seu nome, desculpa. – Ele foi logo avisando.

Um pouco desapontada, ela disse:

– Sem problemas, Mateus. De boa. Sou a Laís.

– Ah sim, Laís! Me desculpa, sou péssimo pra guardar nomes.

E foi logo emendando:

– Mas sim, eu passei, Laís. E tô lá até hoje.

– É mesmo? E lá é bom como parecia ser? Tem plano de carreira, benefícios, um clima de trabalho legal?

Para não parecer muito esnobe e mostrar que havia sido selecionado por uma grande empresa que tinha todos aqueles requisitos em alto grau, Mateus foi ponderando com o rosto e respondendo afirmativamente, dando a entender que era bom, mas nem tanto assim. Ela sacou o sinal e emendou:

– Sabe que eu nem me importei muito em não ter passado? Logo que saí, fui chamada para desenvolver um projeto de iniciação científica com uma professora do Departamento de Administração e já vou fazer outra viagem para apresentar os resultados da pesquisa!

Ela parecia entusiasmada.

– Que bom! – Mateus disse, sorrindo.

Laís parecia meio sem graça por ter falado tanto e se encolheu, esperando que ele continuasse. Foram uns dez segundos de silêncio constrangedor.

– Que legal, Laís! Às vezes, o que a gente acha ser uma má notícia acaba sendo algo bom, né?

O tom meio apaziguador mostrava claramente que ele dizia algo que sequer havia experimentado. Sempre focado em seus objetivos, indo direto ao que queria, Mateus não havia esbarrado em muitos obstáculos, mas sabia que, quando eles surgissem, não seriam capazes de impedi-lo de fazer o que ele desejasse. De certa forma, Laís sentiu que Mateus queria confortá-la, e não se deu por vencida:

– Pois é. Encontrei uma coisa no meu curso que realmente faz sentido pra mim, me dá um propósito pra continuar estudando. É uma coisa que me interessa mesmo!

Mateus sentiu que ela estava compensando as coisas: não passou no processo, mas agora faz o que gosta. Nas entrelinhas, aquilo soava como: "não trocaria um emprego realmente legal por esse trabalho meia-boca na Truesound". Ao mesmo tempo em que se sentia embaraçado por ter criado tal contrapeso na situação, Mateus percebia um vigor e uma leveza naquilo que ela falava. Tanto que acabou se lembrando de que Laís o surpreendera em algumas dinâmicas, mostrando um comportamento e um ponto de vista bem distintos daqueles com os quais ele estava acostumado a lidar. Lembrou-se de uma cena em uma das etapas da entrevista coletiva, quando os candidatos foram questionados sobre a masculinização de algumas áreas do conhecimento e a feminilização de outras.

Na ocasião, Laís respondeu que aquele era um problema social, pois homens e mulheres possuíam as mesmas capacidades, e as qualidades de um bom profissional independiam do seu gênero. Para Mateus, essa questão nunca havia sido contemplada no decorrer do curso. Era uma coisa natural ter somente homens nas áreas de Elétrica e Eletrônica, assim como parecia "comum" a presença feminina na área de Psicologia. Laís não era da Psicologia. Ela estudava Administração, e talvez por ser um curso mais heterogêneo quanto às questões de gênero, tinha uma visão mais crítica e equilibrada do que a de Mateus. Enquanto se lembrava dessa situação, ele olhou para Laís, esboçou um sorriso meio de lado e se sentiu um pouco envergonhado.

Parecia que Laís também estava se lembrando de algum outro momento. Ou até do mesmo. Retribuiu o esboço de sorriso, abaixando a cabeça e olhando por cima dos óculos. Seus lábios tinham um fino traço avermelhado, singular e bonito ao mesmo tempo. Os segundos pareciam não passar, até que uma das colegas a cutucou:

– Ei, Laís, acorda! Vamos descer no próximo ponto.

Ele a acompanhou com o olhar, vendo-a se levantar do assento e descer os degraus como se estivesse sendo carregada.

– A gente se fala? – Perguntou Laís.

– Sim, com certeza. Tô com o seu WhatsApp, né!?

Foi nesse momento que ele sacou que já tinha passado do seu ponto. Estava no seguinte. Levantou-se meio perdido, sem saber ao certo se ia para a porta do meio ou para a de trás e, bradando um "peraê, motorista!", foi se desculpando e pedindo licença para as pessoas que estavam no seu caminho. Saiu segurando a porta, esbaforido, mas pelo menos em pé e com seus fones de ouvido. Acabou saindo por trás. Na calçada, viu que Laís o olhava enquanto suas amigas riam.

– Ué, cara, de novo? – Ela exclamou.

– Pois é, já deu saudade... – Ele disse, insistindo com o sorriso de lado.

Laís voltou a abaixar o rosto e levantar o olhar. Aquilo passou a seduzi-lo tremendamente – e ela parecia saber o efeito que seu gesto causava às pessoas. Houve correspondência. Alguma ligação. Ele começou a se explicar:

– Eu perdi o meu ponto. Devia ter descido no anterior.

Esse argumento só a fez rir mais um pouco:

– Tudo bem... Nós vamos subir.

– É, preciso ir andando também. – Disse, sem graça. – A gente se fala depois.

– Com certeza.

Ela se virou e foi acompanhando as colegas. Ele continuou ali parado, vendo-a subir. Nunca tinha reparado tão bem em Laís. Aliás, nem se lembrava dela direito, nada além de uma candidata disputando uma vaga de trainee com ele. Foi descendo a rua e pensando: "Nossa, estava tão focado no processo seletivo que nem percebi como ela é uma gata!".

Foi fuçando o celular de novo e tocou levemente na foto de perfil de Laís no WhatsApp. Parou por um instante e viu que ela realmente era sedutora. A foto mostrava a garota de rosto abaixado e olhar levemente levantado. "Uma gata...", Mateus deixou escapar por entre os dentes.

Voltou a caminhar, já sonhando com o momento de chegar em casa para abrir o Facebook dela e ver mais fotos. Foi então que ele se deu conta de que Laís nunca estivera naquele ônibus, naquele horário, em outras noites. Será que ela havia se mudado recentemente? Ou será que estava indo para a casa de alguma daquelas colegas? Fato era que a insensibilidade precoce daquele encontro o incomodava, mas ao mesmo tempo dava subsídios suficientes para que ele pudesse mandar uma mensagem e reestabelecer o contato, perdido desde a época do processo seletivo.

Foi para casa sorrindo. Estava eufórico com o recente reencontro e mais ainda pela conversa. Mateus percebeu que havia rolado algo além daquele blá blá blá de sempre. Quis tanto ampliar aquele momento que resolveu ritualizar o encontro digital. Entrou em casa, cumprimentou o pai com um tapinha nas costas e a mãe com um beijo na testa. Ambos seguravam seus cigarros e já estavam um pouco sonolentos. Mateus disse à mãe que não precisava se levantar para preparar nada, pois ele não estava com fome e só ia passar uma água no corpo. Ela acatou o pedido do filho e ele correu para pegar a toalha. Viu luz por baixo da porta do quarto do irmão, mas não o interrompeu. Acendeu a luz do banheiro e foi assoviando para o quarto. Jogou a mochila num canto, tirou a roupa, enrolou-se na toalha, calçou os chinelos e trancou-se no banheiro.

Quase dez minutos depois, saiu de lá já seco, pronto pra colocar uma bermuda e ir atrás de algo para mastigar na cozinha. Era força do hábito, pois fome mesmo ele não tinha. Colocou duas fatias finas de salame na boca, tirou a gordura dos dedos no pano de prato mais próximo, despediu-se dos pais – que continuavam fumando sonolentos – e foi correndo para o quarto.

Mateus colocou o travesseiro em pé, encostado na cabeceira da cama, sentou-se de índio e colocou o notebook entre as pernas. Depois de alguns cliques, encontrou o perfil de Laís. Solicitou a amizade, deu uma olhada nos amigos em comum e partiu para os álbuns. A maior parte das fotos era de palestras que Laís tirava de alguém que parecia ser uma professora. Quando ela mesmo aparecia, era em meio a debates, mesas-redondas, workshops, vez ou outra tirando uma selfie com outras pessoas que estavam (ou pareciam estar) nos mesmos eventos. Os álbuns não tinham nomes, só datas. Ele encontrou uma de uns três meses atrás que mostrava a garota numa praia, somente de biquíni. Parou e ampliou a foto para ver melhor. Observou o quanto ela era bonita. Viu outra foto, e mais uma, e mais uma. Parecia que Laís não ligava muito para as redes sociais, pois não dizia se estava em um relacionamento sério ou namorando, nem dava qualquer outra pista que pudesse ajudar Mateus a sacar se ela estava solteira ou não. As fotos eram poucas e até mesmo monótonas. Seu perfil não permitia concluir se ela trabalhava ou não, onde esteve, quais eram seus hobbies, etc. Havia uma mínima lista de músicas na qual ele pôde checar se Laís gostava mesmo de Queens of the Stone Age – e ela realmente gostava. Esse ponto em comum o deixava mais interessado ainda.

Enquanto o perfil de Mateus era todo completo e atualizado, o de Laís era vazio e permitia tudo aquilo que a internet nos faz acreditar. Na imensidão de dados, qualquer combinação era possível. Sentia-se agoniado com essa noção de tamanha vastidão. Foi nesse momento que sentiu seu celular vibrar. Era uma mensagem de Laís:

Laís: Vc me solicitou amizade?

Ele respondeu depressa:

Mateus: Sim, fui eu.

A palavra digitando, seguida daqueles três pontinhos, o deixou ainda mais agoniado. Mas a resposta finalmente chegou:

Laís: É porque a sua foto é uma bandeira do Brasil, eu não sabia que era vc.

Ele sorriu de um lado, ela lado outro.

Mateus: Ok.

Laís aceitou o convite e ele viu que a timeline dela se abria por toda a tela do computador. Mateus deixou o celular de lado e foi logo deslizando o mouse para ver como era a vida dela. Encontrou diversos posts sobre educação e tecnologia. Um outro comentário interessante sobre questões de política, economia, Brasil. Algumas frases de efeito para lembrar, comemorar ou zombar de outros posts. Pouquíssimos vídeos ou postagens de lugares ou atividades realizadas. Definitivamente, a vida on-line de Laís não parecia ser nada intensa. Perto do que era sua página pessoal, a dela não dava muitas pistas do que era relevante no seu dia a dia.

Mateus sabia, porém, que ela tinha muito mais amigos do que ele, mas quase nenhum em comum. Foi procurá-la no LinkedIn e não encontrou nada com o seu nome. Os principais perfis nem se assemelhavam a ela – só pelo nome mesmo. No YouTube, também nada. Twitter, muito menos. Em todas as redes sociais em que ele estava, ela não se encontrava. Mesmo assim, tinha mais amigos do que ele. Muito mais. Mateus ficou encucado, pensando se a organização e o detalhamento das suas informações não eram mais interessantes do que os dados disponibilizados por Laís. Ele aprendera, em alguma daquelas aulas do curso de gerenciamento, que a rede de relacionamentos era muito importante, mas achava que esta era uma decorrência da sua especialidade técnica. Não era. Sentiu, pela primeira vez, o que era não ter muitos amigos. Sentiu-se um nerd. Pouco sociável seria o melhor termo, mas nerd lhe parecia mais real. Ficou um pouco frustrado e logo se afundou no travesseiro. Voltou às fotos de Laís de biquíni e deixou a sua mente vagar pelas praias do nordeste.

De volta ao celular, mandou uma mensagem para ela:

Mateus: Vc mora aqui no bairro? Nunca tinha te visto no ônibus antes!

Voltou os olhos para a tela do notebook e se levantou para ir ao banheiro. A porta do quarto do irmão estava aberta, mas ele não estava lá. "Deve estar na cozinha ou na sala", pensou. Fechou a porta do banheiro, fez xixi, escovou os dentes. Outro ritual. Voltou para o quarto e, assim que se deitou, viu que tinha chegado uma resposta:

Laís: Não, não moro por aqui não. Vim para a casa de uma colega porque amanhã vamos viajar cedo e precisamos chegar ao aeroporto bem cedinho. Seu curioso! – ela brincou.

Mateus sorriu e respondeu imediatamente:

Mateus: Sim, curioso... e cada vez mais..... Vai viajar pra onde?

Logo depois veio outro balãozinho:

Laís: Curitiba.

Naquele momento, ele percebeu que ou ela não estava namorando ou, se estava, não estava muito afim. Valia a pena investir.

Passou pela cabeça de Mateus fazer algum comentário a respeito da quantidade de amigos que ela tinha, mas ele logo percebeu que não seria uma boa estratégia. Ficou ali, olhando para a tela, até que digitou uma resposta genérica, seguida de uma carinha feliz. No topo da janela, apareceu então a palavra "digitando" e a seguinte mensagem:

Laís: Vou dormir pq amanhã realmente temos que acordar bem cedo.

Laís mandou um "boa noite" mais genérico ainda, o que entristeceu Mateus e o deixou mais agoniado, pois ele tinha esperanças de continuar conversando com ela por mais tempo. Respondeu apenas:

Mateus: Ok, boa noite. A gente se fala mais depois então.

Ele completou com outro "boa noite" e um "vlw" pouco pertinente. Mateus achava que tinha sido um bom papo, mas estava afoito para sair dali com pelo menos uma brecha para marcar um encontro. Que nada! Ele ficou na dele e não se mostrou nem um pouco ávido.

Foi até onde podia ter ido. Queria mais e não teve. Enfiou na cabeça que deveria ampliar sua quantidade de amigos. Aparentemente, sua disposição em apresentar suas informações e outros detalhes da sua vida não lhe rendera mais do que uma escassa rede de relacionamentos, e ele se sentiu inferiorizado por isso. Sua suposta e esclarecida vida pessoal e profissional podia não garantir bons contatos e nem conseguir levá-lo para fora do estado, ao contrário do que ia acontecer com Laís no dia seguinte. Lembrou-se que as únicas vezes que viajou foi com a família, ou em excursões pela faculdade ou pelo colégio. Era bom no que fazia e no que sabia, mas será que fazia e sabia aquilo que gostava? Lembrou-se do jeito que Laís se gabava do que estava fazendo e de como fora bom pra ela não ter passado naquele processo seletivo, que para ele significava toda uma aspiração de carreira. Mas agora, parecia que não estava feliz nessa mesma carreira.

Mateus se sentiu desmotivado. Ficou com uma sensação de que talvez tudo estivesse errado em sua vida – e não gostou nada disso.

Afundou-se ainda mais no travesseiro e, fechando o notebook, lembrou que ao menos tinha feito uma escolha certa: se ele tivesse comprado o carro em vez de pagar pela internet em casa, certamente não teria reencontrado Laís.

E isso seria uma perda ainda maior na sua vida.

02

POSSIBILIDADES

– Chega o dia dez mas não chega o dia cinco!

Esse clichê lhe vinha à mente quase todo fim de mês. Um provérbio. Em um misto de ansiedade e chateação, Mateus se lembrava dessa frase enquanto ansiava pelo pagamento do seu salário. Não que sempre estivesse precisando de dinheiro; era mais porque sempre cismava de comprar algum item para a sua "parafernália computacional" – um apelido carinhoso que sua mãe dera para o quarto dele –, ou porque sempre pintava uma balada ou encontro com colegas da faculdade.

Mateus não ganhava o suficiente a ponto de se gabar, mas a empresa lhe dava muitos benefícios. Somados ao conforto e à economia que sua família lhe proporcionava, ele se dava ao luxo de manter uma boa poupança. Herança da madrinha Léa, irmã de seu pai, que, quando ele nasceu, depositou um dinheirinho em seu nome no banco. Desde então, em todos os seus aniversários, ela abastecia a conta com valores bastante significativos. E desde pequeno Mateus sabia destes depósitos anuais. Ela telefonava parabenizando-o e, no vaivém da conversa, dizia-lhe que já tinha deixado um dinheirinho para ele no banco, mas que ela só daria o número da conta quando ele tivesse vinte e um anos. O menino agradecia, caprichava em um "muito obrigado" bem animado e, no fundo, achava era muita graça quando a tia-madrinha falava a palavra "dinheirinho".

No fim de semana logo após o seu vigésimo primeiro aniversário, Léa foi almoçar com o seu afilhado justamente para poder dar a ele a sua caderneta. Muito metódica, cerimoniosa até, pouco antes de se sentarem à mesa, em torno de uma galinhada que aparentava estar bastante apetitosa, Léa levantou-se e, tirando um envelope branco e grande de dentro da bolsa, pediu licença e disse que havia esperado vinte e um anos por aquele momento, quando finalmente poderia entregar o presente ao seu afilhado Mateus. Ela acreditava que tinha valido a pena, fez questão de enfatizar. E emendou dizendo que, apesar de saber que a partir dali o garoto poderia fazer o que bem entendesse com o presente, esperava que tivesse juízo e consciência suficientes para continuar guardando – e, se possível, depositando mais "dinheirinhos" naquela conta. "É para que você tenha condições de comprar ou pelo menos dar entrada em uma casinha", completou.

Mateus concordava com tudo o que ela dizia. Ouvia-a com seriedade, ainda que com um largo sorriso no rosto. Abraçou-a muito agradecido, e enquanto sua mãe chamava todos para se sentar e almoçar, foi abrindo o envelope. O nome "Caderneta de Poupança" devia-se justamente ao formato que os bancos davam à pequena pasta de plástico, dividida ao meio e com dois espaços, um para cada lado. Lá se encontrava um microformulário com campos para a colocação do nome do dono da conta, do número da conta, da agência e do banco, além de outras informações menos importantes. Todas já estavam preenchidas à mão, e o nome dele estava lá. Por inteiro. No outro lado da caderneta encontrava-se um papel branco, impresso por computador, no qual constava o saldo atual da conta poupança. Depois de puxar o papelzinho com os dedos e desdobrá-lo, conseguiu ver realmente o valor que passava agora para sua guarda e posse.

"Caramba!", pensou. Ali tinha o suficiente para comprar um carro novo – e dos bons, ainda por cima. Vinte e um anos com depósitos realmente anuais fazem muita diferença. Com um sorriso mais largo ainda, Mateus dobrou o papel do extrato bancário e, guardando a caderneta dentro do envelope, foi dar outro abraço na madrinha.

Banqueteou-se com a salada, com a galinhada e com a sobremesa. Depois do almoço, quase dormindo enquanto assistia a um filme, refletiu sobre a importância de ter um dinheiro guardado e, sempre que possível, adicionar outra parte. Ficou o aprendizado: todos os meses, reservava uns vinte por cento do seu salário para alimentar a conta poupança. Quando a madrinha perguntava, ele sempre respondia que ainda estava mantendo o juízo e a consciência. Mateus sabia que sempre podia tirar uma grana para comprar um software melhor ou mesmo baixar um aplicativo pago, e sabia que poderia fazer o mesmo para bancar uma noitada com os amigos. Mas resistia: não mexia na poupança de jeito algum.

Em certos meses ele não conseguia depositar nada, pois havia gastos maiores com o lançamento de algum jogo ou com uma eventual compra mais cara. Dependia de seus pais no que dizia respeito ao pagamento das contas da casa, mas com seus gastos pessoais ele mesmo arcava: roupas, materiais de estudo, saídas para as baladas e quaisquer pequenos prazeres eram bancados com o dinheiro do seu bolso. Como o salário ainda não era dos melhores, Mateus até conseguia fazer tudo isso, mas não sobrava quase nada. E enquanto o dia cinco – o do pagamento – ainda não chegava, aguardava ansioso e chateado. Apático, se enfiava em casa, resignado com a demora do dinheiro para cair na conta.

Mateus via as fotos dos amigos pelo Direct e tentava não se irritar ou se arrepender por não ter ido com eles. Lia notícias sobre o lançamento de aplicativos e sobre novos softwares – e, com determinação, segurava o impulso de compra, tão intenso no meio digital. Muitas vezes escolhia ficar offline, pois só assim se desligava um pouco e se dedicava aos livros.

Foi em um desses fins de mês, enquanto esperava a grana cair, que Mateus saiu para assistir a um jogo de futebol em um boteco perto da casa de um colega de faculdade. Programa barato e bom. "Só algumas poucas cervejas, mais o valor das passagens de ônibus", pensou. Para isso ainda tinha dinheiro.

Jogo pegado, mas sem muitos gols. O barzinho escolhido também não era assim grandes coisas, não. Nem todas as mesas estavam ocupadas e havia poucas pessoas acompanhando o jogo. Foi em meio a essa situação enfadonha que, voltando do banheiro, Mateus olhou para fora do bar e viu o Leo, sentado sozinho e mexendo freneticamente no celular. Parou por um instante, e fechando um pouco os olhos para fixar o olhar, reconheceu o antigo colega. Não sabia se ia até lá dar um oi ou se voltava para a mesa para assistir ao final do primeiro tempo. Mesmo ainda um pouco distante da televisão, ouvia a locução do jogo. Foi aí que Leo, como se sentisse que alguém o olhava, aprumou-se na cadeira e deu de cara com Mateus ali, poucos metros à sua frente. Um pouco surpreso, falou:

– E aí, cara, beleza?

Não reconheceu Mateus de primeira, apenas sentiu que alguém o olhava.

– Beleza! – Mateus respondeu. – Tá lembrando de mim não, cara?

Leo baixou os óculos escuros e, levantando-se, entrou no bar e disse:

– Diz aê, Mateus! Beleza? Claro que me lembro de você, cara! – Disse isso e emendou um cumprimento legitimamente universitário de bater as mãos, fechar os pulsos e dar um soquinho no outro, e finalmente se abraçaram.

Afastaram-se sorrindo e Mateus completou:

– Quanto tempo, mano! Nunca mais te vi ou tive notícias suas. Que que você tá arrumando? Eu tô sentado ali com o Dario, lembra dele?

Eram tantos questionamentos que Leo só ria e acenava afirmativamente.

– Claro que me lembro dele! – Foi respondendo na ordem invertida das perguntas. – Tô trabalhando na minha própria empresa. Trampando demais, porque tô expandindo meus negócios pra São Paulo. Faz um tempão mesmo, Mateus! E você, cara? Que que você tá arrumando?

Leo havia sido calouro de Mateus na faculdade. Tinham praticamente a mesma idade e se conheciam desde o finzinho do ensino médio. Leo foi para a escola onde Mateus estudava, pois ela ficava a poucos quarteirões do novo trabalho de seus pais – e, em termos logísticos, isso era uma grande vantagem para eles.

No final do último ano, Leo foi fazer intercâmbio. Acabaria entrando na faculdade seis meses depois de Mateus, e no mesmo curso. Mas ele ficou só ficou lá por três semestres, depois não deu mais notícia. Mateus achou estranho aquele sumiço repentino, mas como estava focado nos estudos e já começara sua iniciação científica, não tinha muito tempo para ficar remoendo sobre amizades que se foram. Chegou a ouvir algumas conversas de que Leo tinha viajado para o exterior, mas ninguém parecia ter muita certeza. Teorias à parte, a estranheza do seu sumiço era mais intensa quando o pessoal da faculdade se reunia em festinhas de música eletrônica, pois Leo adorava esse tipo de som. E como era um cara muito extrovertido e frequente nesse tipo de balada, todos se lembravam dele, mesmo ele não estando ali. Mas no meio da bebedeira e das paqueras, o assunto Leo costumava ser esquecido com a mesma rapidez com que tinha sido lembrado.

Mateus estava bem feliz em poder rever o amigo mais de dois anos depois.

– Tá sozinho aí? Não tá a fim de sentar ali com a gente pra assistir ao jogo?

Sem querer parecer muito indelicado, Leo respondeu que sim, que já ia sentar lá, mas que antes precisava responder uma mensagem. Ia pedir ao garçom pra transferir a conta para a mesa de Mateus e depois iria pra lá.

Concordando, Mateus disse que o esperaria então, e soltando um "bom te ver de novo, cara", afastou-se.

Foi exatamente quando o apito do final do primeiro tempo soou que Leo chegou à mesa onde seus colegas estavam. Com o celular em uma mão e um copo de cerveja na outra, meio sem jeito para abraçar, reencontrou Dario. O cumprimento foi menos esfuziante do que o de Mateus, mas ainda assim com mútua cordialidade. Pra dizer a verdade, Dario e Leo só se conheciam; nunca tinham saído juntos. Dario era mais introspectivo – o contrário de Leo.

Todos sentados, Leo foi logo falando com Mateus:

– Sumi total né, cara?

Concordando, Mateus repetiu:

– Que que você tá arrumando, mano? Todo mundo ficou de cara com o seu sumiço. Disseram que você tinha ido para o exterior.

– Pois foi isso mesmo, Mateus. No final do semestre, eu já tava olhando um esquema lá na Califórnia, e esperei foi só as provas terminarem pra partir. Fiquei quase seis meses lá e, quando voltei, fui pra São Paulo.

– Tá trabalhando lá em Sampa agora? – Mateus perguntou.

– Não, fui pra conversar com uns investidores. Depois voltei pra cá e fiquei trampando direto. Só agora que devo ir em definitivo pra São Paulo.

Mateus abriu um sorriso mais de espanto do que de alegria e, meio que sem entender, Leo continuou:

– Eu abri uma startup!

A reação de Mateus foi mais espantada ainda. Não tinha sacado lhufas do que Leo dissera, e seu rosto o denunciava. Leo sacou que nem ele e nem Dario tinham entendido direito, e repetiu:

– Startup, cara! Vocês não sabem o que é isso?

Mateus e Dario se olharam como se estivessem buscando a resposta um no outro e, voltando-se para Leo, responderam:

– Não, não sabemos. O que é uma startup?

– Caramba, em que mundo vocês vivem? – Leo perguntou e começou a rir.

Ainda sem entender nada, mas já rindo também, Mateus respondeu:

– Ué, Leo, no mundo da Elétrica-Eletrônica. Você sabe disso!

Leo não se conteve e soltou uma gargalhada:

– Não, cara! Você *estuda* Engenharia Elétrica, mas quem *vive* nesse mundo sou eu! Meu negócio tem muito de Elétrica e de Eletrônica também.

Como continuava sem entender nada, Mateus disse:

– Como assim, Leo? Você já formou? Você era meu calouro!

– Nada disso, Mateus. Não tive saco pra continuar estudando, aquele curso era chato demais. Fui trabalhar num negócio de georreferenciamento e acompanhamento para animais domésticos. Um aplicativo. Tem mais a ver com o curso de Ciências da Computação, mas se relaciona à área de Eletrônica.

Cada coisa que Leo falava fazia com que Mateus entendesse menos ainda. E parecia que o seu rosto continuava a denunciá-lo, pois Leo dava sequência ao assunto como se estivesse explicando uma matéria:

– Minha mãe é veterinária e também é dona de um petshop. Um dia ela chegou em casa e disse que seus clientes – no caso os donos dos animais – viviam se esquecendo de dar as vacinas, os vermífugos e os remédios pros bichinhos. Eu perguntei se ela não dava uma caderneta de vacinas pros donos acompanharem essas atividades e ela respondeu que sim, que entregava cadernetas a todos. Só que mesmo assim eles se esqueciam das datas ou dos horários marcados pra dar os medicamentos. Geralmente, o problema dos animais se agravava por causa desses esquecimentos, que eram muito frequentes.

Dario enriqueceu o relato de Leo contando de um vizinho que perdeu o cachorro justamente porque não lembrou de dar todas as doses do remédio do bichinho.

– E é isso mesmo que acontece, Dario – Leo emendou –, era disso que a minha mãe reclamava. Na época eu até falei que ela não tinha motivo pra achar isso ruim, porque esses episódios faziam com que o movimento da clínica aumentasse. Mas ela disse que preferia ver os animais vivos do que ficar rica, porque assim ela sabia que estava cumprindo sua missão como veterinária. Porém, ela tinha plena consciência de que os atrasos e os esquecimentos dos clientes eram coisas difíceis de resolver, porque era impossível pedir à secretária que ligasse pra lembrar cada um deles.

Naquele momento, o rosto de Leo se iluminou. Já tinha tirado os óculos escuros desde que se sentara à mesa. Arregalou os olhos e disse, mirando nos olhos de Mateus:

– Foi então que eu resolvi ajudar a minha mãe e tive um insight! E se existisse um aplicativo que pudesse lembrar os donos de animais domésticos dos horários e das datas de vacinação e de vermifugação?

Era inegável o quanto essa história fascinava Leo. Ele ficava até vermelho, tamanha a emoção que sentia ao descrever sua sacada genial. Mateus notava claramente todo aquele entusiasmo. Era contagiante. Epidêmico. Então, perguntou a Leo:

– Mas você já trabalhava com a sua mãe? Você ajudava no petshop ou na clínica... Ou nos dois?

– Não, Mateus, aí é que tá! – Leo retrucou. – Eu não sacava nada do trampo da velha. Mesmo assim, vi que dava para resolver essa questão. Eu sentia que minha mãe ficava bolada com essa história, cara! Eu não fazia nada com ela, ficava na facul estudando ou marcando de bobeira. Você lembra, né Mateus? – Perguntou, sabendo da resposta.

– Sim, sim... – respondeu Mateus, relembrando todas as vezes em que encontrara Leo no câmpus.

E não foram poucas. Lembrou-se das calouradas, em especial a do próprio Leo, e disse:

– Leo, você falando isso assim, desse jeito, é tão diferente daquele cara que entrou na faculdade e ficou todo pintado, sem blusa, no sinal de trânsito tentando arrumar dinheiro pra pegar o tênis e a mochila de volta! – E soltou uma gargalhada sonora.

Leo o acompanhou, levando tudo aquilo na graça da lembrança. Pediram outro chope. Era claro que Mateus estava muito interessado naquela conversa: o segundo tempo já ia começar, mas ele nem se lembrava mais que tinha ido ali para assistir ao jogo.

– Como você foi parar na Califórnia, Leo?

– Então, cara. Na mesma noite daquela conversa com a minha mãe, resolvi que iria ajudá-la com aquela questão. Liguei o computador, comecei a pesquisar mais sobre o assunto e vi que muitas pessoas reclamavam que se esqueciam de dar as medicações e as vacinas para seus animais. Vi até o caso de uma tartaruga que morreu porque o dono se esqueceu de pingar umas gotinhas de remédio na alface dela durante um dia inteiro e , pra compensar, pingou todas de uma vez só.

Os três riram juntos, e ele continuou:

– Aquilo levou o bicho direto pro céu dos animais!

Riram mais ainda. Leo com certeza sabia se comunicar muito bem, e seguia adiante:

– Pesquisei mais sobre o assunto, mas não vi nenhum aplicativo que permitia monitorar a vida clínica de animais domésticos. Mas Mateusinho, o tanto de perfil de cachorro que existe por aí nas redes sociais, cara... Você nem imagina!

Dessa vez, foi Dario quem riu, e contou aos amigos que sua ex-namorada tinha duas contas no Twitter: uma pra ela e outra pra cachorrinha dela. E pra completar o caso, quando eles terminaram o namoro ela o excluiu dos dois perfis!

Os três caíram na risada outra vez, e Leo aproveitou para continuar seu relato:

– Então, cara, estudando mais sobre isso eu percebi que tem mais animais domésticos do que crianças na casa das pessoas, acredita? Eu nem sabia disso, mesmo lá em casa tendo dois cachorros, um labrador e um mastim.

Mateus lembrou que o cachorro da sua família morrera há três anos. Dario teve um quando era pequeno, mas depois que se mudou para um apartamento, teve que abrir mão do bichinho.

– Foi aí que eu decidi procurar se já existia algum aplicativo que fizesse esse monitoramento, que permitisse diminuir as reclamações tanto dos donos quanto dos veterinários. Vi que no Brasil não existia nada do tipo, mas lá fora, na gringa, tinha uma pequena empresa que ainda estava nas primeiras vendas, mas que já fazia todo o tipo de acompanhamento clínico possível. E era na Califórnia. Como no meu primeiro intercâmbio, ainda na escola, eu tinha ido para os Estados Unidos, esperei acabarem as provas lá da faculdade e fui para a Califórnia, com o aval da minha mãe, para trazer aquela tecnologia pra cá.

Mateus ouvia atento, e Leo prosseguiu:

– Entrei em contato com os caras daquela empresa, que eu tinha visto só na internet, e perguntei se eu podia ir lá conhecer o negócio deles. "Claro!", foi a resposta que eu tive. Cheguei num dia em São Francisco e no outro já estava dentro da empresa deles, que funcionava numa espécie de galpão todo projetado em pequenos espaços, tudo sem divisórias, onde cada amontoado de notebooks e tablets correspondia à uma empresa. E esse galpão ficava dentro da faculdade que os caras estudavam, mano!

Vendo a cara de espanto e de entusiasmo de Mateus, Leo continuou:

– Fiquei exatamente como você tá agora, cara, completamente alucinado com o que vi! Era um ambiente de trabalho totalmente diferente de tudo o que eu conhecia até hoje.

Mateus tentava disfarçar suas expressões, mas a história que Leo contava era intensa e necessária. Ele não conseguia mais prestar atenção em nada ao redor. Nem se lembrava mais do jogo, do Dario ou da cerveja esquentando sobre a mesa. Leo continuava:

– Lá, cada um ia trabalhar do jeito que queria. De bermuda, de terno, com cachorro, com música. Todo mundo bebia cerveja, jogava sinuca, Playstation, e tinha até um telão pro Xbox! Eles disseram que lá funcionava a "aceleradora de negócios" da faculdade deles – ou seja, uma empresa que ajuda as startups a se desenvolverem e crescerem, fornecendo metodologias, mentorias e até mesmo encaminhando os negócios para possíveis investidores. Não demorou muito para que eu entrasse no clima, né? Você me conhece, Mateus: fui logo virando brother dos caras e fiquei muito impressionado com o nível de desenvolvimento e de organização deles.

– Tá, mas e daí, Leo? O que isso tem a ver com você ter sumido tanto assim? – Mateus indagou.

– Tô te falando, Mateus. Conheci de perto o produto deles, que é basicamente um aparelhinho que fica instalado na coleira do animal. O veterinário, ao dar o diagnóstico e aprontar a receita, coloca os dados em um programa que é transmitido instantaneamente para a coleira e para o aplicativo, sincronizando as recomendações clínicas. Então, o dispositivo transmite para os donos, pelo celular, todas as informações sobre medicamentos e vacinas. Uma vez feito isso, os donos são avisados sobre os dias e os em horários em que devem vacinar e medicar seus bichos.

Mateus ficou realmente espantado com aquela solução. Como não tinha animais, aquele era um universo totalmente distante do seu dia a dia, mas foi exatamente naquele momento que conseguiu decifrar o real sentido da sua formação profissional. Foi ali, naquele boteco, que ele percebeu algum tipo de aplicação concreta para o seu conhecimento. Mateus sabia como essa transmissão de dados poderia acontecer: mesmo não sendo especialista em dados computacionais, entendia como a transmissão de informações ocorria entre programa, aplicativo e celular. Passou a se interessar mais ainda pelo relato do saudoso colega. Pediu licença para Dario, que já estava no balcão conversando com outras pessoas, e convidou Leo para voltar à mesa em que ele estava antes para continuar o papo. Quando finalmente se sentaram, sem a interferência do barulho do jogo de futebol e dos ocasionais torcedores das demais mesas, Leo continuou:

– Acontece, Mateus, que os caras ainda estavam com problemas na área de vendas; eles precisavam de mais pessoas na rua vendendo. E como eu ainda ficaria mais uns quarenta dias por lá, combinei de ir com eles pra visitar alguns clientes, conhecer melhor o funcionamento do negócio em si e do programa propriamente dito pra, quem sabe, vender aqui no Brasil. Acabou que eu fiquei dois meses vendo e aprendendo a vender, além de passar mais quatro meses no escritório vendo, aprendendo e atuando em todas as áreas da empresa. Um dos caras saiu fora umas três semanas depois que eu cheguei lá, mas isso já tava combinado entre eles desde antes também. E meu inglês é bem bom, então me dei superbem.

Quase sem parar de falar, Leo continuou:

– Como eu já tinha perdido o semestre, aproveitei pra dar um rolê até Seattle por dois meses. Voltei pra Califórnia e, quando retornei ao Brasil, já tinha todo o conhecimento que precisava pra atuar no mercado daqui, vendendo o serviço de monitoramento clínico para animais domésticos. E é claro que comecei pela clínica da minha mãe, né Mateus? Cara, você nem acredita como ela ficou feliz em poder prestar esse tipo de serviço pros clientes do petshop. A clientela duplicou de tamanho em quinze meses, cara! – Leo disse isso abaixando o tom de voz para não parecer muito ostentador.

– Hoje eu atendo várias clínicas veterinárias daqui e já estou expandindo minhas operações pra São Paulo. É o maior mercado de pets do Brasil, Mateus! – Completou, abrindo um largo sorriso.

Mesmo acompanhando toda a história vidrado, Mateus ainda não tinha entendido uma coisa:

– Mas o que é uma startup, Leo? É o nome da sua empresa?

Percebendo a ignorância do amigo, Leo riu mais ainda.

– Não, Mateusinho. Startup é um tipo de empresa.

– Como assim?

– É uma empresa inovadora, de rápido crescimento no mercado, que consegue resolver um problema da forma como o cliente quer que ele seja resolvido. Não percebeu como eu posso diminuir o índice de mortalidade dos animais domésticos só usando uma plataforma de transmissão de dados?

Aquela frase pareceu tão óbvia da forma como foi dita que só reforçou ainda mais a noção de utilidade do curso que Mateus estava terminando. Só que ele não conhecia nada daquilo. Sabia tudo sobre prótons, elétrons e nêutrons, sobre circuitos, ondas, magnetismo, frequência e transmissão de dados, mas não entendia como tudo aquilo podia fazer parte de um produto, de um negócio ou mesmo de um mercado. Era como se, depois de quatro anos e meio de curso, ele tivesse descoberto justamente uma aplicação para todo o seu conhecimento – e essa revelação se mostrava bastante sedutora. Descobriu em sua mente uma infinidade de coisas que poderia fazer com tudo aquilo que sabia, até mesmo o tão sonhado teletransporte. Mas nem por isso deixou de continuar discutindo com Leo sobre essa perspectiva. Queria e precisava saber mais a respeito de startups, mas ao mesmo tempo sentia-se meio envergonhado de ter que pedir isso para um calouro seu. Movido por seu interesse descomunal, porém, foi em frente:

– Leo, como você aprendeu tudo isso se nem formado você é, cara? – Ele perguntou, meio que já sabendo a resposta.

– O lance é o seguinte, Mateus: eu aprendi na prática como se faz esse tipo de negócio funcionar. Entendi toda a parte interna do negócio e toda a parte externa. Hoje eu sei como é montado e constituído todo o sistema operacional do BIG – esse é o nome do aplicativo –, e sei também tudo sobre o mercado dele. Vendo tanto on-line, para clientes particulares, como para clínicas veterinárias, e já tenho parcerias inclusive com os maiores petshops daqui. Estou indo pra São Paulo porque vários petshops e várias clínicas de lá já se interessaram pelo BIG. Não precisei de diploma para fazer isso. É claro que o pouco que eu aprendi lá no curso me ajudou a entender o processo de transmissão de dados, mas confesso que o resto é bastante lógico, e até mesmo fácil, quando a gente busca solucionar um problema que já existe. Pra falar a verdade, isso nem influencia muito quando a gente quer empreender, porque nesse estágio todo aprendizado acaba se incorporando àquilo que você faz. E aí a gente entende até mais do que se estivesse na sala de aula!

Empreender. Essa palavra estava ecoando na cabeça de Mateus. Já tinha ouvido sobre ela, mas num contexto muito trivial, como se fosse o sinônimo de fazer um projeto. Mas da forma como Leo falava, parecia que outra dimensão se abria na sua vida. Empreender, naquele contexto, parecia ser outra opção de carreira, de perspectiva, de projeção. Funcionava como se fosse outra empresa.

Ainda viria a pensar naquela perspectiva no decorrer da conversa. Leo falava sobre uma porção de outros termos relacionados à BIG que

Mateus jamais tinha ouvido falar antes: modelo de negócios, Canvas – uma metodologia de modelagem de negócios em que, de forma gráfica, apresentam-se as nove atividades vitais de um negócio em que as startups podem inovar –, teste de mercado, versão beta, prototipação, angel, estratégia de saída, customer development – ou seja, como uma startup pode alinhar seu produto com o mercado – e muito mais. Era tanta coisa que ele precisou pegar um guardanapo do próprio bar para anotar tudo aquilo que ouvia. Não entendia muito, mas pelo entusiasmo, pela faísca que saltava aos olhos de Leo, achou tudo aquilo tão importante e digno de registro, que não se fez de tímido, pedindo ao amigo que repetisse todas as palavras que ele não compreendia. Foi assim até se despedir de Dario, que saiu após o garçom dizer que o boteco estava encerrando as atividades daquela noite.

Mateus nem viu o tempo passar, de tanto que estava embebido por aquele assunto, mas achou deselegante pedir a Leo que fossem para outro bar. Ao longo da conversa, o celular do amigo empreendedor vibrou diversas vezes, e ele respondia às mensagens sem parar de falar. Outras vezes, apenas olhava a notificação e logo devolvia o telefone à mesa, já molhada de tanto gelo escorrido.

Leo ofereceu uma carona a Mateus, que se limitou a agradecer. Em compensação, pediu que trocassem os contatos antes de se despedirem. Mais do que o WhatsApp do colega, agora ansiava por contar com o auxílio dele sempre que possível, pois sentia que precisaria de mais informações sobre tudo aquilo que ouvira. Não, ele não queria um cachorro, mas sim abrir seu próprio negócio, assim como o recém-redescoberto amigo tinha feito. Agora, quem parecia ser o calouro era o próprio Mateus.

Saindo pela porta do bar, abraçaram-se calorosamente como nos velhos tempos e seguiram até a esquina, onde cada um seguiria seu caminho. Mateus relia as palavras anotadas no guardanapo como se não pudesse esquecer nenhuma. Notando a aflição do amigo, Leo disse:

– Ô, Mateus, eu ainda vou ficar aqui mais uns quinze dias cara. Vamos marcar de tomar outro chope e eu te conto mais sobre a BIG. Ainda tenho muitas coisas pra acertar aqui antes de ir pra São Paulo. É claro que não tô com tanto tempo livre assim, mas rola total da gente se encontrar de novo, cara! Quem sabe você não vai até o escritório da BIG? Lá tem cerveja também!

O rapaz riu novamente e Mateus o olhou sem entender – afinal de contas, o único negócio que ele conhecia que podia ter bebidas era um bar. Imagina só se alguém o visse tomando uma cerveja em plena Truesound? Ele seria despedido na hora!

Mateus relatou esse pensamento para Leo e os dois gargalharam do tanto que aquilo soava ridículo.

– Pois então eu reforço o convite pra você ir ao escritório! – disse Leo.

– Escritório não, Leo: startup!

– É, startup, Mateusinho... Vai lá, cara. Te mando o endereço por Whats, tá? Só me avisa antes quando for, porque eu posso estar em alguma reunião ou algo parecido.

Tudo aquilo ainda soava estranho para Mateus. De um lado, startup; de outro, reunião. Ele não entendia como uma coisa pudesse ter relação com a outra. Era o informal junto com o formal, e ele simplesmente não compreendia como aqueles extremos podiam andar juntos.

Voltou para casa contando os minutos para poder pesquisar na internet. Já estava com a lista de nomes que deveria procurar e, apesar de saber que o dia seguinte ainda seria dia três – portanto, longe do dia cinco –, sentia-se muito animado com o que poderia encontrar. Eram muitos termos, a pesquisa iria demorar. Mas sono era a última de suas vontades.

03 DECISÕES

Era impressionante a quantidade de tons de marrom que podiam existir no mundo. Para onde ele olhava, encontrava um tom de marrom diferente. Era como se agora, antes de falar qualquer coisa, ele precisasse se amparar em algum marrom para poder responder. É claro que seus olhos estavam lhe pregando uma peça. As cores do escritório da Truesound sempre foram aquelas – e nem havia tanto marrom assim.

Depois de quase uma semana vendo fotos e assistindo a vídeos sobre o ecossistema de empreendedorismo, admirando todos aqueles lugares coloridos, descolados e informais da Califórnia e do resto do mundo – incluindo o Brasil –, Mateus só conseguia ver a cor marrom imperando na Truesound. Aliás, via-a também dentro dos ônibus, nos quarteirões por onde andava no centro da cidade, nos prédios, nas casas, nas carteiras da faculdade, na biblioteca de lá e até mesmo dentro de casa. Parece que, de repente, todo o marrom à sua volta tinha despertado, e ele focava somente nisso. Tudo havia perdido a graça, a tinta, a cor. Era como se nada mais fizesse sentido: seu trabalho, seus estudos e até o seu lazer pareciam ocos, despretensiosamente bobos.

Indignava-se consigo mesmo por sua ignorância, por não ter nem sequer cogitado a possibilidade de empreender em algum momento da vida. Por um lado, sentia que a sua existência tinha sido toda encaixotada, e culpava tudo e todos por isso: a família, a escola, o trabalho... Passava por tudo isso como se fosse uma predestinação, sem aspiração alguma. Por outro lado, culpava-se por nunca ter tido a curiosidade de sair daquela caixa, de colocar os olhos em qualquer outro universo que pudesse existir além do curso de Engenharia. Sentia-se mal por ter ficado na sua zona de conforto, sem jamais ter levantado a cabeça.

Foi em meio à sensação de que havia perdido muito tempo com coisas que pareciam fazer sentido, mas agora não faziam mais, que Mateus passou a reparar no rumo que sua vida tinha tomado – e ele era excessivamente marrom. Aquela típica cor associada à monotonia, à linearidade, à falta de pretensão.

Sempre que podia, fosse no trabalho, na faculdade ou em casa, ele abria o navegador e pesquisava um pouco mais sobre o ecossistema empreendedor. Entendeu a fundo o que significava startup e, é claro, quis ter a sua, ou pelo menos trabalhar em uma. Aquele sim parecia um bom local para exercer sua profissão. Todos as pessoas pareciam felizes, realizadas. E eram tantos termos interessantes – colaboração, cooperação, compartilhamento, inovação aberta, entre muitos outros – que tudo que era produzido e realizado naqueles ambientes parecia fruto de muita felicidade e sucesso. Em várias reportagens ou nos próprios sites das startups, os empreendedores estavam sempre sorrindo ao lado de suas respectivas equipes de trabalho, normalmente compostas por programadores, designers e alunos de administração. Tudo isso sem falar no cenário: uma Califórnia ensolarada, com os campos verdejantes e os espaços abertos. Mateus chegou a fazer um tour virtual nas faculdades de Berkeley e na UCLA. Leu muito sobre o processo de aceleração de empresas – uma ideia para fazer uma startup lucrativa em pouco tempo –, geração de ideias, formulação de hipóteses, testes e pivotagens no modelo de negócios. Assistiu a diversos vídeos de empreendedores que louvavam a experiência de fracasso pela qual tinham passado, e sentia-se mais atrasado ainda: até então, sua trajetória de vida não havia lhe proporcionado nenhum momento de êxito, e nem mesmo o fracasso ele havia experimentado.

Mas esse sentimento de culpa pela resignação não o colocava para baixo. Pelo contrário: Mateus se sentia cada vez mais capaz de se levantar e sair daquela região amistosa que há tanto ele se acomodara. Sabia que o tempo ainda não estava totalmente perdido.

Em suas pesquisas, notou que exemplos tropicalizados do ecossistema empreendedor do Vale do Silício já existiam no Brasil, inclusive em sua cidade. Todas as instituições que formavam o ambiente empreendedor já estavam constituídas. Excepcionalmente em sua cidade, também havia uma comunidade autônoma e bastante ativa de empreendedores locais, que tinha expressividade e compartilhava todo seu conhecimento com as demais instituições. Havia espaços de coworking, aceleradoras, metodologias de pré e de pós-aceleração e até mesmo participação do governo, no âmbito estadual, na propagação da atmosfera empreendedora, ora financiando, ora apoiando eventos ligados à área.

Como tudo isso havia passado despercebido pela vida de Mateus? Essa era a grande pergunta que ele se fazia, mentalmente, sempre que encarava a tela de computador. Lembrou-se, com certa inveja, de como Laís e Leo falavam sobre seus trabalhos. Ambos traziam uma expressão de entusiasmo que lhes tomava os rostos. Eles emanavam satisfação. "Certamente são empreendedores... Eles têm um propósito. Tenho que encontrar o meu propósito", repetia para si mesmo, e isso o fortalecia.

Em um desses momentos de reflexão, sacou o celular e ligou para Leo. Precisava falar com ele. Sentia que ainda tinha muitas outras coisas para saber e já não queria mais perder seu tempo dentro daquela caixinha que se tornava cada vez menor.

A tentativa valeu a pena. Leo atendeu e já foi logo cutucando Mateus:

– E aí? Demorou pra ligar, hein, Mateus? Do jeito que a gente se despediu no outro dia, achei que você fosse me ligar no dia seguinte, cara! – E soltou uma gargalhada.

Mesmo um pouco sem graça por ter deixado seu interesse transparecer de modo tão óbvio, Mateus não se abateu:

– Pois é, Leo, demorei pra ligar porque tive que estudar muito sobre tudo que a gente conversou naquele dia.

– Estudar?

– É, cara, estudar. Tive que ler, ver e assistir muitas coisas sobre o tal ecossistema empreendedor, e é por isso que eu tô te ligando. Tava querendo saber se eu posso ir aí na BIG para tirar umas dúvidas com você sobre algumas coisas que eu andei pensando e que ainda não estão muito claras pra mim. Ainda tá de pé aquele convite?

– Claro! – Leo respondeu imediatamente. – Mas quando? Hoje?

– Hoje não rola pra mim. – disse Mateus. – Pode ser amanhã?

Leo demorou alguns segundos para checar sua disponibilidade. Então perguntou:

– Que horas amanhã?

– Depois das quatro da tarde.

– Quatro e meia, pode ser?

– Beleza. Pode ser aí na BIG?

– Claro! – Leo confirmou.

– Ok então, Leo. Valeu demais, cara!

– Que isso, Mateus, tá de boa. Eu só tenho um compromisso às oito da noite. Vou ficar aqui o dia todo.

– Você me passa o endereço? – Mateus perguntou.

– Te mando um Zap, pode ser?

– Sem problema! Meu número é esse aí que apareceu pra você.

– Fechou, Mateus. Confirmado amanhã às quatro e meia.

– Fechado!

Mateus desligou, ainda meio sem graça por ter tomado a iniciativa, mas sentindo-se vitorioso por ter dado esse salto à frente daquilo que julgava ser o certo a fazer. Porém, entre seus próximos passos ainda havia outra decisão que precisava tomar, e à noite ele se certificaria de que aquilo daria certo ou não.

Chegou mais cedo da faculdade. Seu pai ainda estava no banho e sua mãe já começava a esquentar o jantar. Ao ver Mateus entrar na cozinha, ela olhou para o relógio na parede e, como que para se certificar, conferiu o que estava no seu próprio pulso. Questionou então o rapaz:

– Ué, filhão, o que aconteceu? Não teve aula hoje, não?

– Mais ou menos isso, mãe.

– Como assim, mais ou menos? – Ela não entendeu.

– Eu assisti ao primeiro horário e trouxe a atividade pra fazer em casa.

– Sei – ela emendou –, mas e as outras aulas?

– Eram aulas de orientação de monografia.

– E por que você não ficou lá, meu filho?

– Mãe, não preocupa não. Minha monografia tá adiantada, eu encontrei com o professor antes e também já tinha feito tudo que ele pediu. Tô esperando ele ler o que eu já fiz pra depois encontrar de novo. – Disse, tentando acalmar a mãe.

Ela se voltou para cuidar das panelas quando ele, empostando a voz, tomou coragem para falar:

– Mas também vim mais cedo porque preciso conversar com a senhora e com o papai.

Mateus não pôde ver, mas a mãe, que estava de costas, fez uma cara de espanto, arregalando as sobrancelhas e esticando todo o rosto. Mudou a expressão quando se virou, desfazendo aquilo que mais parecia uma máscara, e foi logo perguntando:

– Conversar sobre o quê, meu filho? Seu pai ainda está no banho. O que está acontecendo?

– Calma, mãe. Não é nenhuma calamidade. Só quero trocar umas ideias com vocês sobre umas coisas que ando pensando. Fica tranquila. Vou me trocar e volto pra te ajudar a colocar a mesa.

Afastando-se do balcão da cozinha, abraçou a mãe, sorrindo, e correu para o quarto. Só saiu de lá quando ouviu os passos do seu pai indo para a cozinha. Era o momento. Foi logo chegando, dando-lhe um "oi, pai" muito radiante. Ouviu de volta um "oi, filho, tudo bom?":

– Chegou mais cedo hoje, né?

– Pois é, pai. Minha aula terminou mais cedo hoje e aproveitei pra vir pra casa, porque precisava trocar uma ideia com você e a mamãe.

– É mesmo, meu filho? – O pai falou procurando pelo rosto da mulher, que, de costas, desligava a última panela.

– É, pai. Tava querendo ver com vocês uma coisa...

– E que coisa é essa, meu filho?

– É porque eu tava querendo sair do emprego, pai. Mas não sei se é um bom momento.

Por uns cinco segundos, a cozinha ficou em um intenso silêncio. Nem um ruído. Aquilo elevou um pouco a temperatura e Mateus achou que tivesse lançado uma bomba no ambiente. A mulher olhou para o marido e, sem conseguir se segurarem mais, os dois soltaram uma sonora gargalhada que tomou conta de todo o espaço.

Mateus ficou sem entender nada. Não lhe parecia que ele tinha dito algo tão engraçado assim. Não compreendia o motivo da gargalhada, que agora avançava para uma pequena crise de riso entre o casal.

A mãe puxou uma cadeira e se sentou. Ainda rindo muito, começou a balbuciar certo alívio sobre o tema em questão. Pediu desculpas pelas risadas e disse:

– Ainda bem que é só isso, meu filho. Achei que seria um assunto muito mais delicado!

O pai, secando as poucas lágrimas que rolavam pelo rosto, também disse:

– Ô, Mateus! Meu filho! Quer matar a gente do coração? Ficamos pensando que era um assunto bem mais complicado!

– Tipo o que, pai?

– Ahh... Sei lá, meu filho! Cabeça de pai é uma coisa engraçada, pensa em tudo de ruim que a gente não quer que aconteça com os filhos, né?

– Mas se a questão é mudar de emprego, filho, eu só gostaria de saber por que você chegou a essa decisão. Me conta "o que que tá pegando", como vocês dizem por aí! – E abriu um grande sorriso paternal.

– Pois é, pai. Achei até que eu tinha dito alguma bobagem, mas o que tá pegando é que eu tô de saco cheio do que faço na Truesound e não vejo perspectiva nenhuma ficando por lá. Mas olha só, eu não quero trocar de emprego, não! Eu quero sair de onde eu tô pra abrir meu próprio negócio!

Aí sim foi a vez do pai franzir a testa. Mateus notou, inclusive, que sua mãe também parecia mais nervosa, o corpo tenso sobre a cadeira. Mas continuou:

– Eu quero empreender, pai. Abrir um negócio em que eu seja o dono.

Ambos se entreolharam e, como se houvesse uma concordância preestabelecida entre os dois, o pai tomou a palavra:

– Mas, meu filho, você sabe no que é que você vai trabalhar? O que é que vai fazer?

Olhando com firmeza para os dois, Mateus respondeu:

– Pai, do fundo do meu coração, eu não vou mentir pra vocês. A verdade é que não, eu ainda não tenho nenhuma ideia do que eu quero fazer, de qual negócio eu vou abrir. Mas com certeza eu sei que lá na empresa eu não tenho condições de ficar.

– Alguma coisa aconteceu lá, meu filho? – A mãe intercedeu.

– Não, mãe, não aconteceu nada lá. Mas aconteceu de eu mudar um pouco. Não estou me sentindo realizado trabalhando lá. É tudo certinho, bem cuidado, organizado... e chato. Não consigo me ver com algum futuro por lá. Só isso. – Terminou como se estivesse se redimindo.

– Mas meu filho... – O pai introduziu. – Você vai trocar o certo pelo duvidoso? Se ao menos soubesse o tipo de negócio que você quer abrir... Mas, assim, do nada!? Se o emprego não lhe causou nada, então não há motivo para sair tão rapidamente.

A mãe pegou o fio da meada e completou:

– Queremos o seu bem-estar, meu filho, e por isso estamos apreensivos com essa mudança, ainda mais com essa justificativa. Ou melhor, essa falta de justificativa. Queremos que você se sinta realizado, mas ao mesmo tempo sabemos da importância da sua autonomia financeira e sabemos que isso é bom para qualquer pessoa. Por isso não entendi bem por que você quer se arriscar tanto por conta de uma falta de perspectiva.

– A gente não encontra emprego perfeito não, meu filho. – O pai acrescentou.

– Todas as empresas sempre terão alguma coisa que não é muito legal. Pode ser o chefe, os colegas, a localização, a forma com que as coisas são tratadas... Sempre haverá algo que nos deixa um pouco insatisfeitos assim. – A mãe balançava a cabeça afirmativamente.

– Mas, pai – Mateus argumentou. –, e quando é tudo, é todo o pacote?

E começou a enumerar: 1) o chefe; 2) os colegas; 3) o salário; 4) o trabalho em si; 5) a localização; 6) a falta de perspectiva.

Naquele momento, o pai precisou digerir não apenas o jantar, mas também aquela pergunta. O problema é que nenhuma resposta vinha à sua mente. A mãe, que acabara de servir o prato, assumiu então a fala:

– Filho, mas você mesmo disse que não houve nenhum problema lá! Não foi isso que você falou, que é somente falta de perspectiva? Você está colocando a responsabilidade da sua decisão em tudo, mas na verdade, desde o início da nossa conversa, é a falta de motivação, de perspectiva, que está fazendo com que você desista do seu emprego. É claro que todos gostaríamos de trabalhar com algo que nos dá prazer, satisfação. Mas será que não foi o seu tipo de prazer, de satisfação, que mudou? Às vezes, a questão não está ao seu redor, está em você mesmo! Acho que quem mudou foi você, meu filho, e não o seu trabalho.

O pai ficou espantado com a abordagem psicológica e articulada que a mãe adotou, principalmente com o nível de assertividade daquele discurso. Mas o inesperado ainda estava por vir. Dali pra frente, foi Mateus quem assumiu:

– Sim, mãe. Acho realmente que eu mudei. Acho que o que me interessa agora é mudar de emprego. Aliás, mudar de vida. Acho que mudei e estou mudando, e pra melhor. Também acho que tenho pelo menos o direito de me responsabilizar pelas minhas escolhas. Me sinto jovem, disposto, mas ao mesmo tempo incapaz de tomar essa decisão sem pelo menos comunicar a vocês, pois afinal de contas eu moro aqui com vocês, ainda dependo de vocês. Me sentiria muito egoísta se eu já tivesse tomado essa decisão sem ter conversado com vocês antes.

O pai ficou tão espantado com a resposta – também muito madura e bem articulada – do filho que, a partir daquele momento, tomou-lhe o partido. Era como se entendesse exatamente a situação. Era, inclusive, o que mais o aproximava do filho: a semelhança de raciocínio misturada à coragem, que ele tanto teve quando ainda era um adolescente. Tinha esse tipo de aproximação maior com Mateus do que com o filho mais novo, um misto de admiração e compreensão que sempre o encantara.

Mas não foi só por isso que ele se juntou à causa de Mateus naquela circunstância. Mais do que isso, ele sentiu que o filho crescera, que sabia a importância de suas responsabilidades, mas também de suas limitações. Só isso já era motivo suficiente para que ele voltasse o rosto para a esposa, que ouvia atenta às palavras de Mateus, e dizer-lhes:

– Pois bem, filho. Entendo perfeitamente a sua posição e concordo com o seu ponto de vista. Não vou falar pela sua mãe, apesar de achar que ela compartilha da posição que eu vou tomar, mas você tem o meu aval para tomar essa decisão. Gostaria de lembrá-lo que vou continuar contando com a sua ajuda para arcar, pelo menos, com o pagamento das suas próprias contas: celular, internet, Netflix, essas coisas. Você pode continuar pagando por elas?

Ouviu de Mateus um sonoro "claro" e, dirigindo-se novamente à panela, concluiu:

– Então, por mim, está tudo ok. Mas se em doze meses você não estiver trabalhando e ganhando o seu dinheiro, eu não irei ajudar mais. É o prazo que você tem.

O pai sabia que algumas comodidades poderiam ser pedidas em troca daquela decisão – afinal, gozavam de uma boa vida, apesar de não terem luxos. O simples fato de terem casa própria e conseguirem mantê-la era pra lá de suficiente para a sua sobrevivência, e qualquer extra já era visto como um grande benefício.

Já a mãe parecia um pouco mais aflita do que o pai. O problema para ela não era o filho sair do emprego ou pagar um pouco mais por alguma despesa. Ela queria entender melhor o que tanto motivava o garoto a ponto de fazer com que ele abrisse mão do salário e dos benefícios que possuía na Truesound.

Antes que ela pudesse falar alguma coisa, porém, Mateus reforçou o acordo feito com o pai:

– Pode deixar, pai. Tenho certeza de que nem eu, nem vocês, vamos nos arrepender dessa decisão. Sei que pareço inseguro em relação ao meu futuro, principalmente quanto aos próximos doze meses, mas garanto que vocês não vão se decepcionar comigo. Essa chance que vocês estão me dando é exatamente o que eu preciso pra impulsionar minha carreira. Não saber o que eu vou fazer agora não significa que eu não saberei o que fazer para o resto da minha vida.

Mãe e pai esboçaram um sorriso compreensivo, e então o jantar começou pra valer. O pai, que já havia se banqueteado durante a conversa, levantou-se para pegar uma água. Aquela foi a oportunidade que a mãe teve para investigar mais profundamente as inquietações de Mateus:

– Meu filho, mas você não sabe mesmo o que vai fazer? Nem uma ideia?

Terminando de mastigar, Mateus falou:

– Mãe, realmente não sei o que vou fazer, mas sei que vou ter uma startup!

Ela arregalou os olhos, mais pelo susto que levou – pois Mateus até aumentou o volume da voz para falar –, do que pelo conteúdo do que acabara de ouvir. A bem da verdade, ela nem entendeu o significado daquilo que o filho acabara de dizer, mas seu entusiasmo foi tanto que chegou a assustá-la. Sorte que o marido vinha entrando e pôde interferir:

– E o que é esse esquema de startup, filho? Vai ser o nome da empresa?

Foi a vez de Mateus gargalhar:

– Nada disso, pai. Startup é uma empresa, ou uma equipe, que possui um modelo de negócio inovador, escalável e replicável. – Explicou, como se estivesse dando uma aula.

O pai procurava pelos fósforos sem entender o significado do que o filho acabara de dizer. A mãe entendeu menos ainda. Percebendo que aquilo era uma novidade muito grande para os dois, como também fora para ele quando ouviu o termo pela primeira vez, há poucos dias, Mateus emendou:

– Eu quero empreender. – Falou, com convicção.

– E isso vai acontecer quando? – A mãe questionou.

Mateus se espantou com a interferência:

– Ué, mãe, isso não tem data certa pra acontecer! Eu ainda preciso investigar as necessidades do mercado, estudar formas de suprir determinada demanda e, a partir daí, buscar resultados para entender em que eu posso empreender.

Do outro lado, ouviu-se um suspiro de alívio:

– Ahhh, que bom que você não vai largar os estudos, meu filho! Você sabe a importância de ter um diploma na mão.

Foi nesse momento que Mateus teve certeza de que não adiantaria tentar explicar qualquer outra coisa para a sua mãe, pois ela realmente não conseguiria entender nem um décimo daquilo que ele estava falando.

– Pois é – ele prosseguiu –, vou continuar na faculdade até formar e aproveitar esse tempo pra estudar onde e quando eu posso empreender.

A mãe olhou sorridente para o marido que, entre uma baforada e outra, tentava acalmar os ânimos da esposa:

– Tá vendo, meu amor? Nem precisava de toda aquela preocupação. Mateus só quer mudar de emprego!

Ele piscou para o filho como se também tivesse percebido que a mãe não entendeu nada do que ele dissera. Mateus se tranquilizou com o sinal cúmplice do pai, mas não tinha gostado nada dessa coisa de "mudar de emprego". Não era nada disso que ele queria fazer; o plano era sair do emprego para depois empreender. Mas a piscadela de olho entregou o jogo. Talvez o pai já estivesse começando a entender o que era uma startup!

– Bom, pai, vou continuar estudando porque só falta um ano pra eu me formar, e também porque já descobri como e quando quero trabalhar. Acho muito importante, para me dedicar ao meu futuro negócio, que eu já esteja formado.

O pai concordava.

– Assim eu posso dedicar um tempo maior em busca de um negócio que seja rentável e que me dê um propósito. – Mateus terminou a frase enfatizando a última palavra, o que despertou o interesse dos pais em continuar acompanhando o relato.

Ele foi mais a fundo:

– Eu já sei exatamente tudo que preciso fazer lá no meu trabalho, e é por isso que já sei que não quero ficar lá mais. As tarefas das pessoas que estão acima de mim são previsíveis e também meio chatas. Eu vejo o que eles fazem todos os dias, e é sempre a mesma coisa.

A mãe se levantou para colocar os pratos na pia e perguntou:

– E você já decidiu quando vai sair do emprego? Vai ser quando terminar o curso?

– Não – Mateus foi logo apressando em falar –, não sei se consigo ficar até a formatura, mãe. Amanhã eu vou me encontrar com um amigo que já tem uma startup – ou melhor, que está empreendendo – e conversar melhor com ele.

O pai abriu um sorriso como quem diz "viu, ele vai mudar de emprego!", e aquilo intrigou Mateus novamente.

– Mas eu não vou trabalhar lá, não! Esse meu amigo acabou de voltar do Vale do Silício e já tem uma empresa funcionando. Ele está indo pra São Paulo com o negócio dele. Vou lá só pra trocar uma ideia com ele sobre esse esquema de empreender.

Meio se desculpando, o pai disse:

– Meu filho, o que importa foi isso que você fez aqui, agora: você quis saber a nossa opinião. Isso é que me deixa mais orgulhoso e tranquilo, pois sei que você conta conosco e nos considera muito. Vá fazer aquilo que deixa você mais realizado e feliz, porque, afinal de contas, ninguém merece ser infeliz por opção. Você sabe que nós temos uma vida até muito boa se comparada a de outras famílias por aí. Ao mesmo tempo, nos privamos de várias outras coisas, mas conseguimos viver numa boa. Passamos vontades, não necessidades.

Mateus ia concordando com a cabeça, e o pai continuou:

– Talvez eu e a sua mãe não possamos te ajudar com grana, mas fique sabendo que te ajudaremos de todas as outras formas que existirem e que pudermos. Não é, meu bem? – Terminou, procurando o rosto da mulher.

Um pouco sem graça, Mateus se levantou e abriu os braços para o pai.

– Obrigado, pai. Eu sei que sempre posso contar com vocês.

Cena nada trivial para aquela situação, os olhos da mãe encheram-se de água. Emocionada, estendeu o braço, ainda com espuma de detergente nas mãos, e retribuiu o beijo que Mateus lhe dava. Voltou a perguntar:

– Filho, não aconteceu nada mesmo lá na empresa que você trabalha?

Sorridente e feliz, Mateus disse:

– Não, mãe. Juro que não aconteceu nada. A mudança foi em mim mesmo.

Voltando a sentar, ele tirou o celular do bolso e seguiu:

– Eu reencontrei um antigo colega de faculdade que é empreendedor, e a história que ele me contou sobre essa trajetória e sobre o modelo de negócio dele me contagiou. Não sei como, mas percebi que o tempo está passando pra mim e que eu não estou fazendo nada que me desafie. A história do empreendimento do Leo ficou martelando na minha cabeça e eu percebi que existem muitas coisas legais pra fazer. Também percebi que eu tenho todas as condições de realizá-las em vez de ficar dando manutenção em circuitos eletrônicos e preenchendo planilhas pro pessoal da empresa de auditoria que vai lá na Truesound verificar as coisas.

Enquanto ia dizendo isso tudo, Mateus ia mexendo no celular. Ele queria o aplicativo do amigo para mostrar aos pais.

– Olha aqui, esse é o negócio do Leo. Ele fez isso por causa de um problema que a mãe tava passando no petshop dela.

O pai tirou os óculos, colocando-os sobre a testa, e a mãe também se aproximou. Mateus foi logo explicando que a principal função do aplicativo era lembrar os donos de animais domésticos sobre a situação das vacinas e dos vermífugos, além de marcar as medicações.

– E ele ganha a vida com isso, meu filho? – O pai quis saber.

– Bom, pai, não sei quanto ele ganha, mas deve ser um bom negócio, porque ele está indo pra São Paulo na semana que vem pra já acertar a mudança definitiva pra lá. Acho que ele já deve conseguir pagar as contas, né, ou nem iria pra São Paulo.

O pai concordou acenando positivamente com a cabeça. A mãe pouco entendera do que se tratava aquele "negócio do menino", como ela mesma definiu. Não fazia sentido por que razão as pessoas precisavam ser lembradas disso. Para ela, bastava marcar na folhinha do calendário – que todo mundo devia ter sempre pregado na porta – e pronto: jamais se esqueceria. Mas ela resolveu não perguntar muita coisa, pois Mateus já foi completando que, quando se encontrasse com Leo, perguntaria tudo o que já tinha pesquisado, inclusive a respeito da parte financeira. Ela só tinha mais uma dúvida:

– É nisso de aplicativo que você vai trabalhar, meu filho?

Entendendo que não haveria como fazê-la compreender, Mateus respondeu, já com pouco entusiasmo:

– É tipo isso, mãe, mas não é a mesma empresa. Vou conversar com o Leo para entender melhor como funciona esse tipo de empresa que ele tem, que é uma startup. Mas com certeza meu negócio vai ser outro. Até porque não faria muito sentido ir atrás do Leo para abrir um negócio igual ao dele, né? – Respondeu, dando o assunto por encerrado, pois viu que poderia ficar dias e noites ali, tentando explicar tudo para a mãe, que mesmo assim ela não entenderia.

O pai já fora para o quarto arrumar suas coisas, mas antes que Mateus pudesse se levantar para fazer o mesmo, a mãe tocou seu ombro e disse:

– Se precisar de um dinheirinho, tenho um bocadinho guardado que posso te emprestar.

Mateus riu. A mãe também falava "dinheirinho", assim como a madrinha. Ele agradeceu e disse que por enquanto não seria necessário. Ela recomendou que ele conversasse na empresa para que pudesse pegar o dinheiro do seguro, mas aquilo definitivamente era o que menos importava para Mateus no momento.

O rapaz saiu da cozinha sorrindo e, mexendo no celular, viu que Laís estava on-line. Resolveu puxar uma conversa – afinal, já havia se passado mais de duas semanas depois daquele inesperado encontro, e ele não podia perder a chance. Mandou no WhatsApp:

Mateus: Oi, tudo bom? Ainda em Curitiba?

Entrou no quarto e automaticamente tirou o notebook da mochila, abriu-o e sentou-se de índio na sua cama. Plugou o fone no celular e viu que ela estava digitando.

Laís: Oi, tudo bem!

Laís: Não, já voltei. 🙂

Mateus: Deu tudo certo lá? 🙂

Laís: Sim, ótimo. Cheguei faz uns dez dias já.

Mateus: Ué, não te vi mais voltando de ônibus? Já tá de carro? 🚗

Enquanto Laís respondia, Mateus foi abrindo algumas abas no computador: o editor de texto, onde anotava as perguntas para o Leo, e as suas redes sociais. Poucos segundos depois, a resposta chegou:

Laís: Ainda sem carro. 😱

Laís: Você não me vê no ônibus porque naquele dia fui dormir na casa de uma amiga, lembra?

Ao ver a resposta, Mateus ficou até sem graça pelo esquecimento. Não se conteve e se desculpou:

Mateus: É mesmo... Esqueci desse detalhe, me desculpe!

Ela respondeu com outro emoji de "paz e amor", mostrando que estava tudo certo. Ele aproveitou para continuar o papo:

Mateus: Pelo menos a gente estuda na mesma faculdade, né?

Laís: É, só que eu fico no prédio da entrada à direita.

Era a deixa que Mateus precisava:

Mateus: Eu entro pelo portão da outra rua, mas o ônibus que pego no trabalho passa em frente à sua entrada.

Laís demorou mais tempo para responder a investida de Mateus. Enquanto a resposta não chegava, ele abriu o aplicativo de música, digitou algumas palavras-chave e seguiu navegando por vários sites. Ouviu uma interferência no celular. Era uma nova mensagem de Laís, que dizia:

Laís: Que bom! Quase toda semana eu encontro o Vitor, que fez o exame de seleção com a gente lá na Truesound, você lembra? Ele estuda em um prédio ao lado do meu.

Ela saía pela tangente, mas ele estava disposto a investir. Colocou a imagem de uma mãozinha dando joinha, mesmo sem lembrar ao certo do rosto daquele tal de Vitor. Então perguntou de uma vez:

Mateus: Por que a gente não marca de encontrar de novo qualquer dia desses?

É claro que ele se referia a um reencontro a dois, sem intromissão de mais ninguém. Ela demorou ainda mais para responder, ele continuou fazendo suas pesquisas. Eram tantas informações, tantas reportagens, depoimentos, vídeos explicativos e frases entremeadas por palavras escritas em inglês que Mateus nem notou quando chegara a outra mensagem de Laís.

> *Laís:* Sim, podemos. Na semana que vem eu tenho aula na quarta e na quinta.

Ele não perdeu a chance:

> *Mateus:* Vamos marcar na quarta então. O que me diz???

Mateus abaixou um pouco o volume da música para prestar atenção na conversa. Mas dessa vez Laís foi mais direta, perguntando:

> *Laís:* Por mim tudo bem. Você ainda tem o contato do Vitor?

Ora, ele nem se lembrava da cara do tal do Vitor! Como é que poderia ter o contato dele? Laís ainda o via, e estava sugerindo que os três se encontrassem. Ou melhor, reencontrassem. Ela continuou:

> *Laís:* Você ainda tá naquele grupo de WhatsApp que a gente criou na época do processo seletivo?

Mateus percebeu que talvez não tivesse mesmo escapatória: teria de reencontrar todos os demais colegas. Era isso ou precisaria pensar em outra forma de ver Laís novamente.

> *Mateus:* Não, acho que eu não tô mais naquele grupo.

De fato, Mateus mudara de aparelho meses atrás, e alguns dados e contatos foram perdidos no processo. Ela disse que também não estava mais no grupo e perguntou como fariam para avisar o Vitor e o Túlio, que era o quarto candidato. Ele disse que não sabia, mas que mesmo assim gostaria de encontrá-la. E terminou a mensagem com uma carinha piscando o olho.

Laís respondeu com uma carinha sorrindo e outra envergonhada. Ele foi logo se precipitando:

Mateus: Então tá combinado na quarta, né? Pode ser antes da aula, na cantina em frente ao seu prédio?

Eram muitas afirmações e perguntas, mas ela abreviou a resposta de todas em um só emoji de joinha.

"Yeah", pensou Mateus, "Acho que vou me dar bem".

Mas nem por isso parou de conversar com ela. Mandou a música que estava ouvindo, acompanhado de um "lembrei de você!". Era Queens of The Stone Age, e ela gostava – disso ele não se esquecera. Passou um tempinho e Laís veio com outro link. Era outra música, mas da mesma banda. Ele vibrou e saiu digitando depressa, empolgado com a coincidência dos dois estarem ouvindo a mesma banda, ao mesmo tempo. Mateus mandou um emoji sorridente, Laís retribuiu com um outro mais feliz ainda. Passaram um bom tempo falando sobre música, bandas, coincidências e outras trivialidades.

Parecia que tanto ela quanto ele estavam conversando e fazendo outras coisas ao mesmo tempo, pois as respostas às vezes demoravam para chegar. Mateus estava entretido com suas novas descobertas sobre o universo empreendedor, sobre validações e tudo a respeito do sucesso e do fracasso das startups. Laís, por outro lado, estava concentrada em suas pesquisas, sua monografia e seus relatórios de impacto social e ambiental.

A casa de Mateus foi sossegando e as tarefas terminando. O sono chegou e os dois finalmente se despediram. A agenda de quarta estava definitivamente confirmada, e ele até arriscou enviar uma carinha mandando um beijinho. Fez bem, pois recebeu outra idêntica como resposta. Colocou o notebook na mesa ao lado e esticou-se na cama. "Amanhã será um longo dia", pensou, e sonhando com Laís sendo teletransportada para a sua cama, caiu no sono. Mal sabia Mateus que outros encontros – ou melhor, reencontros – estavam à sua espera.

04 DESAFIOS

Mateus conseguiu chegar a tempo. Saiu do serviço na hora combinada e estava em frente à sede da BIG sem atraso. Depois de passar pelo portão, anunciando-se ao interfone, ele ainda andou uns vinte metros por um corredor paralelo à casa, como se estivesse indo para um barracão nos fundos. De fato era um barracão – ou pelo menos tinha sido originalmente, já que se tratava de um espaço totalmente modificado. Havia uma construção no fundo da casa cuja altura parecia ser pouca coisa maior do que a principal. Era tudo muito branco e havia quatro portas na frente, sendo que duas estavam mais distantes do corredor e próximas uma da outra. Pelo símbolo em cada uma, parecia se tratar dos banheiros. Um rapaz aparentando ser um pouco mais novo que Mateus surgiu de uma delas e disse:

– Oi, você é o Mateus, né?

Ele concordou, acenando a cabeça. O rapaz continuou:

– Eu sou o Pedro. O Leo disse que você viria. Ele pediu que eu te recebesse porque ele tá acabando uma videoconferência.

– Ah, ok! Não quero incomodar.

– Não, não incomoda nada. Vamos entrar. O Leo tá logo ali! – Mostrou, apontando para um canto da sala com paredes de vidro.

Leo deu um tchauzinho com a mão e Mateus fez o mesmo. Ele estava falando com alguém e usava fones. Mateus foi reparando que o local da BIG era exatamente como mostravam as várias fotos que ele tinha visto na internet. Havia um móvel no meio da sala ampla que mais parecia várias mesas unidas, mas na verdade era uma só, com pequenas separações. O pé direito do espaço ia até uns cinco metros na laje, de onde saíam várias luminárias clareavam toda a sala. No fundo, separado por um vidro de fora a fora, estava a mesa do Leo e um balcão com uma pequena geladeira, uma bancada com pia, escorredor de louça e armários de cozinha. Pelas paredes, muitas coisas escritas, ora em quadros, ora em cartazes colados com diversos post-its de cores vibrantes e destoantes. Havia vários notebooks espalhados por cima de todas as mesas, fios passando pelo chão e se escondendo em pequenas calhas, que organizavam todo o fluxo até suas respectivas tomadas. Cada uma das pessoas que trabalhavam lá olhava Mateus enquanto ele andava pelo espaço, mas ninguém saía do lugar para cumprimentá-lo; a sensação era a de que todos trabalhavam bastante! Muitos olhavam fixamente para as telas, conversando por Hangouts ou Skype. Davam só um "oi" mais gestual do que gentil, mas com certeza era porque estavam envolvidos em outras atividades.

Mateus nunca tinha visto um espaço como aquele em funcionamento. Comparado com as fotos que andavam admirando na internet, o dinamismo presente naquela situação parecia mais vibrante ainda. Ficou tão encantado que nem reparou que Pedro o chamava:

– Ô, Mateus! Essa aqui é a Lídice!

– Oi, Lídice! – Cumprimentou, ainda tentando voltar para o mundo real.

– Lídice, esse é o Mateus, amigo do Leo. Ele veio visitar a BIG. – E já foi emendando: – Mateus, a Lídice não trabalha na BIG, mas a startup dela vai ocupar metade do nosso espaço depois que o Leo for pra Sampa.

– Que legal! – Mateus deixou escapar.

Ela, toda sorridente, estendeu a mão. Ele repetiu o gesto, inclinando-se para abraçá-la. Lídice brincou:

– O Leo ainda não foi, mas já estamos nos acomodando por aqui aos poucos! – E soltou uma risada.

Pedro também riu e completou:

– Chega chegando, né, Lídice? Vai aos pouquinhos.

– A sua startup é de que negócio, Lídice? – Mateus perguntou.

– Ainda estamos beeeem no início. Nem chamamos de startup ainda. Isso é ideia do Pedrinho. – Ela respondeu, ainda rindo. – Estamos com uma landing page no ar e divulgando pelas redes sociais, mas o produto ainda está terminando a fase beta – ou seja, por enquanto só testes e desenvolvimento. Espero que até o dia que o Leo for já tenhamos terminado essa etapa.

Tudo aquilo que ela falava, com a maior naturalidade do mundo, soava como música aos ouvidos de Mateus. Apesar de já ter pesquisado sobre todas as formas e canais de operação, ouvir aquilo assim, ao vivo, parecia levá-lo a outro planeta.

– Mas acabou que você não disse do que se trata o produto. – Mateus insistiu, curioso.

– Ahh, é mesmo! – E voltou a rir com Pedro.

Foi ele quem resumiu:

– Lídice tem – ou melhor, terá – uma startup que é um marketplace, tanto para pessoas que querem vender quanto para quem quer comprar produtos. Mas será voltado apenas para o mercado de roupas.

Mateus olhou espantado. Não conseguia captar ao certo o que aquilo significava e, mais uma vez, aquilo parecia ter ficado estampado em seu rosto, porque Lídice foi continuando:

– A gente descobriu que as pessoas têm muitas roupas no armário, mas não usam a maioria. Se pudessem, se houvesse uma forma prática e segura de fazer isso, elas venderiam essas peças. Descobrimos também que muitas não colocam essas roupas em brechós porque eles pagam muito pouco. Tivemos, então, uma ideia que é mais ou menos assim: as pessoas tiram fotos das roupas que não usam mais e postam no nosso site. A gente vai analisando as imagens e entrando em contato com outras pessoas que estão interessadas em comprar roupas. É a partir daí que o negócio acontece e, se a venda for concretizada, a gente ganha um percentual do valor vendido.

Então foi a vez de Mateus dizer:

– Ahh, saquei!

– Basicamente, a gente gera conteúdo pro pessoal que quer comprar e eles chegam até a nossa página. Lá, encontram uma porção de peças para comprar...

– ...só que nenhuma delas é sua. – Mateus completou. – Ou melhor, você não comprou nenhuma daquelas peças, então não existe risco de prejuízo.

Lídice concordou com Mateus, satisfeita por ele ter entendido a ideia do empreendimento. Mateus sentia-se constrangido por ser novo no mercado, mas ao mesmo tempo estava satisfeito com aquela compreensão, pois demonstrou que entendia claramente o modelo de negócio dela. Para ele, era nítida a forma como a startup dela encontraria e ofereceria valor para o seu mercado.

Pedro aproveitou a conclusão do assunto e convidou Mateus para subir e esperar Leo lá em cima. Foi então que Mateus notou que, atrás da parede colorida por papéis, havia uma longa escada que parecia ir para a laje do prédio. Despediu-se de Lídice com um educado "a gente se vê por aí" e aproveitou para dizer que "achei massa a sua ideia e tenho certeza de que vai dar certo".

– Obrigada, Mateus! Volte outras vezes, será muito legal te receber aqui.

Ele agradeceu e seguiu em direção à escada. Pedro fez um sinal para Leo, avisando que o amigo estava subindo. Do outro lado da sala, Leo respondeu com um sinal que significava "daqui a uns minutos eu subo". Enquanto ainda estavam no meio da escada, Mateus perguntou o que havia lá em cima. Pedro respondeu:

– Aqui é o nosso local de descanso e a nossa sala de reuniões. Também tem uma sinuca no fundo, além de uma geladeira e uma mesa pra gente rangar.

Assim que Pedro terminou de dizer isso, os dois chegaram ao segundo andar. Lá era bem mais baixo do que o piso térreo, e ele precisou tomar cuidado para não bater a cabeça no telhado.

– Eles ampliaram o salão lá embaixo e diminuíram aqui em cima. Mas foi proposital – Pedro contou.

Realmente, dava pra perceber que o telhado estava bem baixo, quase raspando na cabeça deles. O melhor lugar para andar lá em cima era no meio da sala, onde não havia vigas de madeira atrapalhando a passagem. Mateus notou que havia suportes para redes nas paredes, e que Pedro disse:

– Massa, né? Foi feito para colocar redes de descanso.

De fato, a tal sala de reuniões nada mais era do que quatro redes, cada uma de uma cor diferente, dispostas entre as madeiras que suportavam o telhado e ao lado de pufes e almofadas grandes. De um lado, uma meia parede deixava as caixas d'água à mostra. Na outra ponta havia mesinhas de bar com cadeiras, outra pia e outra geladeira, esta última bem mais velha e destoante dos demais mobiliários.

– Que doido esse lugar, cara. – Mateus ponderou.

Pedro riu e disse pra ele ficar à vontade, inclusive para pegar uma cerveja na geladeira. "Preciso descer, mas o Leo já tá subindo", justificou-se, dizendo ainda que precisava agilizar algumas postagens. Percebendo que Mateus se interessava, continuou:

– Eu sou o responsável por fazer as postagens de conteúdo que o pessoal de marketing produz. Também preciso checar as visitas na nossa página e nas redes sociais.

Riu meio sem graça depois de falar, pois parecia ter dado a entender que o que ele fazia era pouco se comparado ao trabalho de Leo. Mal sabia Pedro que Mateus o olhava ansioso por estar naquela posição. Aliás, se dependesse da vontade de Mateus e do tanto que o universo do empreendedorismo já o seduzira, ele trocaria de emprego com o Pedro naquele momento.

– Deve ser muito legal trabalhar com isso, né? – Mateus pensou em voz alta.

– Cara, pode até parecer pouca coisa pra quem olha de fora, mas eu faço o que eu gosto. Acho muito bom saber e entender quais são os conteúdos que nossos seguidores e clientes gostam mais, quais são os mais relevantes, em quais postagens eles mais passam o tempo e quais nem sequer foram lidas. Na real, Mateus, o nosso desafio hoje é manter um público fiel ao mesmo tempo em que expandimos nosso mercado, de forma objetiva, sem pensar somente no crescimento orgânico – ou seja, sem pensar só em crescer com base na nossa produção e nas vendas. Sabemos que temos um ótimo serviço em nossas mãos, mas sabemos também que já existem outros negócios que podem fazer o mesmo que a BIG faz. Por isso, precisamos cativar nosso público com a nossa solução antes que qualquer outro player possa fazer isso.

Pedro contava tudo isso para um interlocutor completamente hipnotizado por toda a história. Mateus concordava com as palavras, mas estava claro que não captava com muita precisão tudo o que aquilo significava em termos práticos. Quer dizer, ele entendia que estava rolando um desafio em que a BIG precisaria se provar melhor do que seus prováveis concorrentes, só não tinha certeza sobre a maneira como a BIG agia em cima disso. Ou melhor: não entendia como a atividade que Pedro desenvolvia podia interferir nessa disputa. Mesmo sabendo que estava roubando o tempo de trabalho do rapaz, Mateus não resistiu e lançou mais uma pergunta:

– Mas Pedro, você acha que ficar controlando o que as pessoas veem ou não veem nos perfis e na página da BIG vai ajudar a manter o público?

Diante de uma pergunta tão óbvia e direta, Pedro não respondeu. Em vez disso, correu para pegar o notebook lá embaixo. Vendo na prática o que ele fazia, Mateus poderia entender melhor a importância do acompanhamento de postagens. Assim, ainda faria seu trabalho ao mesmo tempo em que mostrava para o novo amigo como isso era importante e estratégico.

Mateus aproveitou para colocar a mochila em uma bancada que contornava o salão. Ele ouviu Pedro falando com alguém enquanto subia as escadas de volta. Achou que fosse Leo, mas não: era alguém que queria saber sobre o número de animais que já estavam cadastrados na plataforma. Quando finalmente chegou, Mateus já tinha bebido água e estava lavando o copo.

– Aqui é assim, cara: se você fica um minuto de bobeira lá embaixo, rapidinho vem alguém te pedir uma informação ou uma ajuda em alguma tarefa. – Explicou, rindo.

Mateus pensou que raramente pedia pra alguém fazer alguma das suas atividades. Na verdade, ele também não recebia esse tipo de pedido na Truesound; parecia que lá todo mundo cumpria suas próprias tarefas sem nem se preocupar em saber o que os outros faziam. Ele sabia que sua atividade era importante na empresa, mas não compreendia como fazia alguma diferença para a tarefa do outro ou mesmo como contribuía para o negócio funcionar como um todo. Enviava, semanalmente, diversos relatórios de análise para o gerente, e como quase nunca recebia respostas, achava que estava fazendo bem feito. Foi somente quando resolveu colorir os relatórios, aplicando a paleta de cores para as abas e para os gráficos, que recebeu uma visita do gerente pedindo-lhe que voltasse para a formatação anterior – tudo em tons de marrom –, pois já estava acostumado com aquele modelo. Mateus voltou para o modelo anterior e nunca mais alterou nada nos seus relatórios: o que o seu gerente disse para justificar aquele pedido – que a padronização era necessária – foi suficiente para impedir qualquer tipo de mudança. Sentia mais inveja do trabalho de Pedro depois dessa lembrança, pois percebia que ali todo mundo ajudava todo mundo. Não tinha essa história de padronizar e seguir o que já era estabelecido pelo simples fato de que já tinha sido estabelecido: fazer o que fosse necessário fazer era o mais importante. E para isso, todos perguntavam coisas para os outros. Aquilo era tão normal que, antes mesmo que Pedro pudesse abrir suas pastas e seus arquivos para mostrá-los a Mateus, alguém perguntou lá de baixo onde estava alguma coisa, ao que o rapaz respondeu imediatamente. Mateus nem reparou no que era; ele ainda viajava naquela comparação entre o seu próprio trabalho e o que Pedro fazia lá na BIG.

Quando o novo amigo finalmente veio com o notebook aberto em sua direção, Mateus voltou sua atenção para o que viria a ser uma das suas primeiras aulas sobre tração, impacto, marketing *in* e *outbound* – respectivamente, o conjunto de estratégias que visa a atrair, de maneira voluntária, mais clientes para a empresa e as ações de marketing baseadas em propagandas ou prospecções ativas. É claro que Pedro não era professor, e nem se programara para dar aquele tipo de explicação no meio do seu dia de trabalho. Entretanto, a paixão pelo que fazia era tanta que ele não parecia se importar.

Pedro começou contando que, desde o início, eles investiam em Google Ads e em monitoramento de visitantes pelos recursos aplicados nas redes sociais, além de contarem com o apoio de um pequeno – e ainda novato – escritório de comunicação para gerar conteúdo, o que seria demandado pelos futuros usuários. Quando as primeiras vendas começaram a acontecer, eles passaram a usar os serviços de outra startup, que fornecia os serviços de produção de conteúdo em maior escala e, por isso, a um custo menor e com mais qualidade. Pedro inclusive destacou que Leo se tornara amigo, desde a sua viagem para a Califórnia, do dono dessa startup produtora de conteúdo. Ambos fizeram um curso juntos lá no Vale do Silício, e daí surgiu a ideia de fazer uma parceria entre os dois – ou melhor, entre as duas empresas. Enquanto a parceira produzia as peças para as postagens – sempre seguindo o cronograma estabelecido previamente, é claro –, a BIG permitia que todos os funcionários da empresa baixassem e utilizassem o app gratuitamente. Pedro destacou a palavra "parceria" mais algumas vezes, e Mateus percebeu que aquilo deveria significar alguma coisa importante. Logo depois, o rapaz começou a abrir seus arquivos e relatórios. Mostrava tabelas e gráficos para Mateus e ia falando sobre tração – o crescimento das vendas –, sobre as ações desenvolvidas e sobre como ele acompanhava, pelas informações obtidas dos dados, quantas pessoas haviam baixado o app da BIG depois daquelas postagens. Mostrou um gráfico em que a reta era uma crescente e deteve-se ali na maior parte da sua explicação.

Mateus sentiu que Pedro ficava entusiasmado com cada sutil crescimento daquele gráfico. Toda indicação de aumento, por menor que fosse, podia ser clicada, revelando a data e a respectiva postagem. Dependendo do assunto do conteúdo, as pessoas baixavam ainda mais o app da BIG. Pedro falava sobre o quanto essa associação era importante para as próximas decisões que a startup tinha que tomar e como isso fazia toda a diferença naquele tipo de mercado.

Entre uma frase e outra, Mateus foi percebendo que Pedro analisava praticamente todo o negócio da BIG: era ele quem sabia o que deveria e o que não deveria ser postado. Além disso, Pedro era responsável por toda a curadoria dos conteúdos que seriam publicados, decidindo onde todas as postagens iriam aparecer. No final das contas, ele é quem dava a palavra final em tudo aquilo que se referia à comunicação e à divulgação para o mercado, fosse para o usuário, para os veterinários ou para os petshops. Ele sabia de tudo! Era o diretor de marketing, comercial e de publicidade da BIG. E Mateus achando que o rapaz não passava de um estagiário... Era surpreendente como alguém tão jovem fosse tão importante assim para uma empresa.

Pedro ainda destacou que, no início das operações, a maior parte do conteúdo que ele gerava era direcionada para os veterinários. Segundo ele, esse público correspondia aos *early-adopters* da BIG – ou melhor, da "causa BIG", como eles costumavam se referir ao negócio da empresa desde o início das atividades. O negócio era benéfico para ambas as partes: caso os veterinários passassem a indicação da BIG, eles ganhavam vantagens em compras.

– Que tipo de vantagens? – Mateus quis saber.

– Tipo assim, nós descobrimos, conversando com vários veterinários, que muitos deles possuem animais de estimação também. Foi daí que surgiu a ideia de fazer parcerias com petshops, incentivando que eles dessem descontos para os veterinários cadastrados na BIG. Assim, os veterinários também indicariam aqueles estabelecimentos para seus clientes. Isso ajudou a gente a trazer mais veterinários para a plataforma mediante recomendação, o que multiplicou a quantidade de leads – ou seja, de contatos qualificados, clientes em potencial – pra gente. Paralelamente, aumentávamos de posição nos leilões de palavras no Ads; com que o preço das palavras-chave que precisávamos mais baixo, dava pra comprar. A gente chegou em um ponto de relevância tão alto que uma figura lá do Google apareceu pra conversar com o Leo. Dali em diante, passamos a gerar muito mais conteúdo para os veterinários, para os donos dos petshops e para os donos de animais de estimação.

Mateus não queria parecer um idiota na frente de Pedro, não podia deixar de aproveitar mais daquele conhecimento que estava adquirindo ali, direto da fonte. Então foi perguntando:

– Isso que vocês fizeram foi inbound, então?

Pedro concordou e completou:

– Sim, a maior parte foi. No início, tivemos que investir em outbound porque era necessário visitar as clínicas veterinárias e os petshops antes de começar. Mas com certeza a maior parte das ações foi inbound! A galera fica falando por aí que tem diferença entre inbound e marketing de conteúdo, mas pra mim, se tem alguma diferença é somente o nome. Eu considero o conteúdo uma das partes do inbound.

Temos estratégias próprias para gerar, mas tá tudo dentro da perspectiva do inbound: atrair, converter, relacionar, vender e analisar.

Mateus concordava com tudo. Já tinha lido sobre esse embate conceitual e achava que o ponto de vista de Pedro era bastante coerente. O rapaz foi abrindo abas e mais abas para explicar todo o acompanhamento, o faturamento, a quantidade de leads, de downloads e muito mais. Todos os gráficos pareciam ser semelhantes, o que era meio óbvio, uma vez que a BIG estava performando em escala não somente em termos de visitas, mas também de conversões, downloads e faturamento propriamente dito. É verdade que este último item estava ainda abaixo dos demais em termos absolutos, mas Pedro assegurava que essa era somente uma etapa que eles estavam passando, e que logo ele iria crescer para a mesma amplitude dos demais gráficos.

As explicações de Pedro orbitavam entre uma pegada técnica e um papo descontraído. Vez por outra, Mateus perguntava alguma coisa sobre ações especificamente direcionadas para um dos públicos da BIG, e em nenhum momento o amigo o deixou sem algum tipo de explicação. Pedro era um entusiasta bem articulado e Mateus era um exímio consumidor de conhecimento. Os dois nem perceberam que Leo já estava entrando na sala de reuniões, curioso para saber do que se tratava aquele papo tão animado. Mateus ficou um pouco envergonhado por, mais uma vez, ter deixado tão na cara que estava absorvendo tudo aquilo. Ao perceber o constrangimento do novo amigo, Pedro foi logo dizendo:

– Nada não, Leo. Eu tô atualizando minhas planilhas e, de quebra, mostrando pro Mateus como a gente gerencia nossas postagens.

Leo o acompanhou e falou:

– É, percebi que o Mateus tá muito interessado... – Tá querendo empreender, Mateusinho?

Ele, mais sem graça ainda, respondeu:

– Leo, você não imagina o tanto que eu quero empreender. Depois daquele dia que a gente se reencontrou, não consigo pensar em mais nada além da possibilidade de empreender.

Os três riram ao mesmo tempo. Pedro e Leo trocaram um olhar do tipo "a gente saca que isso é muito bom" e riram mais ainda. Leo foi andando para o fundo da sala, onde ficava a sinuca e a geladeira. Pedro se levantou, explicando que precisava descer para fazer algumas coisas. Mateus foi em direção a Leo e disse para Pedro que depois continuava a conversa. Leo perguntou:

– Cerveja ou refri?

Mateus percebeu que o que ele escolheria seria também a opção de Leo. Então disse:

– Refri.

No fundo, achava desconcertante beber cerveja em um local de trabalho. É verdade que ele não trabalhava lá, mas aquele era um local de trabalho de qualquer forma, e beber uma cerveja ali parecia estranho demais. De fato, Leo o acompanhou no refri.

– É um vício, Mateus. Um vício. – Leo disse, enfatizando o substantivo. Então virou-se para Mateus e perguntou:

– Você consegue se imaginar nesse tipo de vício?

Mateus não esperava que Leo perguntasse isso para ele dessa forma. Sentiu-se acuado e não respondeu nem que sim, nem que não. Leo percebeu que crescia sobre Mateus e continuou questionando-o:

– Você acha que tocar um negócio é fácil, Mateus? Você acha que consegue acordar num dia, ver tudo indo muito bem e, num piscar de olhos, o seu dia inteiro acabar a ponto de você voltar pra casa sem saber se vai haver trabalho no dia seguinte? Você sabe como negociar com fornecedores? Você saberia o que fazer para manter sua equipe unida em torno de um propósito? Você sabe quanto custa errar em um dia normal de trabalho?

As palavras jorravam da boca de Leo como se estivessem sendo vomitadas. Mateus nem sequer conseguia entender porque o amigo começara a fazer tantas provocações de repente. Viu, pelos olhos de Leo, o quão sérios eram aqueles questionamentos e congelou, sem saber quais respostas poderia dar. Depois da última pergunta, passaram-se longos dez segundos de um silêncio massacrante, que Leo fez questão de interromper:

– Essas são as perguntas que você terá que se fazer todos os dias depois de acordar, Mateus. E se você precisar pensar muito nas respostas, é sinal de que alguma coisa não está indo bem no seu negócio. Você deve se perguntar essas coisas a todo momento: é assim que um empreendedor precisa agir por alguns anos de sua vida se quiser ter um negócio de sucesso de verdade.

Por dentro, Mateus se sentia aliviado por não ter que responder todas aquelas perguntas ali, naquele momento. Por outro, sentia-se obrigado a perguntar a Leo se ele demorava ou não para responder àqueles questionamentos, e o fez imediatamente.

Era inegável a surpresa de Leo frente à pergunta de Mateus. Demorou mais do que o normal para responder; era sinal de que não tinha um argumento pronto. Mateus sorriu, Leo também. Mais alguns segundos de silêncio e Leo reassumiu:

– Boa resposta, Mateus. Aliás, boa pergunta. Digamos que atualmente eu tenho demorado bem menos do que há alguns meses.

Mateus interrompeu:

– Então significa que você está encontrando boas respostas! E parece que isso tem efeito positivo sobre o sucesso da BIG, né?

Leo ficou pensativo durante alguns instantes, mas enfim respondeu:

– Sim, é mais ou menos isso. Tenho uma meta de tempo para responder a essas perguntas. Estou chegando próximo a ela, mas qualquer vacilo agora pode fazer com que minha meta seja perdida.

– É sério que você cronometra seu tempo toda manhã?

Leo concordou.

Ainda sem entender ao certo como o simples fato de cronometrar o tempo das respostas àqueles questionamentos matinais poderia surtir efeito sobre o sucesso da BIG, Mateus continuou:

– Cara, você tá me zoando, né? É sério MESMO?

Leo continuava concordando:

– Mateusinho, eu não sou mais aquele cara que só curte ir pras baladas pra zoar com as meninas, não. Mudei totalmente o meu comportamento quando entrei nessa de querer empreender. Hoje sou um cara focado, planejador. Se eu vejo uma possibilidade de melhorar, eu mesmo me pergunto: por que não?

– Mas você não acha que esse esquema de ficar marcando o tempo é meio que uma obsessão, Leo?

Leo deu alguns passos em direção a Mateus. Chegando bem perto, de forma intimidadora, disse:

– Aquilo que você chama de obsessão, eu chamo de desafio. Eu sou movido a desafios. Se eu tiver que aprender alguma coisa pra fazer o meu negócio dar certo, eu vou aprender. Se eu tiver que investir pra fazer da BIG um sucesso, eu vou procurar novas formas de investimento, direta ou indiretamente. Eu mudei muito, Mateus.

Afastando-se do amigo, continuou:

– Você está preparado pra mudar, Mateus? Você consegue ter foco e, ao mesmo tempo, capacidade pra ajustá-lo, pra adaptá-lo? Ou você é somente um cara que quer empreender por empreender? Se for assim, tenho certeza que a sua ideia não terá sucesso, seja ela qual for. E sabe por quê?

Ele nem esperou Mateus pensar em uma resposta:

– Porque empreender é muito mais do que uma atividade: é um estilo de vida. E esse estilo é bem diferente daquela vida normal que a maioria das pessoas leva. As pessoas veem o dono da padaria da esquina, veem o pipoqueiro na pracinha logo ali em frente, veem um mecânico, uma manicure, a dona de um salão de beleza, o frentista, o moço da gráfica... E acham que eles não estão empreendendo porque todos já estão presentes no nosso dia a dia, porque aparentemente não apresentam nenhuma novidade. Compramos os produtos deles e usamos os serviços deles da mesma forma que nossos pais faziam e da mesma forma que nós mesmos sempre fomos ensinados. E veja bem: esses produtos e serviços muitas vezes eram de péssima qualidade: não funcionavam direito, causavam incômodos, desperdícios, custos e despesas pra todos nós. Mas também, né? A gente não sabia que existiam outras possibilidades, nem imaginava que chegaria o dia em que seria possível pedir uma pizza pelo celular, certo?

Foi a vez de Mateus concordar. Leo continuou:

– Pois então, não foi só a ficha que caiu, mostrando que os produtos e serviços eram ruins; também veio a deixa promovida por todo esse desenvolvimento tecnológico que a gente vê por aí. Hoje, todo mundo tem e usa celular. Aqui no Brasil o desenvolvimento ainda é um pouco lento por causa de problemas de infraestrutura, de política, de economia e por aí vai. Dizem, inclusive, que um empreendedor de sucesso no Brasil tem grandes chances de ser um sucesso em qualquer outro lugar do planeta, pois aqui é um dos piores locais do mundo pra empreender.

Riram juntos. Os dois já tinham terminado o refri quando Leo perguntou se Mateus queria outro ou se já podiam partir pra cerveja. Eram quase seis da tarde e ele não tinha outro compromisso. Um pouco mais à vontade no ambiente, Mateus topou. Abriu a porta do freezer, tirou duas latas e já aproveitou para subir mais duas – a conversa podia render. Mateus abriu as latas na pia e ofereceu uma para Leo que, sentando em um pufe, continuou a conversa.

– Todos os empreendedores que eu te falei são chamados de empreendedores por necessidade. Aqui no Brasil, eles se chamam assim. Pra mim tanto faz o nome que dão: o que eu considero é que existe um mercado de gente que, assim como eu, está insatisfeita – ou pelo menos incomodada – com a maneira como esses produtos ou serviços são oferecidos, adquiridos e comercializados. Eu resolvi que não iria aturar mais isso, mas não quis ficar só no campo da resignação, da reclamação. Resolvi arregaçar as mangas e botar a mão na massa. Executar, dar o primeiro passo. E pra isso acontecer, eu tinha que mudar muitos hábitos meus, além de adquirir novos hábitos que, até então, me eram totalmente desconhecidos. Um deles é ter metas claras e possíveis de serem alcançadas. Eu nunca tinha pensado ou mesmo planejado qualquer coisa nesse sentido. Tudo o que eu tinha, eu tinha ganhado dos meus pais – e eles, às vezes reclamando, às vezes não, sempre faziam surgir aquilo que eu queria. No fundo, me desagradava essa situação. Era como se eu não tivesse que lutar por nada. Pra ser sincero, Mateus, a vida não tinha muito sentido sendo levada daquele jeito. Era superbacana, fui em altas baladas, dormi com muitas minas, aproveitei demais. Mas, no fundo, eu sentia um certo remorso. Não sei se isso é se tornar adulto ou se eu deveria estar falando sobre isso com o meu psicólogo...

Os dois riram um pouco, o que fez Mateus sentir que o papo era sério. Tão sério que estava rolando até depoimento. Leo queria falar, e ele queria ouvir.

– Mas a verdade é que o que eu presenciei lá na Califórnia mudou muito o jeito como eu passei a olhar o mundo. Sei que sempre tive condições melhores do que a maior parte dos meus colegas, e também sei que boa parte dessa mudança na minha vida se deve à vida que eu tive, que meus pais puderam me dar. Mas tenho total consciência de que eu poderia ser como qualquer outro menino da minha turma: um babaca, repetidor de tudo o que os outros fazem, que só quer saber de curtir a vida.

Leo percebeu que Mateus ficou meio assustado com tudo aquilo que acabara de dizer.

– Me desculpa dizer isso assim, Mateus, mas realmente era isso que eu poderia ter me tornado. Sei que agora você deve tá achando que é um desses babacas que eu descrevi, mas, pra dizer a verdade, sempre saquei que você também via que todas essas coisas que eu falei eram uma grande futilidade. Não sei se eu tô achando certo, mas você sempre me pareceu ser muito inconformado com essa situação, mesmo também tendo curtido aquela época na faculdade.

Esta última frase fez Mateus suspirar aliviado.

– Mas eu sacava que você também tava ali pra cumprir um script, tipo se divertir com os amigos, pegar alguma mina, curtir um aniversário na balada. E isso é um hábito. O que eu fiz foi eliminar alguns hábitos da minha vida e colocar outros no lugar, tipo cronometrar as respostas daquelas perguntas que eu te fiz quando subi pra cá.

Com um sorriso bem irônico, Mateus perguntou:

– Então o que você tá querendo dizer é que, se eu for empreender, vou ter que parar de ficar com as minas?

Os dois gargalharam.

– Não, cara, nem pensar! Se fosse assim, a vida nem teria sentido, nem empreender teria sentido!

Riram novamente, e Mateus concordou:

– Ainda bem, porque na real: se fosse pra ser assim, eu ia desistir de empreender agora mesmo!

Aquele momento de descontração foi a deixa que Leo precisava para voltar à geladeira e repetir o ritual: pegar duas cervejas no freezer, subir mais duas da geladeira. Enquanto voltava com as latas nas mãos, disse:

– Se fosse assim, ninguém ia empreender, não. Aliás, a BIG nem sequer existiria!

Não estavam bêbados, mas já estavam bem mais à vontade.

– Mas resumindo, Mateus, hoje eu ainda conservo alguns hábitos vitais, mas outros eu alterei. Vou te mandar uma real, Mateusinho: eu topei conversar com você porque naquele dia, lá no boteco em que a gente encontrou, eu senti que você ficou bastante encantado com o que eu contei sobre a minha trajetória. Ou melhor, sobre a minha mudança de trajetória. Eu vi um brilho nos seus olhos, o mesmo que eu tinha quando cheguei ao Vale do Silício e conheci todo o ecossistema de empreendedorismo que existe lá. Eu também fiquei encantado com tudo aquilo que vi; foi lá que eu percebi que, se alguma coisa não estivesse me satisfazendo, e se eu pudesse fazer algo pra mudar essa realidade pra melhor, eu faria. Foi então que eu comecei a empreender. Minha ideia inicial foi motivada por um problema que não me afetava diretamente, mas incomodava uma pessoa muito próxima de mim – minha mãe. Tomei para mim a dor dela e fui atrás de uma solução. Conseguir captar essa solução, adaptá-la, ajustá-la e até mesmo modificá-la pra alguém, pra um mercado, me fez perceber que sou capaz, corajoso, persistente, flexível. Mas para me ver desse jeito, eu precisava pensar e agir diferente, ou seja, ser diferente do que eu era. Então, passei a frequentar palestras, ler livros, assistir a vídeos de empreendedores de sucesso., Fui entendendo mais sobre desafios e sobre formas de superá-los. Aprendi também a elaborar metas, ajustar focos, mudar estratégias. Mas o que realmente me deixou realizado foi ver que eu consegui melhorar a vida de alguém, ou pelo menos amenizar o problema de alguém. Acho que às vezes levo tudo isso muito a sério. Posso até parecer mesmo um pouco obcecado, como você reparou – mas isso tanto faz pra mim. O que importa é saber que a minha contribuição, o meu negócio, fez do mundo um lugar um pouco melhor. Isso me fez sentir menos banal do que a maioria das pessoas.

Olhou sorrindo pra Mateus e completou:

– Sempre pensei que você também tinha potencial, que não queria se sentir banal. Só que agora, eu tenho a chance de te mostrar como fazer pra não se sentir assim também. Foi por isso que comecei a te perguntar aquelas coisas sobre empreendedorismo, e vou te confessar uma coisa: você me surpreendeu muito quando me questionou sobre o tempo que eu levava para conseguir minhas respostas. Essa é exatamente a resposta que eu daria se alguém fizesse aquela pergunta para mim.

Todos aqueles elogios vindos do amigo fizeram bem para o ego de Mateus. E Leo não parava:

– Esse tipo de atitude me passa a imagem de uma pessoa corajosa, destemida. Você não se amansou, não vacilou: investiu na pergunta, quis descobrir mais do que apenas encontrar uma resposta. Há uma sutil diferença entre esses dois verbos. Descobrir é basicamente o processo que você precisa traçar para encontrar alguma coisa – e eu prefiro assim. Hoje, me interessa mais o processo por trás das coisas do que as coisas propriamente ditas, do que o resultado encontrado.

Leo conversava e bebia sua cerveja. A de Mateus ficava de lado, quase intocada, esquentando. Ele definitivamente não podia perder nenhum detalhe daquilo que ouvia e aprendia sobre como se tornar um empreendedor.

– Então você quer dizer que o que te interessa é aquilo que o Pedro me mostrou nas planilhas, e não onde chegar?

Leo balançou a cabeça negativamente.

– Não. Não é bem assim. É que as coisas que podem acontecer são tão diversificadas, tão variadas, podem nos afetar de tantas maneiras que, pra falar a verdade, é quase impossível fazer previsões atualmente. O máximo que a gente consegue aqui é enxergar um pouco dos próximos seis meses. Mas o mercado muda muito e qualquer coisa pode fazer o seu negócio desmoronar de uma hora para outra. Por isso, eu não acredito em pessoas que querem resultado, sobrevivência, o "pão nosso de cada dia". Prefiro aquelas que querem fazer a diferença e ser criativas o tempo todo, sempre pensando em incrementar um sonho para que ele dure mais tempo, para que seja rentável e faça a diferença. Mas pra isso acontecer, o empreendedor precisa mudar sua vida. Você está disposto a isso, Mateus? – Leo concluiu.

Apesar de estar completamente absorvido por todo aquele aprendizado, Mateus não esperava ser questionado outra vez tão depressa. Mais uma vez, não sabia ao certo qual era a melhor resposta. Ainda pensando, disse:

– Leo, tenho muita vontade de mudar a minha vida, mas não sabia que empreender era assim. Pelo que eu pesquisei na internet, parecia uma coisa diferente. Parecia que, se eu tivesse uma boa ideia e visse uma oportunidade no mercado, as coisas iriam acontecer. Vi o que diferenciava o dono de uma padaria do fundador de um startup, vi gente falando sobre inovação, sobre modelos de negócios, sobre oportunidade... E achei que, se eu aprendesse mais sobre isso, conversando com você aqui, eu entenderia como as coisas funcionam na prática. Mas parece que existe toda uma história por trás dessa maravilha toda que eu vi nos sites que visitei. O jeito que você fala e age – ou melhor, tem agido – faz parecer que é preciso desenvolver muito mais uma capacidade de execução do que simplesmente ter uma ideia genial e encontrar um mercado disposto. Senti que ainda preciso me preparar muito pra empreender.

– Se eu causei essa impressão, Mateus, significa que você entendeu perfeitamente tudo o que eu disse. Eu não acho que nasci empreendedor; só percebi isso quando encontrei a solução para os problemas da clínica da minha mãe. Eu vi a oportunidade, tive essa visão porque já conhecia mais sobre o assunto em termos técnicos. Mas isso pouco adiantaria hoje se eu não tivesse corrido atrás e buscado me preparar pra isso em termos gerenciais. Se essa ideia de ter uma sede da BIG aqui no Brasil não se transformasse em um negócio rentável, de nada adiantaria abrir ou trazer esse negócio pra cá. Eu fui atrás de conhecimento: fiz um monte de cursos, aprendi na marra uma porção de coisas que eu jamais teria compreendido se realmente não quisesse fazer a diferença. Ideias são importantes, são necessárias... Mas todo mundo tem as suas. O que faz a diferença no mundo é a forma como você executa essa ideia e faz dela algo positivo não somente nas finanças, mas principalmente na vida das pessoas. Você acha que está disposto a começar a aprender mais sobre outras coisas? – Leo finalmente perguntou.

Mateus respondeu imediatamente que sim, que estava – e muito.

– Então pega outra cerveja lá, que a sua esquentou, e vamos descer. Você tem um pendrive aí? Você tem conta em nuvem?

– Sim e sim. – Mateus respondeu, já tirando a cerveja do freezer e abrindo a latinha.

Desceu logo depois de Leo e, chegando no térreo, viu que quase todos já tinham ido embora. Mas como Pedro havia dito, era só alguém aparecer no salão para surgir logo outra pessoa perguntando ou conversando sobre algo. E com eles não foi diferente: Leo precisou parar duas vezes para ajudar os colegas a resolver alguma coisa. Mateus passou o pendrive para Leo, que o plugou no notebook e foi logo dizendo:

– Vou te dar duas semanas, a partir de hoje, pra você ler tudo isso que eu vou colocar aqui e me trazer pelo menos umas vinte perguntas sobre o que você quiser saber a respeito de empreendedorismo, inovação, startup e qualquer outro tema relacionado à modelagem de negócios. De quebra, vou colocar um arquivo com várias histórias de empreendedores, tanto de sucesso quanto de fracasso, para você entender melhor esse esquema de pensar no processo e não só no resultado, mesmo sabendo que o resultado pode variar, tá certo?

– Sim, Leo, pode deixar. Daqui a duas semanas, né?

– Isso aí. Tô colocando até na minha agenda pessoal, Mateus. A gente se vê no mesmo horário de hoje. Sem furo?

– Demorou.

Parecia que Mateus só sabia concordar, mas a verdade é que ele estava tão empolgado e com a cabeça tão cheia que não sabia mais o que dizer. Mesmo sabendo que poderia ficar ali mais um bom tempo conversando com Leo, Mateus se sentia muito confuso com aquela história toda e preferiu se despedir, levando consigo a cerveja e o pendrive, já devidamente guardado na sua mochila. Já era noite e parecia que as últimas pessoas da BIG já estavam indo embora também. Ele tinha muita coisa para aprender, e precisava se dedicar a este aprendizado o quanto antes. Despediu-se de Leo, agradecendo profundamente por tudo. Já de saída, ouviu o amigo dizer:

– Tente transformar suas obsessões em desafios, Mateus. Esse será o primeiro passo para a sua vida de empreendedor!

Mateus foi embora pensativo. Ele tinha duas semanas para trazer uma boa resposta.

05 ANSEIOS

Mateus chegara uns vinte minutos antes do horário marcado. Já estava cumprindo aviso prévio na Truesound há cinco dias, o que lhe dava o direito de ir embora mais cedo até acabar o período. Andava aliviado por ter conseguido negociar a sua saída, ainda que isso tivesse custado ter que ficar mais trinta dias trabalhando. A vantagem era a redução da carga horária – era isso ou nada. Ele topou.

A cantina daquele lado do câmpus não estava cheia. Mesmo assim, não encontrou nenhum lugar livre para sentar. Ele também não sabia quem mais viria além de Laís, resolveu esperar em pé. E como também não tinha ideia do que pedir, ficou por ali mesmo, ao redor da cantina, fuçando no celular e vendo alguns vídeos no YouTube. Lembrou que Laís gostava de Queens of The Stone Age e foi procurar uma playlist que tinha criado, justamente aquela que ele estava ouvindo quando a reencontrou no ônibus. Talvez a música pudesse fazer com que o tempo passasse mais rápido, ou com que ela chegasse mais rápido.

Mas não foi bem isso o que aconteceu. Ela demorou uns quinze minutos além do combinado, pediu desculpas pelo Zap mesmo. Ao longe, Mateus avistou um cara que parecia o Vitor da época do processo seletivo, mas não teve coragem de ir até lá e puxar conversa. Não tinha muita certeza, era péssimo de fisionomia e meio tímido socialmente. Ficou na dele. Foi somente quando Laís chegou que ele pôde tirar a dúvida a limpo. Por sorte, não era o mesmo cara.

Laís foi logo pedindo mais desculpas pelo atraso: explicou que estava em uma reunião com sua orientadora e que o vice-reitor tinha chegado lá, o que levou o encontro a demorar mais do que o previsto. Era a primeira vez que ele a via com os cabelos soltos – ou pelo menos não se lembrava de tê-la visto assim antes. Parecia, inclusive, que ela tinha se arrumado para aquele encontro. "Grandes expectativas", ele pensou. Ela estava de batom e vestia uma camisa transparente sobre a blusa de alcinha. Ao cumprimentá-la, Mateus sentiu um perfume gostoso nos cabelos da garota e se preocupou um pouco por não ter se arrumado o suficiente para encontrá-la. Estava do mesmo jeito desde cedo; não teve tempo nem de passar em casa para tomar um banho ou passar um perfume.

Conseguiram arranjar uma mesa bem no fundo da cantina. Alguns alunos já começavam a se preparar para as aulas, e enquanto se ajeitavam para sentar, ela contou que conseguira recuperar os contatos do grupo de WhatsApp da época do processo seletivo. No entanto, apenas o Vitor tinha respondido: ele faria o possível para ir ao encontro, mas não podia dar certeza porque ainda precisava fazer uma prova de segunda chamada – ele perdera a primeira por causa de uma viagem –, mas que gostaria muito de poder reencontrá-los. Pablo, o último dos participantes do grupo, nem sequer respondera, levando Laís a acreditar que seu número poderia ter mudado, pois ela nunca mais ouvira falar dele desde a época do processo. "Melhor assim", Mateus pensou em silêncio, mas sem conter um largo sorriso. Virando-se para a garota, ele disse que tinha o tempo livre e que poderia esperar um pouco mais. Laís colocou a mochila e o case do notebook em cima da mesa e disse que estava afim de beber um suco. Ela teria somente o segundo horário naquela noite, então também podia esperar até mais tarde com ele. Perguntou a Mateus se ele queria beber alguma coisa e ele se ofereceu para acompanhá-la até o balcão da cantina. A garota agradeceu, mas preferiu que ele ficasse na mesa, tomando conta das coisas, enquanto ela ia ao caixa pegar a bebida.

Mateus concordou enquanto a observava tirar milhares de coisas da mochila – estojo, caneta, bloquinho de notas, calculadora HP – até encontrar a carteira. Antes que Laís saísse, ele pegou um dos fones de ouvido e o ofereceu a ela. A menina ajeitou o cabelo, Mateus pediu licença e colocou o fone em sua orelha. Quando ela reconheceu a música, os dois sorriram. Ficaram alguns segundos se encarando, olhos nos olhos, sem desviar o olhar. Havia alguma ligação ali. Ambos sentiram. Se dependesse dele, a beijaria no mesmo instante, mas achou que seria muito precipitado da sua parte. Ainda bem, pois Laís até podia querer ficar com ele, mas certamente não queria fazer aquilo ali, no meio da cantina. Ela tirou o fone, devolveu a ele e disse:

– Eu imaginei que você viesse pra cá ouvindo Queens of The Stone Age. Quando eu voltar, te mostro o que eu baixei deles no fim de semana!

Ela se virou e foi em busca do suco. Ele ficou ali, parado, querendo colocar o fone na orelha dela novamente, sentir o perfume dos seus cabelos e finalmente beijá-la. Lembrou-se dos olhos dela, insinuantes por cima dos óculos, e ficou excitado. Uma boa coisa estava pra surgir entre eles.

Mas os planos de Mateus foram por água abaixo quando Laís voltou com o suco em uma mão e o Vitor na outra.

– Olha só quem eu encontrei ali na entrada da cantina!

Meio surpreso, meio sem graça, Mateus sorriu e disse, levantando-se:

– Beleza, cara? Tudo certo?

Vitor o retribuiu com um abraço:

– Quanto tempo, né?

– Pois é, cara! Correria total. Sabe como é fim de semestre, muito trampo...

Os três se sentaram.

– Foi você que se deu bem naquele processo seletivo, né, Mateus?

Um pouco surpreso com a observação, Mateus concordou, mas aproveitou para completar:

– Fui eu sim, mas já estou de saída. Pedi as contas há uns dez dias.

Laís e Vitor ficaram espantados. Todos ali disputaram por aquela vaga há apenas um ano, e os dois não conseguiam entender porque o único escolhido estava saindo da empresa.

– Ué, Mateus, mas naquele dia que eu te encontrei no ônibus você disse que tava de boa lá, que a empresa era bacana e tudo mais! – Comentou Laís, um pouco confusa.

Vitor, que nem sabia daquele encontro no ônibus, também ficou confuso. Ele se lembrava do quanto lutou para conseguir aquela vaga: dinâmica em grupo, conversa com o gestor da área, testes psicológicos, teste de inglês... E Mateus agora estava saindo fora! O mais estranho é que ele parecia feliz por ter tomado aquela decisão, pois estava ali, contando tudo aquilo de forma tranquila e despretensiosa.

– Mas por quê, cara? Eu me lembro de você dizer na época que tava muito afim de entrar na Truesound, que já tinha até estudado um caso semelhante a ela no seu projeto de pesquisa. – Vitor relembrou.

Mateus se espantou com o interrogatório de Laís e Vitor. Ele jamais imaginaria que o anúncio de sua decisão causaria tanta indignação em dois conhecidos, e tratou logo de se explicar:

– É porque eu tô pensando em abrir meu próprio negócio. – Disse, muito seguro de si.

– Mas precisava sair da Truesound para fazer isso? Por que você tem que sair do seu emprego para fazer isso? – Vitor insistiu.

Dessa vez, quem não entendeu a pergunta foram Laís e Mateus. Os dois se entreolharam e começaram a responder, quase ao mesmo tempo:

– Ué, Vitor, como é que ele poderia abrir um negócio se ainda estivesse trabalhando na Truesound? – E riram em seguida pela coincidência, os dois falando quase em coro.

Vitor quis explicar:

– Não, o que eu tô dizendo é que tipo, se ele já sabia que ia abrir um negócio, por que participou do processo seletivo mesmo assim?

– Ahhh... – Mateus grunhiu. – Naquela época eu nem pensava nisso ainda. Tive essa ideia tem pouco tempo.

Agora, era a vez de Laís perguntar:

– Mas se você tá pensando nessa possibilidade há pouco tempo e já tomou essa decisão, deve ser porque alguma coisa não tava boa na Truesound, né? Senão, você nem pensaria em querer sair de lá.

– Em parte, é isso mesmo, Laís. – Mateus concordou, ajeitando-se na cadeira. – Eu tinha te falado que lá é legal, e tipo, foi bom mesmo enquanto emprego. Mas eu não tinha perspectiva nenhuma na Truesound, fazia a mesma coisa todos os dias desde que entrei lá. O pessoal é muito fechado, obediente, calado. Nada contra isso, mas sabe quando você percebe que todo o seu trabalho não passa de mais do mesmo? Isso me incomodou. Me imaginei alguns anos à frente e me vi do mesmo jeito que sou hoje, fazendo as mesmas coisas, e essa possibilidade me desesperou. Fiquei agoniado e resolvi mudar o rumo das coisas. Reencontrei um amigo das antigas que tem uma startup e agora tô pilhado pra empreender.

Depois de ter dito tudo isso assim, de forma tão segura, Mateus finalmente sentiu que já era uma nova pessoa. Sentia que começava a ter muito sangue correndo nas veias. Ele já alimentava um pequeno roteiro a ser escrito na sua vida: empreender. Sentia-se capaz de contar sua história para os outros, mesmo que ainda estivesse no início. Estava confiante e muito, muito feliz por se ver daquela forma. Algo definitivamente estava acontecendo.

Laís olhava para ele como se tivesse entendido tudo o que ele dissera. E mais: além de entender, ela via aquela decisão com naturalidade, com facilidade. Vitor, por outro lado, parecia não compreender como alguém podia trocar a segurança e a certeza de ganhos não somente financeiros, mas também profissionais, de um emprego em uma empresa sólida e de boa reputação no país inteiro, pela vontade de abrir um negócio. Mesmo sabendo o que era uma startup, ele parecia não acreditar que aquela troca pudesse valer a pena. Era muito incerto, havia muitos riscos de dar errado, independentemente de qual fosse esse negócio. Por isso, ainda insistiu um pouco mais na conversa:

– Mas Mateus, você não acha que tinha a possibilidade de crescer lá na Truesound, não?

– Não é bem isso, cara. O lance é que me encheu um pouco o saco ficar fazendo as mesmas coisas sempre: catalogando peças, acompanhando fluxos de comandos de peças, elaborando relatórios pouco utilizados... Eles nem me deixavam participar de qualquer decisão. Só mandavam comunicados, sem muitas explicações, a respeito de coisas que eu deveria passar a fazer, mantendo tudo sob controle pra que eles continuassem a tomar as mesmas decisões. E tipo, nada contra ter que cuidar dessas coisas, mas tudo me parecia tão monótono, tão superficial, que eu resolvi dar uma mudada, uma pilhada na minha vida. Eu precisava me sentir mais vivo do que eu me sentia quando estava lá.

Ele terminou de dizer tudo isso e olhou para Laís. Ela estava ali, olhando pra ele com aqueles olhinhos miúdos acima dos óculos, sorrindo com admiração. Ele sacou a intenção daquele olhar e retribuiu, piscando como quem diz "sua linda!".

– Rapaz, você é meio doido né? – Disse Vitor.

– Eu não acho. – Laís discordou.

– Mas Laís, há mais ou menos um ano, todos nós estávamos disputando essa vaga na Truesound, e só o Mateus passou. Agora, ele tá pedindo para sair. Não entendo, cara. Você não acha que foi pouco tempo pra pedir as contas?

Mateus, voltando-se para Vitor, explicou:

– Não, cara. Essas decisões são ou não são tomadas. Se eu ficasse pensando muito no que deveria fazer, a resposta seria sempre a mesma. Mas sabe quando de repente você entende que tá perdendo tempo fazendo o que te pagam pra fazer? Que o mundo tá mudando, as coisas estão acontecendo, mas você está à margem de tudo? E mais: que a chance de você conseguir acompanhar o ritmo dessas mudanças vai ficando cada vez mais remota?

Vitor não se mexeu. Já Laís concordava com tudo o que Mateus dizia. Ele continuou:

– Pois era desse jeito que eu me sentia na Truesound! Sentia que eu tava perdendo o meu timing. E aí, cara, não adianta você parar pra planejar muito, senão sua escolha sempre será aquela que te garante maior segurança financeira, que te dê barriga cheia, como se diz por aí. Ou seja, vai ser sempre a opção de ficar em um emprego medíocre. E eu acho que não tem dessa de ficar num emprego só porque você recebe a sua grana, independentemente de como a empresa está indo. As coisas têm que fazer sentido pra quem trabalha. Se não, como é possível se envolver?

– Eu boto muita fé na sua decisão, Mateus. – Disse Laís. – Eu mesma nem fiquei tão bolada assim por não ter sido selecionada pra vaga lá na Truesound. Eu achei até bom que não rolou, porque assim continuei procurando outras oportunidades até encontrar, no mural do meu curso, um projeto de pesquisa muito massa aqui da faculdade, que não só tá dando muito certo, como também tem me deixado muito realizada.

Agora era Mateus quem olhava para Laís, boquiaberto. Ele entendeu porque ela o compreendera tão bem enquanto ele falava sobre sua saída da Truesound: a menina também estava na vibe empreendedora. Deixou de prestar atenção no blá blá blá que Vitor ainda insistia em manter sobre ser empregado ou ser empreendedor. Passou a admirá-la ainda mais, e ela parecia fazer o mesmo.

Não demorou muito para Vitor anunciar que já precisava ir, porque ainda tinha que descobrir em qual sala seria aplicada a tal prova de segunda chamada. Despediram-se rapidamente, Mateus e Laís emendaram um "boa sorte, a gente se encontra mais" – o que nunca aconteceu – e sentaram-se de novo. Mateus aproveitou a deixa para mudar de lugar. Dessa vez, ficou ao lado de Laís.

– Me conta mais sobre esse papo de projeto de pesquisa que você tá fazendo e que tá dando tão certo. É aquele que você teve que viajar pra apresentar?

Laís negou, para surpresa de Mateus. O projeto que ele citara era outro no qual ela estava trabalhando, mas só como executora – não tinha quase nada do que ela desenvolvia atualmente. Mateus quis saber, então, em quantos projetos ela estava envolvida.

– Só no meu. Nos outros, eu trabalho basicamente por dois motivos: porque eu preciso da grana para viver e porque, de um jeito ou de outro, são projetos que ainda tem alguma coisa a ver com o tema central dos meus estudos. Sem contar que é sempre bom conhecer pessoas que pesquisam coisas parecidas com as nossas. Isso ajuda a gente a aperfeiçoar o nosso negócio, permitindo gerar um impacto ainda maior no mundo, não é?

Mateus olhava para Laís, intrigado. Palavras como "negócio" e "impacto" pareciam não combinar muito com um projeto de pesquisa acadêmica. Ele sabia o que era estagiar em um projeto de pesquisa, já tinha desenvolvido um no seu próprio curso, e com certeza aquilo não tinha nada a ver com o mercado ou com negócios. Era uma atividade científica, que envolvia leituras, fichamentos de textos, buscas em bibliotecas, elaboração de relatórios periódicos e um montão de outras coisas que não se relacionava em nada com a procura de consumidores, delimitação de mercado, gestão, etc. Não entendia muito bem como ela podia saber de coisas tão diferentes. Curioso, perguntou do que se tratava o projeto que ela estava desenvolvendo.

Laís se virou para ele e o olhou daquele jeito por cima dos óculos. Discretamente, ele foi espichando o braço por trás dela, apoiando-se no encosto da cadeira. A garota começou explicando tudo desde o início. Não havia sido selecionada para a vaga da Truesound, mas também não se deixou abater. Já tinha tomado pau em outros processos seletivos antes; aquilo não a desanimava mais.

– Uns dez dias depois da entrevista na Truesound, eu tava indo pra uma aula e vi um cartaz pregado no mural do prédio do meu curso. Era o anúncio de uma palestra estilo TEDX, com uns caras famosos de um tal setor dois e meio. Depois te explico o que é que isso significa, tá?

Ele concordou, mas tirou uma caneta da mochila e anotou no guardanapo: "setor dois e meio". Ela achou aquilo um pouco esquisito, mas continuou mesmo assim:

– Mas então, quem tava produzindo esse evento era um grupo de alunos sob a supervisão de uma professora que me deu aula no início do curso, e eles estavam procurando alunos para ajudar na produção do evento. As tarefas eram variadas, desde fazer inscrições até recepcionar os convidados, os palestrantes ou outros alunos interessados. Eu nem tinha visto esse cartaz antes, mas como só faltavam uns dez dias para o evento e eles ofereciam uma bolsa – afinal, era um evento de um projeto de pesquisa, né –, resolvi procurar esses alunos pra ver se eu ainda podia ajudar. E não é que rolou? Eu era a segunda pessoa a aparecer, e eles estavam muito preocupados com o possível fracasso de audiência do evento, pois quase ninguém tinha feito inscrição. Mas àquela altura eles não podiam mais desistir. Eu e o outro candidato fomos chamados para uma reunião com a tal professora. Como não tinham surgido outras pessoas e a verba da bolsa poderia sobrar, ela resolveu fazer o seguinte: selecionou os dois e ofereceu um bônus para quem conseguisse fazer o maior número de inscrições.

Laís riu daquela bobagem e Mateus a acompanhou.

– Eu saquei que poderia dobrar o valor da bolsa anunciada e resolvi encarar o desafio. Deu certo e nós conseguimos lotar o auditório. O evento foi um sucesso!

– Tá, mas até agora você não falou nada sobre o seu projeto de pesquisa! – Mateus provocou.

Laís arrumou os óculos, ajeitou-se na cadeira e, quando ia voltar ao assunto, percebeu que ele passava a mão nas pontas do seu cabelo.

– Ele tá muito cheiroso. – Mateus explicou, com um sorriso.

Ela ficou sem chão. Estava pronta pra falar e ele interrompeu, sendo carinhoso e delicado. Não era nem preciso dizer que Laís adorou aquilo, Mas ela não queria mostrar que se derretera assim tão rápido, e logo reassumiu:

– Como eu ia dizendo... o evento foi um sucesso e tal, né, mas o mais legal eu não te falei. Os palestrantes eram muito importantes para esse tema e o formato do evento era superdescontraído, tipo um bate-papo. Eu pude inclusive assistir a todas as palestras sem pagar nada, e aquilo fez com que eu começasse a me interessar pelo assunto. Eu fui de novo até a professora e falei pra ela sobre o meu interesse. Até então ela só me conhecia como acadêmica, mas depois do evento, passou a me conhecer pessoalmente. Foi aí que ela me disse que estava começando um projeto de pesquisa sobre o setor dois e meio e, em parceria com o professor de empreendedorismo, ia desenvolver outro projeto sobre startups deste mesmo setor.

Os olhos de Mateus brilharam – foi a vez dele se ajeitar na cadeira. Aquele era um tema que o interessava muito, e ela estava falando na linha do que ele vivenciava naquele momento.

– Acabou que eu entrei para os dois projetos de pesquisa. Conheci tanto empreendedores quanto realizadores de propósito.

Mateus olhou pra Laís sem entender. Ela apontou para o guardanapo:

– Re-a-li-za-do-res de pro-pó-si-to. Anota aí. – Disse, rindo.

Ele riu junto e anotou mesmo.

– Estudei muito sobre esse tema e, quando o projeto estava terminando, abri uma startup com outras colegas que também já estavam empreendendo nesse setor dois e meio...

– Então quer dizer que você é uma empreendedora?

Laís concordou, mas com uma ressalva:

– Mais ou menos, Mateus. Estamos na fase beta.

Era a vigésima vez que ele ouvia esse termo nos últimos dez dias. Começou com a Lídice explicando o funcionamento do seu negócio, depois ele leu e estudou muito sobre o assunto. Agora, era a vez de Laís se pronunciar.

– O problema que estamos enfrentando é que o nosso público tem algumas demandas que nós não conseguimos resolver... Então, parece que ainda ficaremos nessa fase beta durante muito tempo. Nem tenho certeza se a nossa startup vai pra frente mesmo.

Concluiu sua história com um muxoxo, e Mateus aproveitou para tentar consolá-la. Chegando mais perto, ele falou baixinho:

– Desde que você não perca esse sorriso lindo e esse cheirinho gostoso no seu cabelo, tudo bem!

Laís ficou séria e rebateu logo:

– Nada disso, Mateus. Eu quero que essa ideia dê certo porque eu acredito nela. Também acredito que, se a gente solucionar algumas questões que ainda estão pendentes, vai dar tudo super certo.

Ele ficou parado por alguns segundos, olhando para Laís, e então disse:

– Eu tenho certeza de que seu projeto vai dar certo, Laís. Você conhece o assunto e é a idealizadora do negócio. Como é que pode não dar certo se você acredita tanto assim no que faz?

– Pois aí é que tá o problema. A menina que teve a ideia saiu da nossa equipe porque estava quase perdendo o semestre na faculdade. Aí os pais entraram no meio e disseram que, se ela perdesse, eles não deixariam mais ela “brincar de empreender”.

Num primeiro momento, Mateus não conseguiu entender porque Laís dissera aquilo – parecia piada. Ela completou:

– É isso mesmo que você ouviu. Eles disseram que nós estávamos “brincando de startup”, quando na verdade nossa ideia era séria pra caramba.

– Era? – Mateus perguntou.

– Era não, ainda é. É séria demais. Pelo menos pra mim e pras outras meninas que estão na equipe. Mas sem a idealizadora, fica complicado continuar. Ela era tipo a cabeça da equipe, sabe? Todo mundo trabalha bem, mas sem ela parece que as coisas não estão andando mais. Rolou até uma treta recente, porque parece que os pais não estão nem deixando ela conversar com a gente, tudo por medo de que isso a faça perder o semestre. Uma vez, eu encontrei com ela e com a mãe no banco, e a mãe dela me disse pra deixar a Marcinha em paz, porque agora ela estava muito focada nos estudos e tal. Fiquei bolada com essa história toda...

Mateus ouvia tudo com atenção, e tentou amenizar as coisas:

– Fica assim não, Laís. Se ela for mesmo uma empreendedora, vai dar um jeito no semestre dela, nos pais dela, e ainda vai voltar com força total pra startup. Aí você vai ver: seu ânimo vai voltar e vai dar tudo certo!

Laís se reconfortou com o otimismo de Mateus: onde ela via o fim, ele via esperança. O rapaz continuou:

– Mas mesmo com a sua amiga voltando, vocês não podem deixar de pensar em melhorar essa solução, de enfrentar esse problema que vocês estão passando – só assim seu projeto vai sair dessa fase beta. Na minha opinião, o que vocês precisam agora é se preocupar em resolver essa demanda. Independentemente de ter a equipe completa ou não, o problema parece ser maior do que os integrantes, e se ele não for solucionado, o negócio não vai deslanchar nem com a ajuda da melhor equipe do mundo, não é?

A garota olhava pra Mateus com certo orgulho. Não era somente esperança que ele lhe passava. Era conselho em forma de esperança.

– Você sabe que deve haver uma solução para esse problema, e focar nesse lance da saída da idealizadora, por mais importante que ela tenha sido até agora, só vai retardar a solução. Vocês precisam ter foco no problema e deixar essa história de lado. Quando ela voltar, tenho certeza que vai ficar muito satisfeita em saber que vocês também conseguem tocar o negócio sozinhas. E mais: ela vai ficar feliz em saber que, mesmo sem ela, vocês conseguiram ultrapassar os problemas e sair da fase beta. Isso não seria demais? – Perguntou, com um grande sorriso no rosto.

Ela retribuiu o sorriso, mas completou dizendo que o problema era muito mais complicado do que ele poderia imaginar: tratava-se de uma questão de infraestrutura social, e não apenas um problema de mercado.

É claro que Mateus se interessava pelo assunto, mas ele foi além disso. Viu que dali poderiam surgir outras possibilidades de se encontrar com Laís, e quis saber mais. A oportunidade proporcionada pela coincidência de interesses não poderia ser recusada. Antes de continuar, Mateus se levantou para comprar um lanche e perguntou se ela também queria.

– Não, agora não, obrigada.

Sorrindo, ele disse:

– Não sai daí não, tá? Hoje a conversa vai ser longa! – E piscou pra ela.

Voltou com a bandeja nas mãos e ela, com uma mão no celular, o ajudou a afastar as mochilas na mesa.

– Peraí que eu ainda tenho que acabar de fazer uma coisa. – Disse Laís, ainda digitando.

– Sem pressa.

– Preciso marcar de conversar com as meninas sobre isso que você me falou.

Ele a olhou sem entender e ela completou:

– Esse lance de que o problema é maior do que a equipe não tá muito claro pras meninas, mas você explicou direitinho. Pra mim, ficou tudo muito evidente, e acho que as meninas também precisam ouvir isso. Elas estão meio confusas e perdidas depois que a Marcinha saiu.

Mateus não entendia onde Laís queria chegar, mas sugeriu que, se a situação estivesse assim, o melhor a fazer naquele momento era focar no problema maior para depois pensar em formar uma nova equipe para a startup.

– Aliás – ele emendou –, qual é o nome da startup mesmo? O que ela faz?

– Peraí, Mateus, tô marcando a reunião com as meninas.

Enquanto a reunião não saía, Mateus ia mastigando umas batatas aqui, tomando um refri ali, olhando em volta da cantina e reparando no entra e sai dos estudantes. Alguns ele até reconhecia de alguma calourada, festa, balada, sei lá. Como o prédio do seu curso ficava do outro lado do câmpus, Mateus frequentou muito pouco aquela cantina, por isso não conhecia bem o pessoal das Sociais Aplicadas, como eram chamados os alunos dos cursos de Administração, Economia,

Contábeis e Relações Internacionais. De qualquer forma, não pareciam ser muito diferentes daqueles que frequentavam o outro lado do complexo universitário.

– Pronto, reunião marcada. Mas vai ter que ser por Skype ou Hangouts porque uma das meninas da equipe não está na cidade.

Ele sorriu e ofereceu suas batatinhas novamente. Ela negou e, guardando o celular, voltou ao assunto:

– Pois então, como eu tava dizendo, o nosso negócio se chama Leitinho. É um matchmaker de mães que estão amamentando com mães que não podem ou não conseguem amamentar. A gente percebeu – quer dizer, a Marcinha percebeu – que muitas mulheres que estavam amamentando não doavam ou doavam pouco leite para os bancos de leite, pelo simples fato de que o local era longe ou fora de mão. Então, ela participou de um evento de empreendedorismo que eu ajudei a produzir. Foi um evento muito massa que durou um final de semana inteiro. Uma galera que queria empreender se encontrava e trazia uma ideia de negócio pra discutir, ou ia lá só pra aprender alguma coisa que fosse legal e, ao mesmo tempo, ajudasse a empreender.

– Ah, sei demais que evento é esse! – Mateus interrompeu. – É o Startup Weekend, né?

– Sim, é esse mesmo! Eu ajudei na produção inclusive porque era uma edição voltada pra ideias que tivessem uma pegada social. Como eu tava participando de uma pesquisa justamente sobre esse tema, achei que poderia aprender mais se visse e ajudasse a produzir em vez de só participar.

Ele entendeu completamente a linha de pensamento dela e achou tudo bastante coerente. Deixou que Laís continuasse.

– A minha função na produção era atender quatro equipes e orientá-las sobre locais, horários, lanches, atividades e tudo mais que envolvesse o processo de design das ideias desses grupos até chegar à apresentação final.

– Sim, sei como funciona toda essa modelagem.

– Você já participou de algum? – Ela perguntou.

– Participar não, mas já vi e estudei muito sobre modelagem de negócios. O tal Design Thinking, né?

– É isso mesmo! E foi por isso que me envolvi nessa startup. Mesmo que indiretamente, eu participei de todo o processo de modelagem delas. A equipe ficou em terceiro lugar no Weekend e recebeu ótimos feedbacks dos jurados, o que deixou as meninas muito felizes e morrendo de vontade de fazer o Leitinho ir para frente, de transformá-lo em um negócio de verdade. Quando o evento terminou, elas me convidaram pra entrar na equipe. Eu nem pensei duas vezes.

Empolgada, Laís prosseguiu:

– Depois dali, fomos atrás de mentores, de empresas, de bancos de leite, de doadoras e de não doadoras, de mães carentes, enfim, vasculhamos todo o problema sobre a ótica dos principais grupos que participam desse mercado. Assim, conseguimos ver as verdadeiras dimensões que envolvem a doação de leite. Pra ser sincera, como eu fui me envolvendo cada vez mais com o negócio e com o processo, tive muito acesso à toda a metodologia para diagnosticar a dor de mercado e, todas juntas, modelamos a solução.

– Não deve ter sido fácil. – Mateus interrompeu. – São muitos stakeholders envolvidos nessa situação.

Laís concordou com a cabeça, um pouco impressionada com o conhecimento do garoto, que usava a terminologia precisa para definir os elementos que afetam ou são afetados diretamente por um negócio.

– Mateus, você nem acredita no tanto de gente que nós conversamos, conhecemos, amamos e detestamos! – Ela disse.

– Sempre deve rolar um estresse, né?

– Demais. De um lado, a gente via mães que estavam internadas e não podiam amamentar. Do outro, visitávamos mães que estavam amamentando e poderiam doar, mas não faziam isso porque não tinham tempo ou vontade, ou porque era longe, ou porque o trânsito era um dificultador. A gente ficou revoltada com toda essa situação. Se você perguntasse pra uma doadora se ela sabia onde ficava o banco de doação mais próximo de casa, ela respondia que não, na maior cara de pau.

– A equipe só tem mulheres? – Ele interrompeu novamente.

– Sim. Por que?

– Tem alguma que é mãe?

– Não que eu saiba.

– Melhor assim, né? Senão o estresse poderia ser ainda maior.

Ela concordou, apesar de ter ficado meio intrigada com a pergunta dele sobre o gênero das integrantes. Estava pilhada pra contar a história dela e da Leitinho: parecia que era a primeira vez que ela contava tudo aquilo. E ele, inebriado pela interlocutora, se interessava cada vez mais pelo conteúdo.

– Foi então que a gente teve a ideia de fazer uma plataforma tipo matchmaker para doadoras e receptoras.

– Entendi o processo, Laís, mas deixa eu te perguntar uma coisa: vocês também pesquisaram se esses stakeholders usam celulares e baixam aplicativos?

– Sim, sim. Pesquisamos e analisamos tudo isso. Normalmente, as possíveis doadoras estão sempre com o celular e tem o hábito de usar aplicativos. Já as que precisam de doação podem ter muitos problemas. Você sabia, por exemplo, que muitas mães produzem leite o suficiente para seus bebês, mas que é possível conseguir um pouco mais? Esse excesso pode ser distribuído e doado para outras mães que estão internadas, que não conseguem produzir leite ou que são dependentes químicas, por exemplo, pois seus bebês também precisam muito do leite. O problema é que os bancos de leite geralmente estão abaixo ou no limite do possível para atender esses bebês. Mas existe outra solução: fazer a doação direta, ou seja, sem a intervenção dos bancos de leite.

– Mas aí a doadora vai até o bebê, ou alguém tem que levar o bebê até a doadora?

– É isso mesmo! Você tá sacando tudo, né?

Ele aproveitou a deixa:

– E posso sacar mais ainda se você deixar. – Disse, com um sorriso safado no rosto.

Laís não soube o que dizer nem como agir. Mesmo assim, continuou:

– Ai, Mateus, você tá prestando atenção no que eu estou dizendo? Aposto que nem tá me dando moral!

Ele se ajeitou na cadeira, olhou fixamente nos olhos dela e disse, sério:

– Eu estou prestando atenção em tudo o que você diz, mas não tem jeito de não ficar encantado com você, com o que você pensa e com a forma como você explica tudo. Ou você acha que eu vim aqui só pra te paquerar?

Aquelas palavras mexeram com Laís. Mesmo tendo alguma experiência em cantadas, achou aquela bastante criativa, elaborada. Então, resolveu partir pro assunto também:

– Mas quem disse que eu te chamei até aqui para ser paquerada?

Mateus não perdeu a chance:

– Se isso rolasse, seria um problema?

A garota ficou sem chão. Achou que conseguiria virar o jogo dando uma resposta em forma de pergunta, mas não esperava que ele fosse baixar a guarda e ir direto ao ponto. Os segundos iam passando enquanto ela observava Mateus: tinha um sorriso lindo, uma barba bem cuidada rodeando quase todo o queixo, cabelos um pouco encaracolados, olhos bem pretos. Ela finalmente admitiu:

– Não, não teria problema algum se rolasse.

Ele estampou um sorriso de um canto ao outro da boca e falou:

– Que bom! Então está claro que eu estava prestando atenção no seu depoimento, não está?

Ela concordou, sorrindo também.

– Então continue! – Ele pediu.

– Ahh... Nem lembro onde eu parei. Você me deixou sem graça, Mateus.

– Eu? Por que??

– Deixa quieto. Já lembrei onde eu parei. Eu tava falando sobre ir até o bebê ou levá-lo até a doadora, não é?

Ele assentiu, olhando-a pelo canto do olho.

– O que a gente percebeu é que esse é um tipo de aplicativo que as doadoras não se interessam em baixar, pois implicaria em sair de casa ou em receber alguém que elas não conhecem direito na própria casa. Mesmo que fosse por uma boa causa, elas não queriam ter esse tipo de compromisso. Já pelo lado dos bebês que precisam receber o leite, a dificuldade é a seguinte: como a mãe está com alguma limitação de saúde, ela praticamente não usa o celular. Então, é preciso que alguém da família saiba da existência do aplicativo e o baixe para procurar uma doadora pelas redondezas. Mas como esses familiares não são o público-alvo, não há muito conhecimento ou interesse em baixar o aplicativo. É uma situação que envolve mudanças de hábitos, de valores, enfim, uma mudança cultural muito intensa em quase toda a sociedade, e parece que ninguém está disposto a fazer isso, mesmo sabendo que a iniciativa poderia diminuir um problema social que é responsável por muitas mortes neonatais. A insensibilidade contemporânea é quase uma epidemia. – Laís filosofou.

– Não fique assim, Laís. – Mateus tentava amenizar. – Será mesmo que vocês precisam resolver um problema desse tamanho?

Ele enfatizou a palavra "desse".

– Será que vocês não conseguem quebrar esse problema em partes e buscar soluções para cada uma delas? Assim ficaria mais fácil definir qual parte vocês se sentem mais seguras pra solucionar.

O rapaz já tinha estudado tanto sobre os processos de modelagem, de ideação, de prototipação e de execução que parecia ter absorvido todo aquele linguajar, compreendido seu conteúdo e o seu dinamismo. Parecia que Mateus estava dando uma aula naquele momento. Ao perceber o próprio tom professoral, envergonhou-se e baixou os olhos. Só os levantou novamente quando ela disse:

– Faz sentido isso que você falou, Mateus. Talvez a gente tenha ficado tão afim de resolver o problema todo de uma vez que só focamos em uma solução que pudesse atender a todos os envolvidos.

– É exatamente disso que eu estou falando... – Ele se redimiu. – É um problema abrangente e legítimo, mas será que todos os segmentos estão envolvidos? Será que todos estão interessados em solucioná-lo? Vocês não estão sendo muito partidárias daquele segmento que mais necessita do serviço, que é mais vulnerável ao problema?

– Que engraçado, eu nunca tinha pensado sob esse ponto de vista. E sim, acho que tem mesmo um pouco dessa história aí. A Marcinha é super preocupada com essas questões sociais que afetam a população mais carente, mais vulnerável, como você mesmo disse. Ela faz trabalho voluntário desde pequena e levou essa ideia pro Startup Weekend porque havia passado por uma experiência muito próxima. Pouco tempo antes do evento, ela reencontrou sua ama de leite. A mãe dela estava fazendo tratamento quimioterápico quando ela nasceu, e por isso não podia amamentar – foi isso que fez surgir a ideia do matchmaker de leite materno. Se ela não tivesse conseguido o leite de uma doadora, poderia não ter a saúde perfeita hoje, ou nem sequer sobrevivido.

– É uma história muito tocante, Laís! Linda mesmo. Mas, pra ser sincero, gostaria de ver a tração que ela pode gerar em termos de mercado.

Laís fechou a cara e o corrigiu:

– Mercado não, Mateus. Impacto. Impacto social.

A ênfase não foi à toa: a garota sabia que a sua startup estava nessa categoria. Causa impacto social todo e qualquer tipo de negócio que vise diminuir custos de transação, reduzir condições de vulnerabilidade, ampliar possibilidade de aumento de renda, promover oportunidade de desenvolvimento ou fortalecer a cidadania e os direitos individuais. A Leitinho atenderia a pelo menos três desses itens.

– Tá certo, Laís. Impacto, resultado, fruto, consequência, seja lá o nome que você queira dar: o que eu acho que faz da Leitinho um empreendimento social de verdade é a abrangência da solução. Não que profundidade e contexto não sejam importantes, nada disso. Só acho que, normalmente, os problemas sociais são muito agudos aqui no país, e por isso imagino que as soluções são muito complexas, difíceis. Vocês têm que testar essa solução em cada um dos segmentos de mercado pra tentar descobrir se há algum nicho ou não. Pelo que eu andei lendo e pesquisando por aí, esse é um tipo de oportunidade mais arriscada. Mas como atende plenamente ao público-alvo, eles tendem a pagar mais pela solução.

Foi a vez de Laís se endireitar melhor na cadeira. Segurando Mateus pelo queixo e virando seu rosto para o dela, falou:

– E quem disse que a gente quer ganhar dinheiro com isso?

Ele não ficou atrás. Segurou o queixo dela e o puxou lentamente em direção ao seu. Ao limite do provável beijo, parou e provocou:

– E como é que a Leitinho vai se sustentar então?

Afastando a mão dele do seu rosto, Laís se recostou na cadeira e respondeu delicadamente:

– Patrocínios, leis de incentivo ou até mesmo angels, ou seja, pessoas que investem seu próprio capital. Também podemos ter anunciantes.

– Você tá falando sério?

– Bom, foi o jeito que nós pensamos até agora. Por que você pergunta isso?

– Ué, porque vocês têm que pensar em uma forma de monetizar o negócio pra manter a sustentabilidade financeira do seu empreendimento.

A fala de Mateus era muito didática. Realmente, ele já deixava transparecer que tinha estudado tanto que, agora, era capaz de responder as mesmas perguntas que ouvia, via e lia.

Mas Laís não ficava atrás. Queria saber se ele entendia a diferença entre empreendedorismo social e negócio social. Mateus franziu a testa – definitivamente, na área social ele não tinha se aprofundado tanto. Sabia que a categoria existia, mas assistiu somente algumas poucas aulas e alguns pitches de negócios sociais. Sem conseguir dar uma resposta àquela pergunta, ficou olhando para a garota, esperando que ela falasse. Mas não seria dessa vez. Ela se levantou da cadeira, guardou a chave e o celular na mochila e, aproximando-se dele, disse baixinho:

– Vá estudar um pouco sobre isso e depois me procure pra gente conversar mais. Eu preciso ir agora, minha aula vai começar daqui a pouco e eu já tô por aqui de falta nessa matéria. Me chame quando souber a diferença entre esses termos.

Mateus fez que ia levantar, mas a mão dela pesou sobre seu ombro. Laís completou:

– Espero que não demore para ter a resposta.

Sorriu e deu-lhe um beijo na boca. Foi rápido, mas intenso – e ele gostou.

Enquanto ela se distanciava, ele gritou:

– Vou te procurar antes do que você imagina!

Ela fez um joinha com a mão e sumiu na multidão.

IDEIAS 06

Já tinha viajado de avião em outras ocasiões. Férias, visitas de família, casamentos, funerais. Em todas as vezes, seus pais é que pagaram a passagem. Responsabilidade dos pais, todo mundo acha normal. Mas é na primeira vez que você mesmo precisa pagar pela sua passagem que a ficha cai e mostra que o que vale a pena mesmo é procurar por descontos. Foi assim que Mateus marcou a sua viagem. Participou de eventos de autoconhecimento, de imersão, de desenvolvimento de carreiras e, nesse meio, formou um networking tão vasto que viu a possibilidade de se inscrever em um programa mais selecionado para bons candidatos no mercado de trabalho.

Dito e feito. Inscreveu-se, foi escolhido e, agora, embarcava para o evento – nacional, mas com a presença de palestrantes internacionais. Dessa vez, a passagem saiu do próprio bolso, mas isso era o que menos importava ali no embarque. Na semana anterior, tinha participado de uma videoconferência com os avaliadores e outros candidatos. Dali saiu o resultado: ele e mais dois candidatos haviam sido selecionados. Perfeito.

Mateus ia ficar no apartamento de um tio que tinha acabado de se separar e não ligava se teria ou não mais alguém para dividir o espaço, agora tão vazio sem a ex-esposa. “Foi até bom, movimentou um pouco a casa e eu pude me preocupar com outras coisas”, dissera-lhe o tio, em um e-mail. E se foi bom para o tio, imagina para Mateus! A viagem não se restringiu somente ao evento nacional. Lá, ele também pôde entender melhor o perfil profissional que as grandes empresas demandam, apresentar seu pitch pessoal, receber feedbacks importantes, saber mais sobre o mercado de trabalho e muitas outras coisas. Conseguiu, inclusive, perceber claramente a importância – e a preocupação – das grandes empresas quanto ao tema inovação, o que o deixou um pouco intrigado: "por que esse interesse tão repentino das empresas em ideias inovadoras?", pensava. Assistindo a algumas palestras naqueles dois dias, vendo e ouvindo perguntas e respostas, ele pôde acessar diversas indicações de bibliografias, que foi imediatamente baixando no seu iPad. De início, ficou claro que as empresas de porte trans, multi ou internacionais e as grandes corporações estavam tão preocupadas com a velocidade das mudanças no ambiente de negócios porque se tratava de algo muito intenso e diversificado, e muitas vezes os próprios gestores não sabiam o que fazer para acompanhar ou reagir aos impactos dessas mudanças. A solução que elas viram, então, era incorporar o espírito do jovem empreendedor para contribuir com o desenvolvimento dos negócios da empresa – isso entendido em termos financeiros, principalmente – e, assim, adaptar-se ao cenário de transformações em condições mais favoráveis.

Foi assim que Mateus foi apresentado ao mundo do intraempreendedorismo, conhecido também como empreendedorismo corporativo – ou seja, agir ou comportar-se como um empreendedor dentro de uma empresa que não é sua. Essa alternativa de trajetória lhe pareceu perfeitamente possível. Em uma palestra de uma figura de RH de uma empresa global, ficou bastante claro que existem muitas pessoas que gostam do que fazem, mas mesmo assim pensam em empreender. Não como hobby, mas sim como uma carreira paralela. E o mais incrível: Mateus descobriu que as grandes empresas estão adorando essa perspectiva, tanto que passaram a investir nas ideias de negócios de seus empregados, direta ou indiretamente. O importante é que aqueles investimentos já estavam gerando bons resultados. Em outras palavras, as empresas passaram a buscar diferentes ideias de empreendimento, desde que essas fossem alinhadas – em termos de identidade, valores e crenças – à sua marca. Agora, fazia todo sentido para as grandes companhias contar com uma área totalmente dedicada ao desenvolvimento e ao estudo da inovação.

"Mas é sempre bom lembrar", advertiu a figura da palestra, "que inovar não é fácil, não. Ter uma boa ideia, ou pelo menos condições para que boas ideias surjam, é muito importante, mas encontrar um mercado para essa ideia é que é o grande desafio", o palestrante destacou. "Partindo do pressuposto de que as empresas têm um abrangente conhecimento de mercado – ou pelo menos deveriam ter –, o que faltam são condições para pensar em inovação, tamanho é o controle e a gestão dos processos e dos negócios já existentes."

Pelo que Mateus conseguiu entender da palestra e dos textos que devorava todas as noites naquela semana de visitas e descobertas, quem estava ocupando essas áreas de inovação eram jovens que aparentavam ter perfil empreendedor. Estrategicamente, essas empresas traziam para si as ideias que os funcionários mais novos pesquisavam e tentavam desenvolver. Aquilo era bom para as firmas e, segundo o palestrante e outros livros que lera, também era bom para vários empreendedores – pois lhes dá garantias, enquanto se apropriam de suas ideias. "Resumindo", Mateus refletiu, "ideias são mercadorias". Essa era uma visão muito crítica, e foi exatamente isso que ele ouviu de Leo no terceiro dia de viagem, quando foi visitá-lo em seu novo escritório na cidade mais pulsante do país.

Mateus chegou no horário, fim de tarde. Já estava batendo perna desde cedo em São Paulo. Visitou dois coworkings, esses espaços compartilhados por pessoas que trabalham de forma independente, mas cujos propósitos apresentam boa sinergia: um voltado para economia compartilhada e o outro voltado para a área de serviços urbanos especializados. No de economia compartilhada, aproveitou para tirar algumas fotos e mandar para Laís. Àquela altura, já estavam ficando há quase três meses, desde a noite em que se encontraram na faculdade. Na ocasião, Mateus ganhou o primeiro beijo da garota, mas o segundo só viria quando ele conseguisse explicar a ela a diferença entre empreendedorismo social e negócio social.

Desafio concluído, prêmio conquistado. Dessa vez, porém, tinha sido demorado e delicioso. Dos encontros que se seguiram, eles discutiram ideias de negócios, trocaram vídeos, compartilharam informações, links e notícias, ele sempre na pegada mais business, ela sempre na pegada social. Mas o curioso é que Mateus ainda não começara a empreender, de fato; tinha muitas ideias, mas não as executava. Laís, por sua vez, ainda não havia conseguido muitos avanços na sua plataforma Leitinho.

Aquele foi um período em que muitas coisas ocorreram. Mateus se formou, saiu do emprego, o projeto de pesquisa terminou. A Marcinha não voltou mais à Leitinho, pois como recompensa por ter passado de semestre, foi fazer um trabalho voluntário na África. O mundo adulto começava a mostrar suas garras, e Laís descolou um trabalho temporário para sobreviver – ou era isso ou teria que passar um tempo na casa dos pais, no interior. Ela adorava a cidade, mas prezava mais pelo seu canto, suas coisas, seu mundo. Não foi por menos que, entre suas prioridades, a Leitinho acabou ficando de lado

Mas Mateus sabia que, independentemente daquelas circunstâncias, Laís era do tipo engajado em buscar soluções de caráter social. Por isso, sempre que dava, ele compartilhava informações e notícias desse universo com ela, que adorava a iniciativa. O fato é que ter ido visitar locais representativos do ecossistema empreendedor fazia muito bem para o espírito de Mateus, que desenvolvia cada vez mais suas habilidades de mercado. Foi o que Leo lhe disse assim que o reencontrou, ao vivo, no escritório da BIG.

– A gente acaba respirando empreendedorismo por toda parte, né Leo? – Mateus comentou.

– É isso aí, Mateus. Vai que daí você começa a empreender, né não?

– Você não faz ideia do tanto de gente que eu conheci, cara. Foram mentores, investidores, diretores, empreendedores... Muita gente bacana e muita história massa! O cara do Airbnb aqui do Brasil deu um show sobre criatividade e mercado.

– Porra, Mateus, eu também já assisti a uma palestra dele! O cara manda muito bem, é muito fera. Tem uma visão de mercado muito refinada. Acho até que é ele quem tá arrebentado com a rede hoteleira aqui no Brasil também. Ele mostrou como as grandes redes estão reagindo a toda essa história de espaços compartilhados, e eu fiquei de cara com o conhecimento de mercado que o cara tem.

– Pois é, Leo! Eu saquei isso também. Mas na palestra que eu fui, ele falou mais sobre a ideia de negócio e sobre a vida dele mesmo. É um cara sensacional!

Leo concordou e ofereceu uma cerveja a Mateus, que aceitou satisfeito. Enquanto seguia o amigo até a geladeira, foi falando das pessoas que conheceu, do pitch que fez para os gestores de RH de quatro empresas diferentes, das empresas que fizeram os painéis de recrutamento e seleção. Contou também algumas histórias de empreendedores que estavam nos coworkings que visitou, alguns que o Leo já conhecia, outros não. Mateus destacou uma startup social que abrigava animais abandonados, filhotes ou não, e deu a ideia da BIG firmar algum tipo de parceria com negócios desse tipo. Assim, os voluntários que acolhessem os animais também poderiam se tornar clientes da BIG.

Leo ficou realmente impressionado com a desenvoltura de Mateus. Sobre a ideia de parceria, ele confessou já ter pensado naquilo, mas na época o negócio não engrenou direito. De qualquer forma, era bom Mateus ter dito aquilo, pois esse poderia ser o indício de outro mercado promissor. O que mais chamou a atenção de Leo, no entanto, era o fato de que aquele Mateus que estava ali agora, na frente dele, era um Mateus completamente diferente daquele que ele vira lá no bar, num insólito dia de jogo de futebol. "O acaso é realmente impressionante", pensou. Por fim, sugeriu alguns locais interessantes para Mateus visitar enquanto estivesse na cidade. O aprendiz anotou tudo no EverNote, na agenda do celular e já foi salvando as localizações no GoogleMaps. Esperava ter tempo para conhecer tudo. Leo estava especialmente feliz em ver aquela transformação, mas notou que ainda faltava algo naquele enredo. Mais leve pela segunda cerveja, perguntou:

– E o seu processo, cara? Quando é que você vai parar de assistir vídeos e começar a empreender de fato?

A seriedade com que aquilo foi dito deixou Mateus um pouco sem jeito. Apesar do sorriso que o amigo estampou no rosto ao final da pergunta, ele não esperava que Leo fosse assim tão direto. Não sabia como responder, mas também não podia negar que havia interesse. Mateus admitiu então que o que faltava era a ideia.

O rapaz explicou que surgiam lampejos desde a época em que Leo lhe passava indicações de estudo, de consulta e de inspiração, quando se encontravam de quinze em quinze dias; porém, acabava não dando nenhuma importância a eles. Muitas vezes, tinha uma ideia genial, mas quando ia pesquisar, descobria que já havia negócios que faziam aquilo e acabava desistindo.

Foi a vez de Leo intervir. Ele reforçou que a ideia não precisava ser totalmente inovadora – ou seja, não precisava transformar o mercado por completo, nem introduzir valores que nunca existiram. Na verdade, a maioria dos negócios que surgiu no formato de startups tinha uma ideia complementar: eles alteravam alguns elementos dos produtos e serviços já existentes, mas sem mexer em suas funções iniciais.

Mateus entendeu o ponto de vista do amigo, mas continuava meio desanimado. O problema era que até mesmo suas ideias complementares já existiam em tudo quanto era negócio, e a sensação era de que, a todo o momento, milhares de pessoas tinham ideias iguais ou muito semelhantes às dele. No entanto, havia uma ideia que ainda o incomodava... Para essa, ela não tinha pesquisado muita coisa, mas era algo promissor. Acreditava que as coisas tinham seu tempo, e certamente o dele estava por vir.

Para Leo, tudo aquilo soava como uma desculpa furada. Afinal, empreendedor é o cara que faz acontecer, e não o que fica esperando uma demanda cair do céu para só então pensar no que fazer. Leo aproveitou aquela oportunidade para reforçar um dos seus principais valores: empreender não é só ter um comportamento; é preciso adicionar dinamismo a essa fórmula, e pra isso, ter atitude é fundamental. O problema era esse: ele estava vendo muito conhecimento e muito comportamento empreendedor em Mateus, mas faltava atitude. Ele sentia isso, e achava que seu discurso poderia liberar um pouco da energia de Mateus.

Ouvir aquilo parecia um pouco estranho, mas Mateus também já tinha lido sobre a energia utilizada na ação prática e sobre a energia demandada pelas atividades cognitivas dos empreendedores. Muitos autores, inclusive, afirmavam que a mistura dessas duas energias é o que favorece o surgimento da figura do empreendedor. Havia quem concordasse com isso, mas não era o caso de Leo. Mesmo assim, a observação fez Mateus refletir sobre o que poderia deixá-lo mais realizado naquele momento quase sabático pelo qual estava passando. Afinal, se havia alguém em quem ele confiava e seguia os conselhos, essa pessoa era Leo. E se Leo estava dizendo que era chegada a hora dele empreender, então Mateus prestava atenção.

– Mas empreender em qual área, Leo? – Mateus martelava. – Só não me vem com essa história de "buscar isso dentro de mim, com o que eu sei e com quem eu conheço"; já conheço essa técnica e não deu em nada. Logo depois que saí da Truesound, comecei um processo com um coach, mas não consegui chegar a nenhuma conclusão objetiva. Ele até me apresentou alguns frames em que eu poderia atuar, mas confesso que nenhum deles me seduziu a ponto de me fazer arregaçar as mangas. Estudei todas as possibilidades que surgiram na minha cabeça. Umas duas ou três fizeram com que eu caminhasse um pouco mais nas conversas com pessoas da área, mas eu sempre encontrava muitos obstáculos, fossem eles relacionados a mercado, às operações e, o mais importante, ao investimento. Não que não valessem a pena – valiam, sim, tanto é que em alguns casos eu quase avancei. Mas na hora H, Leo, sempre pintava um cagaço. É por isso que eu acho que ainda não tô pronto pra empreender.

Leo ouviu tudo sem dizer nada. Tomou o que ainda tinha de cerveja na garrafa e, levantando-se, disse para Mateus:

– Vamos, vamos embora. Eu vou fechar a BIG e você vai jantar comigo. Aliás, vai jantar conosco. Hoje eu vou te apresentar uma pessoa que vai mudar esse seu jeito de pensar.

Dez minutos depois, os dois já estavam no elevador a caminho da garagem. Mateus repetiu umas cinco vezes a pergunta sobre com quem iriam jantar, e cansado de ignorá-lo, Leo disse:

– Calma, Mateus. Logo logo você vai conhecer uma figura muito interessante do meio empreendedor.

O suspense demorou muito mais do que Mateus se sentia capaz de aguentar. Foram da garagem para a rua, da rua para a casa de Leo, de lá para a rua novamente. Passaram pelo estacionamento, manobrista e, finalmente, chegaram à mesa do restaurante. Durante todo o percurso, Mateus e Leo conversaram sobre diversos negócios inovadores que viram, ouviram ou presenciaram. Algumas vezes, os dois conheciam os empreendedores que tocavam as startups; outras, só um deles, e geralmente era Leo. O amigo frequentava esse mundo há mais tempo que Mateus, por isso tinha uma rede de relacionamento bastante ampla.

– Esse é outro ponto vantajoso quando se empreende pra valer, Mateus. Você acaba conhecendo muita gente que está passando ou já passou por dificuldades como as suas, e isso permite uma troca de experiências que pode facilitar bem mais o processo. Ouvir pontos de vista diferentes e conhecer estratégias que outros empreendedores adotaram são atitudes fundamentais pra qualquer pessoa que queira empreender. É preciso ter acesso aos outros: só assim você vai conseguir evitar problemas, ou pelo menos saber o que deve ser feito para ultrapassar os obstáculos – que são muito normais na trajetória de uma startup.

Mateus prestava atenção em tudo o que Leo dizia, como se estivesse escrevendo mentalmente todo aquele conhecimento. Leo havia pedido uma cerveja, mas dessa vez Mateus não iria acompanhá-lo. Queria estar bem sóbrio durante todo aquele papo para não se esquecer de nada do que fosse dito. Leo, como seu mentor, era muito importante não somente pelas orientações que dava, mas também pelos contatos que mantinha. Mateus já sabia da importância de constituir uma boa rede de relacionamento, e era justamente aquilo que estava prestes a acontecer.

Seu suco ainda não tinha chegado quando, no meio da conversa, Leo se levantou para cumprimentar um jovem senhor que acabara de chegar ao restaurante. Era o tão esperado convidado. Parece que Leo também não o via há bastante tempo, pois o abraçou e foi logo dizendo:

– Tá sumido demais, George! Quanto tempo, cara!

– Pois é, rapaz. Você já sabia que eu estava viajando, né?

– Sim, eu sabia. Lembra que a gente encontrou antes de você viajar? Nesse dia, você disse que ia ficar uns seis meses fora, mas esse tempo quase duplicou, cara!

George corrigiu:

– Quase não, Leo, duplicou mesmo! Eu fui em fevereiro do ano passado e voltei deve ter umas três semanas. Já estamos quase em abril, então eu dupliquei mesmo. Mas valeu super a pena.

– Imagino, cara. Você não ficaria tanto tempo fora só para turistar, né? Ainda mais você, que já conhece o mundo inteiro!

– Deixa disso, Leo. Claro que eu turistei também. Tinha vários lugares que eu já tinha ido, mas ainda não conhecia quase nada. Dessa vez foi bom porque eu fui sem pressa, então deu pra conhecer com calma uma porção de lugares que eu não tive tempo de explorar das outras vezes. Além disso, já tinha uns dez anos desde que eu viajei pela última vez. Muita coisa mudou naqueles países.

Leo concordava com o que George dizia enquanto o guiava para a mesa em que estava com Mateus, que já tinha se levantado e estendia a mão para cumprimentar o famoso e secreto convidado de Leo.

– George, gostaria de te apresentar Mateus. Mateus, esse é o George, o convidado surpresa.

Os dois se cumprimentaram como se fossem conhecidos. George já devia ter seus quarenta e poucos anos, apesar de não parecer. Se não fossem alguns cabelos grisalhos, Mateus arriscaria dizer que ele ainda estava na casa dos trinta. Vestia-se discretamente, mas com um pouco de luxo: pulseira de couro e ouro, relógio Rolex, celular de última geração e uma bolsa de couro de fazer inveja. "Provavelmente adquiriu o outfit completo na viagem que acabou de relatar pro Leo", pensou.

Mateus ficou meio constrangido pela sua aparência: mais uma vez, tinha saído de casa cedo e nem banho tomara. Perto de George, parecia que ele tinha sido mastigado, de tão amassadas que estavam suas roupas. Como Leo não tinha avisado nada sobre aquele encontro, ficou mais tranquilo, pois já tinha uma boa desculpa: pego de surpresa pelo amigo, ele não pôde se arrumar. Mas parece que George não ligava muito pra isso – ele sabia que aquela não era uma ocasião formal e, portanto, tudo era permitido.

Sentaram-se em frente a Mateus, no lado da mesa que tinha um encosto mais alto. Antes que pudessem ser melhor apresentados, o garçom veio com os cardápios, o que George recusou educadamente. Pediu de cara uma cerveja e disse que os pratos seriam escolhidos mais tarde.

– Então, cara, o Mateus é um grande amigo de longa data que está passando uns dias aqui em Sampa. Trouxe ele aqui hoje porque acho que o que eu e você temos pra conversar vai interessar muito a ele.

– Ele é empreendedor? – George perguntou, descontraído.

Mateus respondeu:

– Não, ainda não...

Leo não deixou passar:

– Mas está prestes a empreender, né, Mateus?

Ele concordou sem falar nada – estava começando a ficar apreensivo com o rumo daquela conversa. Leo continuou, agora se dirigindo para Mateus:

– Eu sei que essa decisão é sua, Mateus, mas se eu puder te convencer de alguma forma, se eu puder te influenciar, pode ter certeza que eu o farei.

E olhando para George, completou:

– Eu também tinha muitas dúvidas antes de começar a empreender, mas esse cara aqui que me influenciou e me fez ver que eu estava pronto pra entrar de cabeça nessa jornada.

– E você nem imagina o quão fácil foi convencer o Leo... – George brincou.

– Mateus, eu estava exatamente na mesma situação que você está hoje. Eu acho que a única diferença é que eu não lia e estudava tanto quanto você.

Riram abertamente.

– Eu não sou tão CDF assim não, né? – Leo assumiu.

– É... O Leo não era muito de estudar, não... – Mateus concordou.

– Pois é, cara, mas eu tô pagando o preço agora. Você nem imagina. Minha meta é dedicar pelo menos uma hora por dia pra ler alguma coisa. Essa é uma das poucas coisas que eu ainda não consegui fazer.

– Você acha que o seu método tá dando certo?

– Ainda não sei. Só sei que, se eu tivesse mais tempo, conseguiria ler vinte e sete livros por ano.

– Essa é outra meta, Leo?

– Não, Mateus. A meta mesmo é chegar a trinta livros por ano. Vinte e sete eu alcancei ano passado.

Ele ficou impressionado com a resposta. Na cabeça de Mateus, essa era outra meta, e chegou à conclusão de que Leo era um cara movido por metas. Não sempre, mas aquilo parecia trazer um efeito avassalador sobre a construção do perfil empreendedor, dessa vez tão pujante, de Leo. Parecia um espartano: disciplinado e determinado.

– Eu acho que o que está acontecendo com o Mateus é mais ou menos o que você percebeu quando nos conhecemos, lembra, George? E eu tenho certeza, Mateus, que o George vai ver o brilho que existe nos seus olhos e te convencer a se tornar um empreendedor de verdade!

Mateus estranhou tudo aquilo. Não esperava ser examinado naquele momento.

– Ainda bem que eu não pedi cerveja, né? – E riu.

George notou que Mateus enrijeceu o corpo na cadeira. "Ficou tenso", pensou, e resolveu amenizar:

– Pode ficar calmo, Mateus. Eu não estou aqui pra aplicar nenhum exame em você, não. Eu também não sabia que iria me encontrar com você aqui...

E olhando para Leo, completou:

– Esse Leo prega cada peça na gente, né?

Leo fez o *mea culpa*:

– É verdade, Mateus. Eu já tinha marcado com o George desde a semana passada. Ele tava passando por um ano sabático: vendeu sua segunda empresa e, até onde acompanhei pelas fotos dele no Insta, juntou a fome com a vontade de comer. Foi conhecer os ecossistemas empreendedores de outros países e aproveitou para turistar um pouco.

– Ninguém é de ferro, né Leo? – George completou, meio que se justificando.

Mateus ficou ainda mais impressionado. Aquele cara sentado ali na frente dele já tinha vendido duas empresas e passado o último ano conhecendo outros países, outras culturas. "Deve ter ficado milionário", pensou. Eles notaram que Mateus não estava entendendo muito bem o que se passou, passava e passaria daquela noite em diante. Estava claro que nem ele e nem George estavam à vontade com aquele encontro provocado por Leo, mas George estava visivelmente menos tenso que Mateus. Talvez por ser mais velho e mais experiente, levou com leveza todo aquele momento.

– Eu conheci o George quando fui pra Califórnia. Estávamos no mesmo voo, sentados lado a lado. Acho que são coisas do destino.

Foi logo depois que o semestre na faculdade acabou. Como eu te contei, a ideia do app para donos de animais domésticos já estava na minha cabeça.

Mateus concordou.

– Já o George tava indo levar a startup dele pro Vale do Silício. Ele tinha participado de um hackathon, aquele evento que reúne profissionais diferentes em uma maratona de programação, e a ideia dele chamou a atenção de muitos caras.

Foi a vez de George balançar a cabeça positivamente.

– Foi exatamente assim. – Continuou Leo. – Depois que eu ajeitei minhas coisas no avião e me sentei, ele foi logo se apresentando, me cumprimentando e perguntando se eu também estava indo acelerar minha startup no programa do Vale. Foi muito engraçado, porque eu disse que não, mas ele insistiu. Eu também me apresentei, disse que nunca tinha participado de nenhum hackathon, mas aproveitei para perguntar sobre esse esquema de empreendedorismo. Igualzinho quando você veio me procurar lá na BIG.

Mateus se reconheceu na história do amigo e começou a ficar muito interessado naquele depoimento. Chamaram o garçom, que reabasteceu a mesa com cerveja e suco. George aproveitou para pedir um tira-gosto qualquer, mas com um detalhe: nada de carne ou óleo. Havia se tornado vegetariano, explicou, perguntando se os demais se importavam. "Não, de boa", foi a resposta dos rapazes, e Leo retornou ao relato sobre o encontro.

– Foi o George quem deu todos os toques que eu precisava pra entender melhor o que é empreendedorismo. Sem ele eu não teria nem conseguido conhecer o pessoal da BIG de lá, né George? Ele conhecia os caras do programa de aceleração que estava participando e fez a ponte, sacou?

– Pois é, Mateus. – George assumiu. – Mas eu só fiz a ponte porque me vi no Leo, como uns vinte anos atrás. Eu saquei que ele tinha o perfil e tava com uma ideia muito parecida com a dos caras. Mas eu só fiz isso porque consegui farejar o potencial de empreendedor que ele tinha – ou melhor, ainda tem!

– Dali pra frente, eu fiquei na sombra do George!

– A gente ficava on-line o tempo todo. Tinha vez que eu ou ele não podíamos ir a alguma palestra, ou encontro mesmo, e então um filmava pro outro. A gente mergulhou em tudo que tava ligado à trajetória dos empreendedores e de seus negócios. Ficamos frente a frente com caras como Elon Musk e vários outros que levaram suas startups pra lá. Até mesmo aquele cara da Apple, que falou sobre tendências de negócios.

George concordava com tudo.

– Foram os melhores meses da minha vida – Leo confessou.

– E os meus também, né Leo? – George se incluiu.

Naquele momento, Mateus já estava imaginando aqueles dois com computadores na mão, andando por todos os campos verdejantes que existem no Vale do Silício. Em todas as faculdades, em grandes empresas como Twitter, Facebook e LinkedIn e até nas aceleradoras. Tinha visto fotos e vídeos da TechStars e da GSV, mas o relato que estava ouvindo ali era muito mais real e interessante do que qualquer imagem na tela de um computador.

– Como você sabe, – Leo continuou – eu não tinha lido nada sobre a metodologia do Osterwalder ou do Ries, esses papas da literatura sobre startups. Mas o George ia me passando todo o material que conseguia, e eu fazia o mesmo por ele, só que em menor escala: logo que eu cheguei lá, conheci o pessoal da BIG, então o trampo ficou bem mais pesado.

– O Leo diz isso porque não sabe o que é passar por um programa de aceleração lá do Vale do Silício. Ele tava lá de boa.

Leo discordava com a cabeça, e George continuou falando:

– Eu ralava todos os dias, sem essa de sábado, domingo ou feriado. Tinha que fazer entregas semanais, às vezes com pitch, às vezes sem mesmo. E ele tinha que acompanhar os caras da BIG, fazer os contatos, as prospecções, mas se quisesse dormir no outro dia até o meio dia, ele podia. Eu, não!

– Nada disso, George! – Leo cortou. – Teve uma época lá que eu tava acordando todo dia às oito!

– Sacana!

Todos gargalharam.

– Essa era a parte ruim da jornada, né Leo? – George continuou. – Imagina então como deve ter sido a parte boa.

Eles aproveitaram que o garçom já vinha com o tira-gosto, sem carne e sem óleo, para pedir mais cervejas. Dessa vez, Mateus se animou e também pediu uma. Já estava à vontade, nem passava mais pela sua cabeça que ainda corria o risco de ser avaliado por George. Naquele momento, o que mais importava eram as lembranças que os dois compartilhavam com ele. Com a boca cheia, Leo emendou:

– Bom, cada um trampou e também se divertiu do jeito que pôde.

De boca cheia, George só concordava com a cabeça.

– Mas o que rolou mesmo, Mateus, foi isso que o George disse. Ele só fez a ponte entre eu e os caras da BIG de lá porque sacou que eu tava muito afim de empreender.

George continuou concordando, e Leo prosseguiu:

– Ele sacou uma coisa que eu nunca tinha percebido, ou, se tinha, nunca considerara. Ele sacou como as minhas intuições estavam certas, conseguiu fazer com que eu focasse nas minhas percepções e seguisse adiante. O George me mostrou que, se eu quisesse ter alguma coisa, bastava focar naquilo que em breve eu conseguiria. E eu pude notar tudo isso lá no Vale, mesmo. Fazia efeito nele. Fazia efeito em mim. Eu sempre tinha um pensamento sobre alguma coisa que acontecia, ou mesmo algo que alguém dizia em uma palestra. E, de cara, já ia passando essa minha percepção para George. Depois eu raciocinava e voltava atrás, achava que o que eu tinha dito era uma bobagem. Afinal, eu nem tinha estudado nada profundamente sobre a metodologia de modelagem de negócios, então achava que essas minhas conclusões apressadas jamais poderiam ser levadas a sério. Mas o mais interessante dessa história toda é que, no final, sempre acontecia aquilo que eu dizia que poderia acontecer, e foi o George quem sacou que isso tava rolando. Dali pra frente, passei a acreditar mais nas minhas suposições e comecei a me dar bem nas minhas decisões. Isso afetou até mesmo a BIG e os caras de lá.

Mateus estava realmente impressionado. Ali, na frente dele, estavam criador e criatura se revezando na descrição do relato. Era indescritível. Por vezes, Mateus achou que ele mesmo já fazia parte daquela história, tamanho era o fervor com que Leo contava as coisas.

– Mas não foi tão fácil assim te convencer, né, Leo?

Agora olhando para Mateus, George assegurava:

– Eu tive que fazer um trabalho muito bem feito pra ficha dele cair. Primeiro, fui lembrando das coisas que ele dizia e associando com as coisas que os palestrantes ou professores diziam – e era tudo muito semelhante. Depois, fui estudar um pouco sobre neurociência e sobre o método effectuation, que permite que as pessoas busquem dentro de si mesmas o seu potencial empreendedor, além de várias outras metodologias de coaching. O Leo já tava praticamente vivendo na base da Ritalina, mas eu sabia que existiam outros caminhos e não deixei ele seguir essa onda. Aliás, nós dois trabalhamos nisso juntos. A gente esvaziava a xícara de café e eu ia anotando tudo que o Leo falava. Como ele ainda não tinha a parte didática de modelagem de negócios muito bem estruturada na cabeça, eu aproveitava pra testar todas as sugestões dele e ver o que acontecia. Depois, mostrei os resultados dos testes, e foi só assim que ele concordou que deveria seguir as suas intuições e parar de tomar qualquer remédio que interferisse no seu raciocínio. Dali pra frente, nasceu esse Leo que você tá vendo aqui. Agora, se ele acha que é importante fazer determinada coisa em determinado momento, ele vai fazer, porque dali com certeza surgirá algum tipo de aprendizado. Eu mostrei isso pra ele e mostrei também alguns exercícios e atitudes que podem fazer toda a diferença na vida de alguém. Esse Leo que está na sua frente agora é um sujeito focado, persistente, intuitivo, sagaz e interessado, mas ao mesmo tempo capaz de conservar a leveza tanto nas decisões certas quanto nas erradas, né não, Leo!? – George concluiu, sorrindo para o amigo.

A resposta foi afirmativa.

– Então é por isso que hoje ele coloca meta em tudo quanto é coisa que vai fazer? – Perguntou um curioso Mateus.

– Sim. Às vezes eu acho que ele fica muito focado em tudo isso. Mas, no final das contas, acredito que ele esteja encontrando seu próprio caminho.

Mateus olhava para os dois com orgulho. Orgulho de si mesmo, pois estava vendo ali, exatamente na sua frente, duas histórias de sucesso que não tinham nada de muito extraordinário. Por outro lado, mesmo não sendo extraordinárias, elas foram capazes de trazer muita felicidade e realização para ambos – e aquilo ainda era algo muito presente naquele momento. Foi nessa hora que Mateus resolveu falar um pouco da sua ideia. Estava receoso, pois era a primeira vez que via George, apesar de parecer que ele estava analisando tudo o tempo todo, talvez não fosse o que gostaria de ouvir ali, à noite, em um restaurante. Mas o olhar e a nítida felicidade de Leo o convenceram a afastar esses pensamentos de sabotagem e seguir com a confiança em seu discurso.

– Sabe o que que é, George? Sabe o que é que é, Leo? – Ele começou, reticente.

Estava claro que Mateus precisava colocar sua ideia pra fora. Prosseguiu:

– A dor não é minha. Não faço parte desse mercado. Já fiz, mas faz um tempo que não faço mais. Mas como vez por outra eu me encontro com os caras, me chamou atenção o problema que eles precisam resolver...

Leo se inclinou na cadeira para escutar melhor. O restaurante já começava a ficar mais cheio do que o normal. George continuava a analisá-lo.

– Sempre fui de jogar futebol. Desde pequeno, no colégio, vira e mexe eu jogava futebol. Cheguei a fazer escolinha, mas depois que fui pra faculdade parei de vez. Não tinha grandes pretensões nessa área, mas sempre que podia eu curtia uma peladinha com os amigos.

– Entendo demais. Eu também passei por essa fase, e acho que o Leo também, né?

– Até que futebol não era muito a minha praia, não, George. Eu curtia mais a natação. Eu tinha bronquite e o médico me disse que o melhor remédio era nadar, e fiquei nessa até os vinte anos, nadando inclusive profissionalmente. Depois saí também. Eu comecei a parar com uns dezessete anos, porque comecei a me preparar pro Enem, depois entrei na faculdade, aí já viu...

Eles entenderam, pediram mais uma cerveja e Mateus continuou:

– Acho que sempre rola esse esquema de desistir, de ir parando. Mas o que eu saquei é que tem muita gente que acaba desistindo de jogar e até mesmo de competir porque, nos esportes coletivos, o time sempre fica desestimulado quando faltam pessoas para jogar. Além disso, muitas pessoas que trabalharam ou estudaram juntas têm o costume de marcar uma pelada durante a semana. E o que rola é que muitos deles acabam faltando por causa de compromissos agendados ou imprevistos em cima da hora. Tudo isso acaba sendo muito desestimulante pra quem quer jogar uma pelada, vôlei, peteca, basquete ou qualquer outro esporte.

– Basquete é até mais raro, né? – Leo refletiu.

– Pois é. O negócio é que, como eu não conheço quase ninguém que joga basquete, nem cheguei a pesquisar muito sobre esse esporte. E tem mais: a gente sai por aí e não vê quase nenhuma quadra de basquete em praças ou parques. Tem mais nas escolas, mas aí são quadras poliesportivas, não exclusivas para basquete. Nas escolas públicas, então, aí é que a gente não vê quadra nenhuma, praticamente. Eu não pesquisei bem o basquete por esses motivos.

Eles concordaram, curiosos para saber onde Mateus queria chegar.

– Daí eu pensei em criar um app que pudesse georreferenciar pessoas interessadas em jogar algum tipo de esporte, comparando suas localizações e seus dados físicos com os de outras pessoas semelhantes. Assim, seria possível arrumar o time e reunir a moçada. A ideia é que o app receba um incentivo social e tenha um apelo voltado à saúde. Há, inclusive, a possibilidade de incentivar práticas esportivas e influenciar a carreira profissional de alguém que veja o esporte como alternativa de vida.

Os dois se entreolharam e, voltando-se para Mateus, disseram quase em uníssono:

– Mas você já testou essa ideia?

– Não, ainda não. Quer dizer, não apliquei nenhum questionário. Tudo isso que falei pra vocês eu percebi conversando com os caras e checando até que ponto a falta de pessoas para formar times estava desestimulando e influenciando o estilo de vida deles em relação à prática esportiva. E a reclamação é absurda! Vocês nem imaginam. Conversei com uns dois caras que tiveram que desistir de uma possível carreira olímpica justamente porque outros membros da equipe paravam de ir às aulas ou desistiam de praticar esportes por conta de outras atribuições. As pessoas têm muitos compromissos hoje em dia. Os turnos de trabalho são mais flexíveis, e tem um monte de gente que faz seus próprios horários. Também tem muito trânsito nas cidades maiores, e as pessoas acabam ficando com preguiça de sair de casa dependendo da distância. Todos esses fatores conjugados acabam sendo elementos impeditivos, mesmo que nem sempre diretamente, para que as partidas ocorram. Mas se o app for um matchmaker entre times de precisam de membros e pessoas que precisam de um time, essa dor poderia ser amenizada ou mesmo resolvida. Afinal, o app conseguiria formar times, incentivar a prática esportiva e até oferecer outras possibilidades para a população em geral.

Mateus terminou de falar e deu de cara com um Leo e um George totalmente boquiabertos. Parecia que eles não acreditavam naquilo que acabavam de ouvir. A argumentação e a percepção de Mateus fazia todo o sentido e a forma como ele expôs todo o cenário parecia ter sido ensaiada. A verdade é que Mateus já sabia muito bem o que era um pitch. Já até tinha feito alguns, mas não sobre essa ideia.

George olhou para Leo, Leo olhou para George. Juntos, os dois disseram:

– Vamos investir!

07 FATORES

Ele reparava em Lídice através da parede de vidro. Ela lá dentro, ele lá fora. Umas dez cabeças de distância. Em cada cabeça, um notebook aberto, um celular com fone e um emaranhado de fios. Apesar de ser um pouco baixinha, tinha o corpo muito bem delineado. Naquele dia, parecia que ela não tinha reunião nenhuma, já que vestia uma calça de malha com um camisão jeans por cima, marcando a cintura com um cinto bem fininho de couro, um lenço meio hippie passando pelos cabelos volumosos e tingido em diversos tons de vermelho – parecia bem mais bonita do que ele poderia supor. Em certo momento, Lídice percebeu que ele a olhava com outros olhos. Começou até mesmo a ficar um pouco desinibida.

Aquela tarde fria de inverno terminaria ainda melhor no calor do abraço de alguém. Já tinha mais de dez dias que Mateus não falava com Laís. Tinham discutido sobre o futuro do relacionamento dos dois: ele queria ficar cada vez mais com ela, mas Laís relutava; achava tudo muito recente e precisava ter seu espaço. Ainda não se sentia pronta para compartilhar seu cotidiano com ninguém. Sempre fora muito territorialista, sua mãe sempre lhe dizia isso. Mateus não entendia muito bem aquela relutância, e numa dessas, discutiram mais do que deviam.

Estavam com a cabeça cheia. Laís terminando o curso, já com outra equipe na Leitinho, e Mateus com um espaço no antigo escritório da BIG, que visitara quando conheceu Pedro.

O local já estava abrigando quatro startups: a parte de backoffice da BIG, a de Lídice, a de Mateus e a de uns meninos que estavam programando uma plataforma qualquer. Eles não apareciam muito por lá, e ninguém tinha um espaço fixo no salão; apenas Lídice, que ficava dentro da antiga sala ocupada pelo Leo. Da última vez em que ele esteve lá, confidenciara a Mateus que pensava em transformar aquele espaço em uma aceleradora. Mateus teimou e disse que achava melhor ser uma incubadora, ou seja, espaço onde empresas nascentes ficam abrigadas, recebendo atenção e acompanhamento.

– Tá mais na moda falar aceleradora, Mateusinho! – Leo disse, tentando convencê-lo da sua opção.

Frente àquele tipo de argumento, Mateus resolveu não levar a conversa adiante, pois a ideia jamais sairia da cabeça de Leo. Concordou e validou a pretensão de seu mentor – sim, além de investidor, Leo passara a ser o seu mentor. Ainda estava na fase beta de teste da sua plataforma, que se chamava Solution Sports'n Healthy, ou SS'nH. Leo não gostava do nome, achava grande demais. Já Mateus e George gostavam muito: acreditavam que era explicativo por si só, que chamava a atenção. Leo vivia dizendo que, por ser longo e em inglês, talvez poucas pessoas o entendessem. Os outros dois não concordavam, mas ficavam de boa. O mais importante era que Mateus estava empreendendo. Estava muito inseguro, é verdade, mas fazia reuniões semanais com Leo via Skype. Estava "numa felicidade só", como ouvia sua mãe dizer para a madrinha ao telefone. Ela ainda fazia os depósitos anuais no dia do seu aniversário, e Mateus ainda mantinha o hábito de, sempre que possível, colocar "um dinheirinho" a mais naquele montante. Mas nos últimos seis meses, não tinha feito nada disso. Todo o dinheiro que ganhara ao sair da Truesound foi investido na futura startup. Seus pais seguravam as pontas em casa, e como seus finais de semana eram passados nos lençóis, junto a Laís, ele acabava não gastando muito.

O combinado com Leo e George é que eles iriam investir 25% do que a SS'nH precisava. Fizeram um contrato de vesting assumindo o aporte de certos volumes de investimento à medida que certas metas fossem atingidas. Nessa trajetória e nessa perspectiva, os negócios de Leo também ganharam impulso, e os de Lídice começavam a aparecer no mercado. Só a Leitinho que ainda não conseguia sair do mesmo ponto em que estava: "sucesso de público, fracasso de bilheteria", Laís reclamava com Mateus. Apesar de não ser um dito popular, essa era uma frase que resumia perfeitamente a atual fase do negócio da namorada. Numa dessas, ela de cabeça cheia e ele com muitas coisas pra fazer, dedicado a confirmar as hipóteses do seu negócio e passar para a etapa de definição, os dois começaram a se estranhar. Ele queria uma coisa mais séria; ela queria renovar sua trajetória, repensar alguns propósitos e redefinir pontos importantes de sua vida, que julgava serem grandes entraves naquele momento final da graduação e já com um novo universo de possibilidades surgindo. Disse a Mateus que passaria alguns dias na casa dos pais, e ele já tinha marcado outro compromisso. A pressão se elevou. Um não se entendeu com o outro e começaram a discutir outras coisas que estavam engasgadas há algum tempo. Laís trocou o número de telefone e pediu respeito àquele distanciamento necessário. Ele respeitou, mas antes perguntou se deveria ou não mudar o status do seu perfil nas redes sociais. Ela disse que sim. Não se falam desde então, e ele seguiu a recomendação dela.

Estava oficialmente solteiro. Disposto, simpático, sempre descolado e um participante ativo. Sua barba já lhe rendera elogios, inclusive por parte de alguns homens. E estava ali, todos os dias, na futura BIG aceleradora. Pertencia ao grupo BIG Inc., sentava-se no campo de visão de Lídice e, o melhor, era correspondido com os olhares que lançava sobre ela. Já fazia um tempo que não transava e notou ali uma chance bem interessante de virar o jogo. Ele sentiu que, se não tivesse ninguém naquele salão, se fossem somente ele e ela, com certeza já estariam se pegando. Segurou a onda, levantou-se e foi ao banheiro. Não demorou muito. Quando voltou, ela já tinha fechado o notebook, guardado na bolsa e estava se despedindo de algumas pessoas enquanto andava em direção à porta. Ele assistiu àquela cena desapontado. Estava contando que ela ficaria até de noite, que poderia convidá-la pra tomarem uma cervejinha juntos. E daí, quem sabe...

Se ele não estivesse olhando para ela, acompanhando-a com o olhar à saída da BIG aceleradora, talvez ela não pressentisse nada. Mas Lídice pressentiu. Já fechando a porta de vidro da saída, voltou-se para trás e deu de cara com Mateus a observando. Abriu um sorriso e fez um sinal com a mão, como se estivesse pedindo que ele a telefonasse, que falasse com ela. Ele, também gesticulando, respondeu que sim, mais tarde. Ela deu um tchau e sumiu no mesmo comprido corredor, iluminado pelo sol da tarde.

Antes mesmo de chegar ao carro, Lídice sentiu sua bolsa vibrar umas duas ou três vezes. Jogou as coisas no banco de trás, abriu a porta da frente para entrar e já foi logo pegando o celular para checar as mensagens. Era Mateus:

Mateus: Ué, pensei que vc fosse ficar até mais tarde hj!! ☺

Mateus: Tava pensando em tomar uma cerveja depois, à noite.

Mateus: Ia te chamar. ☺ ☺ ☺

Sorrindo sozinha, ela respondeu antes de ligar o carro:

Lídice: Ia me chamar? Desistiu??

Lídice: Mais tarde vou à abertura de um programa de aceleração com uma vertical específica de moda.

Lídice: Vai ter cervejinha liberada..... Quer me encontrar lá?

Mateus ficou meio intrigado com o convite. Programa de aceleração? Vertical de moda? Tudo que ele não queria era ter que passar a noite falando de startups ou de qualquer outro assunto relacionado ao universo empreendedor. Precisava mudar de ares, fazer um programa diferente, com gente diferente, falar e fazer coisas diferentes. Se recusasse, por outro lado, poderia parecer que ele estava dando pra trás no convite. Lídice poderia se chatear com aquilo, e talvez uma nova chance nunca voltasse a acontecer. Topou, mas disse que não poderia ficar muito tempo, que não queria importuná-la num programa em que só ela havia sido oficialmente convidada.

Lídice: Eu tbm não vou ficar muito tempo. Amanhã tenho um dia cheio de coisas pra fazer!

Mateus: Então tá! Onde e que horas?

Lídice: Vou te mandar o link do evento, ok?

Mateus: Ok! Preciso fazer inscrição?

Lídice: Não. A gente se encontra na porta, tá?

Mateus: Ok. Vlw!

Lídice: Bjo!

Ele colocou o celular ao lado do notebook. Estava mais confiante do que nunca. "Vai rolar", pensou. Ela, virando a chave da ignição e abrindo caminho por entre o asfalto lotado de carros, pensava o mesmo: "Hoje vai rolar!".

O celular tocava uma música que parecia estar no seu sonho. Ele não entendera muito bem de onde vinha aquele som até sentir Lídice se mexendo na cama, tentando desligar o alarme.

– Você precisa ir, Mateus. Eu tenho um compromisso às nove.

– Jura, gata? – Perguntou, se aconchegando nela.

– Uhum. – Ela confirmou, ainda sem abrir os olhos direito.

E nem teve muito tempo para abri-los. Ele já procurava sua boca macia, esfregando o rosto no seu, sussurrando baixinho no seu ouvido, como um ronronar... Ela foi se virando, mexendo o corpo por baixo das cobertas. Não resistiu e se deitou sobre ele, abraçando-o, agarrando-o por entre as mãos, beijando-o compulsivamente num ritmo crescente, muito sensual e delicioso, começando o mais saboroso ritual de amanhecer que poderia existir no mundo. Lídice era muito atraente e desinibida entre quatro paredes, bem mais que Laís. Aliás, ele nem tinha se lembrado de Laís desde que chamaram o Uber e foram pra um boteco tomar a saideira. Dali para a casa de Lídice foi só uma questão de tempo. Foi ela quem o convidou, quem o encontrou, quem segurou na mão dele na entrada, quem o apresentou para todos que estavam no evento. Também foi ela quem sugeriu que saíssem dali, que fossem para o boteco, que saíssem do boteco para, aí sim, tomar a saideira na casa dela. Ele, é claro, topou tudo, pois achava que era mérito seu ter seduzido a garota a ponto dela convidá-lo para ir à sua casa. "Como os homens são tolos", Lídice pensava. Mateus era isca fácil. Muito bom de cama, como depois confidenciou às amigas, mas o coração dela já pertencia a outra pessoa. Assim, Mateus engrossava a fila dos amores não correspondidos.

Naquele tempo de sexo fácil e seguro, isso não era empecilho algum. Eram jovens fazendo coisas que fazem sentido para a vida – e gostando disso! Vinham de relacionamentos mal terminados, mal correspondidos e sentiam-se maduros o suficiente para separar o prazer dos demais sentimentos. Mas não eram. Ela gostou dele, tinha um vigor matinal invejável. Lídice curtia caras mais safados que Mateus, embora ele tivesse outras qualificações que também se destacavam. Mas ela definitivamente não estava interessada em começar outra história com outra pessoa tão rápido assim. Além disso, sua startup estava começando a tracionar bem no mercado, as vendas começavam a subir, então era hora de começar a procurar outra rodada de investimento. Estava num período em que precisaria se dedicar totalmente à escalada do seu negócio. Era o momento ideal para investir na carreira, e Lídice não estava afim de gastar suas energias em um relacionamento tão cedo. Inclusive, foi esse aumento de dedicação à sua startup um dos motivos para o rompimento do relacionamento anterior – e ela não ia cair nessa armadilha novamente. Vez ou outra, Mateus seria muito bem-vindo à sua cama, mas daí para ter um relacionamento com ele, não ia rolar. Dessa vez, não!

Ele perguntou se tinha tempo para tomar um banho:

– Sim, claro! Mas você se importa de fazer isso bem rapidinho? Eu realmente não posso me atrasar pro meu compromisso. E agora já tenho menos tempo do que antes, né? – Brincou, dando uma piscadinha. Pegou uma toalha para ele e, enrolada no lençol, foi tomar banho.

O barulho do chuveiro parecia uma cascata, e Mateus adormeceu. Acordou com respingos de água que caíam do cabelo dela, que de tão molhado, apesar de preso com outra toalha, pingava justamente no seu umbigo.

– Ei, ei, ei! Acorda, Mateus. Já tomei meu banho. Pode ir tomar o seu.

Mateus a beijou e fez que ia se virar pra dormir mais um pouco, mas ela não deixou.

– Ow, ow, ow, meu bem. Tô falando sério. Vou sair daqui a quarenta minutos. Você bem sabe que o que eu mais queria hoje era ficar o dia inteiro aqui, deitada com você, fazendo você sabe o que, né? Mas hoje eu não posso. Mesmo.

– E quando você vai poder? – Ele perguntou sem se virar.

– Ahh, Mateus... Sei não, gato. O que eu sei é que você pode ir acordando e tomando o seu banho, de preferência com a porta aberta, porque eu preciso fazer minha make e não posso te esperar.

Ainda relutante, ele se levantou lentamente e foi para o banheiro. Voltou de lá para pegar a toalha que esqueceu em cima da cama, e ela lhe mandou um beijo. Ele retribuiu e entendeu que poderia ter um repeteco. Só que não seria hoje. Pelo menos não naquela manhã.

Mateus já estava todo ensaboado quando Lídice desligou o telefone e entrou no banheiro para se maquiar.

– Com quem você tava falando, gata?

– Com uma das pessoas que eu vou encontrar. Tava avisando que talvez eu me atrase um pouco, mas ela falou que não tem problema, que já ia chegar mais cedo de qualquer forma pra tomar café da manhã lá.

Virando-se para ele, continuou:

– Você deve se lembrar dela, Mateus. Ela trabalhou comigo quando minha startup ainda era um projeto. Viajou e depois voltou. Te apresentei ontem, logo depois que pegamos a cerveja e fomos para aquela varanda, ao lado esquerdo de onde foi a palestra.

– Era uma de cabelo preto, bem liso?

– Sim, era.

– Tava com uma calça branca?

– Humm, acho que não. Ela tava de vestido.

– Vixe, então acho que não sei quem era, não.

– Enfim, era a Marcela. Vou me encontrar com ela e com um tio dela que é CEO de um grupo investidor e tem vários negócios na área de moda, tanto no Brasil quanto no exterior. Ele quer conhecer a minha startup. Legal, né? – Lídice ia contando tudo com um olho no espelho, prestando atenção na maquiagem, e outro em Mateus, que estava com a cabeça cheia de água e espuma de xampu.

Mateus tentou dizer algo, mas o barulho do chuveiro e da música no celular não deixava a garota escutar. Foi preciso terminar o banho mais ligeiro da sua vida para, enquanto se secava atrás dela, conseguir dizer:

– Toma cuidado com esse tipo de reunião, gata. Já ouvi uns papos de que muitos desses CEOs se mostram interessados em inovação e tal, mas na verdade só procuram os novos empreendedores, as novas startups que surgem na área deles, pra fazer spinoffs de seus negócios... Aí ofertam um super salário pro empreendedor, que acaba virando um empregado da sua própria startup.

Lídice parou de se arrumar para ouvir aquela história.

– Como é que é, Mateus? Você tá me falando que ele pode pegar a minha ideia e me comprar?

– Não, não, não. Não é tão claro assim. – Ele se apressou em responder. – Eu tô dizendo que ouvi alguns casos de startups que cresceram muito, que realmente escalaram, mas depois foram vendidas prum grande grupo empresarial e investidor.

– Ué, mas isso não é bom? Tudo o que eu quero é ter um angel ou um fundo que invista no meu empreendimento.

– Pois é, gata, eu também acho que essa possibilidade é muito massa. Mas o que eu tô tentando te dizer é que isso não rola de fato com os investidores que representam grupos empresariais. O que eu já li e ouvi é que, quando um grupo empresarial grande se interessa por uma startup que aparece no seu radar de negócios, ele geralmente compra a empresa totalmente ou a transforma numa spinoff do próprio negócio. Então, o empreendedor é seduzido para vender a maior parte da startup, mas continua à frente desse novo negócio do grupo com a promessa de bons ganhos caso as metas sejam atingidas. Até aí não vejo problema algum.

– Nem eu vejo problema algum. – Ela concordou.

– O que me chamou a atenção nessa história foi o fato de que os empreendedores, na maior parte das vezes, acabam saindo do negócio algum tempo depois, pois sentem que viraram funcionários, empregados desses CEOs. Acabam perdendo a autonomia que tinham quando eles mesmos tocavam o negócio. Toma cuidado, é só isso que eu tô falando, ok?

O que Lídice falou em seguida foi um dos maiores ensinamentos que Mateus recebeu em toda a sua vida profissional. Mesmo sabendo que poderia se atrasar um pouco mais do que o esperado, ela parou o que estava fazendo. Já tinha penteado os cabelos, escovado os dentes. Tinha um marrom escurecido sob as pálpebras dos olhos, sua pele estava levemente mais branca, mas seus lábios ainda não tinham recebido nenhuma cor de nenhum batom. Ele, já de calça, amarrando o tênis, sentiu a mão dela levantar-lhe o rosto pelo queixo. Então Lídice falou:

– Mateus, meu querido. Sei que você é empreendedor assim como eu, como o Leo, como o Pedro e como vários amigos que encontramos ontem. E é fato que todos nós temos um propósito quando resolvemos empreender.

Ele ia concordando, mas sem entender o porquê daquele tom didático que ela adotara de repente para falar com ele.

– É muito bom ter propósito, principalmente se for pra usá-lo quando a gente empreende. Mas a gente não pode ser refém desse propósito. Nem mesmo quando ele estiver presente nos nossos empreendimentos.

Ele a mirava com cara de quem não entendia direito o que significava aquilo e nem onde ela queria. Lídice percebeu, e seguiu sua explicação:

– Mas ideias vêm e vão, Mateus. Negócios vêm e vão. A gente não pode se apegar demais às nossas ideias ou negócios, senão acabamos deixando passar outras oportunidades porque nem nos damos conta delas. Não existe essa história de que eu vou ficar sem propósito se não tiver mais autonomia para decidir alguma coisa. Empreendimentos são um mercado, Mateus. Ideias também.

Ele ficou tremendamente impressionado com aquela revelação de Lídice. Mais ainda pela forma como tudo foi dito, com tamanha didática e objetividade.

– Esses empreendedores que você disse que saíram porque se sentiam empregados nunca foram empreendedores de verdade. Empreendedor de verdade nunca se sente empregado, Mateus. Você pode até vir com esse papo de intraempreender, mas isso não funciona comigo. Se eu for empreender, vou fazer isso como negócio, e não como sentido de vida. Por isso, não perco meus propósitos em nenhum tipo de negócio. Pra mim, esse é o verdadeiro sentido de empreender.

Mateus estava visivelmente impressionado com aquela revelação, com aquele ponto de vista. Nunca havia pensado em um mercado de ideias, nem sequer tinha se dado conta de que elas poderiam ser compradas ou vendidas. Compartilhar ideias era uma coisa, mas vendê-las sob forma de negócios era uma perspectiva que ele jamais tinha experimentado.

– Você é dez, gata! – Disse finalmente, pegando o rosto dela e enchendo-a de beijinhos.

Repetiu "você é dez" mais umas dez vezes. Ela, já sabendo onde aquilo poderia chegar, foi dizendo:

– Não, não, Mateus! Eu tenho que ir! – Lídice se desvencilhou e voltou ao banheiro. – Você quer uma carona?

Ele perguntou por onde ela iria passar e, ouvindo a resposta, pediu para ficar no meio do caminho, pois ali perto passava um ônibus. Levantando-se, não resistiu em perguntar:

– E se esse cara se interessar pelo seu negócio mas, em vez de comprá-lo, te propor um modelo spinoff com os negócios dele? Você toparia?

Ela não respondeu. Não por não ter uma resposta em mente, mas porque, naquele momento, o batom nos seus lábios era mais importante. Ela fazia bicos em frente ao espelho enquanto ele ajeitava o cabelo. Ia passar no centro antes de ir pra BIG: precisava se encontrar com o gerente da sua conta, que tinha outra sugestão para investir seu dinheiro.

– Ficou bom? – Ela perguntou, virando-se para trás.

– Sim, ficou. Mas se quiser, eu posso bagunçar tudo.

– Nem vem, Mateus. A gente pode se encontrar de novo um dia, mas agora não.

Ele a abraçou.

– Mas você não me respondeu. Toparia ou não toparia?

– Tudo depende, meu bem. Tudo depende do valor que ele poderá oferecer. Mas não se preocupe, hoje ainda é a conversa inicial. Vou me apresentar pra ele e apresentar a minha startup também, apesar de achar que ele já a conhece razoavelmente bem. Não saio de lá com o negócio fechado hoje, não ainda. É um pitch. Se ele se interessar mais, aí sim vamos prosseguir a conversa. Mas no final, tudo vai depender dos valores. Eu penso assim, Mateus: meu negócio pode passar pra mão de outros, desde que eu veja que o propósito continuará existindo – e, é claro, desde que ele possa me garantir financeiramente.

Apesar de ser uma visão muito crua de toda a saga e complexidade que envolve a trajetória de qualquer empreendedor, Lídice estava certa: um negócio é a materialização de um propósito. Devemos manter o farol do propósito nos guiando, onde quer que possamos aportar. Era muito difícil para Mateus compreender como aquilo era forte. Afinal, ele estava apenas começando a empreender, e não conseguia ver muita coisa além do seu modelo de negócio e dos testes que poderiam – ou não – validá-lo. Já Lídice, não. Ela já tinha certa maturidade sobre o que era o seu propósito e o que era o seu negócio. Conseguia desmembrar uma coisa da outra. Mas na cabeça de Mateus, linear e didática, empreendimento e propósito eram dois conceitos que jamais poderiam ser desvinculados.

Deixou-a no quarto, ainda se arrumando para sair, e foi à cozinha ver se tinha algo para beber ou comer. Estava um pouco ressaqueado das cervejas da noite anterior e precisava colocar algo no estômago. Ficou ali pensando naquilo que acabara de ouvir, nas decorrências do desmembramento entre negócio e propósito. Isso era muito complexo para a cabeça iniciante de Mateus. Pra ele, propor aquilo era como separar alma e corpo, um tipo de desligamento que só ocorre na hora da morte. Da morte fisiológica, psíquica. No universo empreendedor, tratavam como morte empresarial a ideia que não foi validada pelo mercado ou, na pior das hipóteses – se é que há algo pior do que isso – a falência. Por outro lado, se a morte significasse a libertação do espírito, então o propósito poderia continuar existindo mesmo sem o corpo. Refazendo a analogia para o mundo empresarial, o negócio pode até não vingar, mas seu propósito continuará existindo, talvez em outro empreendimento ou em outro mercado. Desse modo Lídice estaria correta. Negócios vêm e vão. O corpo não importa. O que mais vale a pena é a alma e o que ela carrega. Negócios passam. O nosso legado é a marca das nossas almas.

Estava ali, viajando nesse pensamento, comendo uma maçã e olhando pela janela, que nem reparou em Lídice parada ao seu lado. Tomando a maçã de sua mão, ela disse:

– Me dá uma mordidinha! Vamos, pega as suas coisas que tão lá dentro.

Devolveu-lhe a maçã. Ele nem teve muito tempo para raciocinar e seguir a sugestão; foi logo pegar as suas coisas. Quando voltou, encontrou Lídice se olhando no espelho que havia na sala. Ficou observando a garota sem entender por que ela se preocupava tanto com o visual. Laís não tinha dessas coisas. Saía, onde quer que fosse, sem sequer se olhar ao espelho. Sabia que ela tinha alguns batons, já passara muito tempo em sua casa durante os finais de semana, mas foram raras as vezes que ela os usou. Com Lídice, era diferente. Ela era mais preocupada com essas coisas. Mexia nos cabelos com as pontas dos dedos, fazia biquinhos com a boca, virava de um lado, virava do outro, ajeitava a roupa às vezes para dar volume, às vezes para esticar mais o tecido sobre a pele. Parado ali, ele parecia hipnotizado por toda aquela cena.

– Que que você tá olhando? Nunca viu uma mulher se arrumando, não? – Ela pareceu ter lido seus pensamentos.

"Será que está tão na cara assim?", ele pensou. Disfarçando o olhar, respondeu:

– Não, nada. Só tava aqui pensando naquela história que a gente conversou sobre propósito e negócio...

Ele se desvencilhou do comentário já aproveitando a deixa para entender mais um pouco sobre aquilo que ainda não tinha ficado claro na sua mente. Jamais diria a ela que estava, sim, estranhando toda aquela arrumação elaborada. A tática pareceu funcionar, pois ela logo pegou as chaves do carro, dizendo:

– Vem, Mateus, vamos nessa.

E foram. Foram conversando sobre as ideias que ela já teve, sobre os fracassos que passou, sobre os abandonos de ideias e sobre os novos ideais. Ele ouvia todo o relato enquanto se segurava, tenso, no banco do carro. É que, também, ao contrário de Laís, Lídice dirigia muito mal. Prova disso eram as laterais do seu carro: todas estavam levemente amassadas, arranhadas e descascadas. "Só uma batidinha aqui e outra ali", ela se justificou, e ele riu. Toda vez que tentava lhe dar um beijo, ela escapava dizendo que já estava toda arrumada. Mateus teve a impressão de que Lídice era um pouco neurótica em relação à aparência: em cada sinal fechado, ela aproveitava para dar uma conferida no rosto e na roupa. E apesar de não conhecê-la tão bem, notou que estava visivelmente ansiosa, até mesmo insegura. Querendo confirmar sua hipótese, perguntou:

– Você é assim mesmo em relação ao seu visual, ou só está ansiosa com a reunião?

Ela não gostou nem um pouco daquela pergunta.

– O que você quer dizer com "é assim mesmo"? Assim, como?

Mateus percebeu que tinha feito merda. Tirar o time de campo não parecia uma boa alternativa naquele momento. Tentou contornar:

– Você não tem que se preocupar com o seu visual, gata. Você não tá só linda, você é linda.

Conseguiu se desviar por pouco do abismo em que cairia por ter questionado os hábitos de Lídice. Ela lhe sorriu, franzindo o nariz e fazendo biquinho.

– Delícia! – Ele disse, chegando seu rosto junto ao dela.

Foram interrompidos pela buzina do carro de trás, anunciando que os outros carros já tinham andado. Ele aproveitou o arranque para ressaltar que ela não deveria se preocupar com o visual porque, além de ser e de estar linda, o propósito que ela trazia consigo era maior que tudo. Ele seria o ponto central daquela reunião. Lídice poderia estar vestindo qualquer coisa: nada afetaria o propósito que ela carregava em si.

– Você é que pensa. Gato, eu tô indo pra uma reunião com um cara que tá querendo mudar o modelo de negócio de moda do mundo inteiro. Ele é O Cara da América Latina nesse segmento, todas as grandes marcas têm feito negócio com ele. E as que ainda não fizeram precisam mudar logo, porque o mercado da moda está passando por grandes alterações em todos os aspectos. Não é só tendência, é o modelo de negócio. As formas de comprar e de vender não são mais as tradicionais. Além disso, foi ele que entrou em contato conosco. Não posso passar a imagem de uma pessoa pouco profissional, muito menos dar a entender que estou por fora das tendências.

Mateus se espantou com a seriedade com que Lídice conduzia e encarava aquela situação. Ela via muito mais do que pessoas: vislumbrava cenários inteiros, projetados de forma muito mais abrangente do que ele poderia imaginar. Definitivamente, pensar que o visual poderia contar pontos para uma reunião de negócios não era algo que ele julgava ser importante, mas a área que Lídice dominava era totalmente estranha para Mateus. Ele não sabia nada sobre moda, não se ligava muito nisso. Pensava mais em tecnologias e, no máximo, em causas sociais, herança do universo de Laís que ainda estava em sua vida. Quanto à moda e às tendências, pelo que se lembrava, Laís também não dava muita importância. Pelo menos ele nem se lembrava de ter visto a garota comprar alguma roupa.

Laís tinha um estilo próprio de se vestir. Ele sabia que, vez ou outra, ela aparecia com uma roupa diferente, mas não se lembrava de perguntar se era nova ou não. Jamais a via se olhando no espelho, conferindo o look, nada disso. Mas agora estava claro que boa parte do todo aquele check-in no visual tinha tudo a ver com a natureza daquele encontro que Lídice iria ter. Não era somente uma reunião de negócios: havia cenários, figurinos, linguagens próprias e muitos outros elementos para apresentar um propósito. Ela sabia disso tudo desde o início, e ele estava apenas começando a entender.

Já quase chegando onde desceria, Mateus ainda se arriscou:

– Eu entendo seus motivos pra se sentir insegura ou tensa com esse negócio de aparência nessa situação. Mas no fundo, não deveria, gata. Você tá bonita demais. Posso te beijar?

– Pode, mas no rosto.

Ele fez um muxoxo e a beijou na bochecha. Antes de ir, perguntou:

– E eu posso te encontrar de novo?

Ela olhou meio que desconfiada e, acenando com a cabeça, disse:

– Claro, Mateus. Você ainda vai na BIG hoje?

Franzindo a testa, ele fez que sim.

– Então a gente se vê por lá.

– Mas eu queria te encontrar sozinho... – Sussurrou, invocando a lembrança de todo o sexo que tiveram nas últimas horas.

– Quem sabe? Eu vou chegar na BIG lá pelas quatro da tarde. Depois da reunião, ainda tenho um milhão de coisas pra fazer.

– Massa, então. Quem sabe a gente não se encontra hoje para comemorar o sucesso que vai ser sua reunião?

– Sim, quem sabe, né? – Ela respondeu, otimista.

Mateus sorriu e aproximou-se para beijá-la. Esticando o beicinho e segurando o queixo dele, ela o beijou.

– Te vejo lá, então. – Ele disse, despedindo-se.

– Beijo. – Ela retribuiu.

– Sorte lá!

– Obrigada.

Mateus saiu do carro confiante de que tudo daria certo e de que teria uma noite a mais de prazer e tesão. Lídice era uma delícia. Ela também acelerou o carro confiante de que tudo daria certo e de que à noite iria comemorar. Mas com Pedro, porque já tinha combinado que, se seu pitch surtisse o efeito desejado, ele jantaria na casa dela.

08 ESPERANÇAS

A espera era muito angustiante. Não estavam contidos, mas sim bastante esperançosos. Já tinham participado com a mesma ideia de dois outros eventos de pré-aceleração que duraram uma semana cada. No primeiro, ficaram em quinto lugar, resultado de um pitch muito mal feito por Mateus. Diante da plateia, ele estremeceu. Faltaram-lhe palavras e, quando quis consertar, adiantou-se no relato e deixou os jurados confusos sobre questões de monetização e de geração de leads. No segundo evento que participaram, ficaram em segundo lugar pelo simples fato de que a ideia vencedora era muito foda. Tinham certeza que uma plataforma de e-commerce que permite comprar algum produto e destinar uma parcela da comissão da venda para uma instituição social era uma ideia muito mais genial do que a da SS'nH. Mas só por isso, pois já tinham validado algumas hipóteses e a SS'nH estava, finalmente, pronta para ingressar em um programa de aceleração. E era esse mesmo o grande motivo pelo qual estavam ali, agora, naquele auditório luxuoso e muito bem equipado, Mateus, Leo, George, Luís e Rodrigo.

Curiosamente, a estratégia de participar de duas edições do Startup Week para poder validar hipóteses, propostas, formato e mercado tinha surgido do próprio Mateus. Sempre com o apoio de George e Leo, entraram nessa de cabeça. Eles tinham capital para poder investir.

Sabiam dos riscos, mas mesmo assim puderam e souberam aproveitar o que um bom ecossistema local era capaz de oferecer: metodologia, acompanhamento com mentores especializados, espaço, possibilidades e muito mais. Viram naqueles eventos a possibilidade de conseguir validações pertinentes – e até mesmo necessárias – para a SS'nH. Já no segundo evento ficaram sabendo que estariam automaticamente inscritos no programa de aceleração que ocorreria dali a dois meses. Sim, o ecossistema empreendedor acontecia naquele local. Toparam, é claro. Seria outra oportunidade de colocar a SS'nH para tracionar com custos bem abaixo do que imaginavam. Aliás, poderiam até mesmo receber por isso. Não o fizeram. Contudo, as melhores aquisições que poderiam ter feito naquela trajetória foram Luís e Rodrigo, dois programadores feras que estavam nos cursos de Engenharia e Ciências da Computação, respectivamente. Desde que Mateus levara a SS'nH para a BIG, ele contava com ajudas pontuais dos programadores, dos desenvolvedores e dos designers da empresa, que ainda mantinha sua parte operacional no mesmo escritório de sempre. Apesar da boa vontade de todos e da ordem expressa de auxiliar a SS'nH no que fosse possível, quando a situação apertava na própria BIG, Mateus ficava na mão. Foi numa dessas que pensou na possibilidade de testar a SS'nH em Startup Weeks, pois assim já conseguiria obter bons resultados e chamar mais a atenção do mercado para a sua solução.

Luís conhecia Mateus da faculdade. Tinha entrado como bolsista de iniciação científica na vaga que o próprio Mateus deixara. Tinha bom conhecimento em programação: fez um curso técnico na área e também atuou em uns estágios por aí. Chegou a passar pela BIG, mas o resultado da iniciação científica saiu quase um mês depois que entrou, então acabou precisando se dedicar mais ao mundo acadêmico. Leo entendeu, incentivou e guardou uma boa recordação da sua passagem por lá: rapaz sério, comprometido e muito inteligente. Já Rodrigo era uma incógnita para todos eles. Sem sal, falava o que lhe vinha à boca, nem sempre passando pela mente. Mas era muito experiente e habilidoso com hipóteses, pensava o que ninguém tinha pensado antes. Tinha uma visão mais abrangente das coisas – ou seja, via o contexto, a perspectiva. Compensava o foco e a exatidão tão determinantes nos outros membros da equipe, principalmente em Mateus. Porém, às vezes, se excedia. Adorava uma dose ou um coquetel de qualquer coisa e se entupia de maconha, o que fazia com que sumisse durante alguns dias. Sua presença, sob outra ótica, subsidiava as dúvidas e as indecisões surgidas na sua ausência. Por vezes, chateava mais do que ajudava. Todos tentavam, mas no fundo não conseguiam entender como uma pessoa assim, tão capaz, com tantas possibilidades pela frente, podia se perder com tamanha facilidade. Mas naquele momento, todos eles alinhados no auditório abarrotado, só tinham um pensamento pela frente: serem selecionados pelo programa de aceleração para colocar a SS'nH em ação.

Nenhum desentendimento poderia fazer a menor diferença naquele instante. Já tinham ouvido as boas-vindas e os agradecimentos de pelo menos umas cinco instituições que estavam patrocinando ou apoiando o evento. O coordenador do programa de aceleração tinha apresentado o formato do programa, a metodologia e todas as demais instituições que representavam aquele intenso ecossistema empreendedor. Ia começar a chamar as startups selecionadas, exibindo um vídeo bem curto sobre cada uma delas. Foram a quinta equipe a ser chamada. Viram o filminho passar no telão e, antes mesmo que ele terminasse, já estavam se abraçando e festejando a chegada da nova etapa da SS'nH. Postaram fotos, vídeos e directs de cada momento. Rolou até uma live do evento, "mas eu nem vi toda por que tava muito grande", confessou Leo alguns dias depois. E a comemoração não parou no auditório. Depois de alguns telefonemas, todos foram comer pizza e beber umas cervejas. Menos o Leo, que já tinha outro compromisso. Em compensação, Pedro se animou e, como já conhecia Luís e George, se sentiu parte da equipe também. Ninguém discordava disso. Entre uma fatia e outra, Mateus disse que estava muito satisfeito, mas ao mesmo tempo ficava temeroso de que a SS'nH não escalasse. George não deixou aquela conversa avançar; quis distraí-lo, mas Pedro e Luís fizeram melhor:

– Tudo bem se não der certo, Mateus! A gente vai conseguir perceber antes mesmo que isso aconteça.

– Sim, entendo. Mas é que eu queria tanto que desse certo...

– Todos nós queremos, cara. Mas veja pelo lado positivo: se não der certo, pelo menos tentamos.

Aquilo dito assim, com tanta espontaneidade, fez Mateus acreditar mais ainda na SS'nH. Ver ali, na sua frente, as principais cabeças da SS'nH, dava-lhe mais energia do que desânimo.

– Sim, vai dar certo. Se não der, valeu a pena, né? – Afirmou, meio que perguntando.

Mateus abraçou todos os colegas ao mesmo tempo, já levemente alterado pela cerveja. George adorou aquela conclusão. No fundo sabia – ou pelo menos pressentia – que a SS'nH poderia não dar certo, não conseguir a tão necessária e perseguida tração no mercado. Mas ele não achava que aquele tipo de possibilidade deveria ser discutida ali, naquele momento de comemoração. Leo compartilhava do mesmo temor que George, mas nem sequer fora capaz de dividi-lo com Mateus.

A ideia central da SS'nH era muito pertinente, muito bem delineada e modelada. A maneira como fora elaborada, sua forma de monetização e a definição dos segmentos de clientes: tudo estava muito bem articulado com as propostas de valor que eles haviam pesquisado – ou seja, com a razão pela qual os clientes preferem comprar de determinada empresa, e não dos seus concorrentes. Só faltava validá-la junto ao mercado. Tinham personas bem definidas e estavam bastante esclarecidos quanto ao tamanho do público que poderiam atingir; resumindo, fizeram o dever de casa corretamente. Mas no fundo, no fundo mesmo, tanto George quanto Leo não estavam muito convencidos de que aquele fosse um tipo de negócio capaz de mudar o mercado de jogadores esporádicos, nem mesmo ser uma solução para melhorar a ocupação de quadras esportivas espalhadas pela cidade. Já tinham vivido todo esse momento pelo qual Mateus estava passando, e mesmo não tendo lido tudo o que ele já lera (e lia), haviam vivenciado na prática todo o processo de pensar o design de um negócio. Sabiam que nem sempre a existência de um problema apontava para um mercado interessado em resolvê-lo. A elaboração das personas, que pretendia ser o retrato mais próximo de membros dos segmentos que iam atender, foi muito bem orientada por Leo e durou quase três meses. Como quase ninguém tinha disponibilidade para ser entrevistado, a solução foi ir às quadras e aos campinhos de futebol para conversar com as pessoas e saber delas como ocorriam as enturmações, as marcações, quem fazia isso, como era feito e várias outras perguntas.

Mateus conseguiu gravar e até fotografar essas conversas. Pedro o acompanhou em algumas ocasiões e pôde captar a validade da percepção que Mateus tivera desde o início, quando confidenciou sua ideia para Leo e George. Nessas idas e vindas, conseguiram inclusive conversar com alguns proprietários de quadras particulares urbanas que eram alugadas para grupos de amigos. Entretanto, na maior parte das vezes o responsável por reservar o espaço era um parente ou amigo do dono, que sempre passava para ver se estava indo tudo certo. Não tinham horário fixo. Por outro lado, praticamente todas as demais quadras e campos de futebol que ficavam na periferia eram mantidas ou vigiadas pela prefeitura ou pela própria comunidade. Nestes últimos casos, os poucos que diziam ser os responsáveis pelos espaços eram muito reticentes e desconfiados para explicar em detalhes como os processos de reserva e manutenção eram realizados. Por isso, a equipe acabou indo atrás das demais instâncias do poder público municipal para entender melhor a gestão de esportes e as respectivas políticas públicas nessa área.

Foi aí que a situação azedou mesmo. Nem o pessoal da área de esportes entendia o que Mateus queria saber com aquelas perguntas, e nem Mateus compreendia as tais políticas públicas municipais de lazer, esporte e cultura. Aliás, ele não entendia nem porque esses três temas estavam alojados na mesma secretaria. Mateus saiu de lá atordoado desde a primeira visita. Chegou a ir a mais duas reuniões com outras pessoas de outras subáreas daquela secretaria, mas ficava cada vez mais impressionado com o fato de que esses dois universos não se entendiam. Não se tratava apenas de perspectivas diferentes ou linguagens diferentes – o problema estava na forma de raciocinar (muito peculiar) de cada uma das partes. Mateus acreditava num mundo em que todos os tipos de problema podiam ser resolvidos por empreendedores; já o pessoal da secretaria prezava por coletividade, equipamento urbano e ações sociais para reforçar o espírito de cidadania, afirmando que muitos cidadãos poderiam se sentir excluídos por não participarem das decisões ou não terem condições de baixar o aplicativo. Era tudo muito confuso.

Pelo menos ele percebeu que, se alguma coisa da SS'nH tivesse que passar pelo crivo do poder público, então certamente a ideia iria minguar.

Colocou suas percepções no relatório enviado para Leo e George e conversou sobre isso com Leo por Skype. Foi aí que tanto Leo quanto George puderam perceber que provavelmente a SS'nH não teria tanta tração quanto Mateus imaginava. Não quiseram compartilhar esse temor e, seguindo por este lado, confabularam em separado para decidir que, independente do rumo da SS'nH, o aprendizado que Mateus ganharia com aquela experiência era mais importante e valia o risco. Ainda mais depois de ter passado pelos eventos de pré-aceleração e agora no de aceleração. Os custos eram muito reduzidos, e perder essa chance seria como perder um investimento pelo simples fato de não procurar um fundo melhor.

Eram empreendedores treinados. Tinham total convicção de que até mesmo o fracasso poderia ser de grande valor para Mateus. George já havia quebrado duas vezes. Três, na verdade, se contasse a vez que entrou para a equipe de outro conhecido, mas abandonou seis meses depois. Nas demais, empreendeu sozinho e com membros da família. Em todas as experiências, via e percebia seu maior aprendizado na prática – era mais do que qualquer banco de faculdade poderia ter lhe dado. Leo ainda não tinha quebrado nenhuma vez, mas o mercado de São Paulo era muito mais concorrido. Havia serviços muito bem prestados pelas clínicas veterinárias e petshops. Lá, eles não se importavam em ligar para os donos de animais domésticos, pois acreditavam que essa era, inclusive, uma ótima forma de atrair clientes para as lojas e vender outros produtos. E embora os veterinários tivessem visto no app da BIG um grande facilitador para o seu trabalho, existiam outras empresas que também disputavam o mercado. Logo, as estratégias da BIG precisavam gerar mais repercussão para chegar a um patamar mais significativo de receitas. Leo já tinha feito duas rodadas de investimento, mas a última havia sido um fiasco. Tinha passado quase 40% da BIG para anjos e fundos e, por vezes, sentia-se incomodado com alguns tipos de cobranças que chegavam por e-mail. Não era raro vê-lo bem apreensivo falando ao telefone. Foi por essas razões que viu no programa de aceleração uma boa alternativa para Mateus, pois aquilo o ajudaria a chegar às suas próprias conclusões sobre o futuro da SS'nH. A experiência também seria válida para o próprio Leo, que teria, assim, mais tempo para escalar a BIG em São Paulo. Todos saíam ganhando, no final das contas.

Mateus fez um vídeo na pizzaria com a participação de Luís, Rodrigo e Pedro. George gravou. Nele, agradeciam a Leo pelo apoio que dava à SS'nH e ressaltava que, sem ele, nada daquilo teria acontecido. Confessou que o amigo fazia falta ali naquele momento e despediram-se. Os outros dois mandaram um "valeu, Leo!" ao mesmo tempo e George finalizou o vídeo fazendo um joinha em frente para a câmera do celular.

Cinco minutos depois, receberam um áudio de Leo corrigindo Mateus. Dizia que o mérito era do próprio amigo, que ele e George só ajudaram a lapidar um pouco mais a gema bruta daquela ideia que ele representava. Desejando-lhe sucesso, Leo completou dizendo que sempre estaria ali, de prontidão, para tudo o que precisassem, mas sabia que a equipe da SS'nH era muito capacitada e que todos ainda aprenderiam muito naquela trajetória. Visivelmente bêbados, ouviram tudo isso emocionados e pediram outra rodada. George aproveitou para acertar a sua parte na conta e, contrariando todos os pedidos para tomar a saideira, se despediu da turma e se foi. Foi uma decisão sábia, pois aquela cerveja ainda estava longe de ser a saideira. Os amigos continuaram falando sobre as várias startups selecionadas, sobre os membros das outras equipes e sobre os demais modelos de negócio que foram apresentados. Inclusive, já expunham suas dúvidas, suas hipóteses e os apertos que poderiam passar no decorrer de todo aquele processo. Reforçaram que, dali pra frente, Rodrigo não teria mais o direito de dar seus perdidos, o que ainda acontecia uma vez ou outra. Pedro aproveitou para dizer que estaria sempre à disposição para o que eles precisassem.

– Sei que sim, cara!

E, olhando para Luís e Rodrigo, Mateus completou, apontando para Pedro:

– Esse cara aqui foi o primeiro a me dar uma aula sobre marketing digital de verdade!

Rindo, Pedro esboçou um "deixa disso, cara", mas não teve jeito. Mateus foi além:

– Sério, Pedrinho! Lembro de toda aquela nossa conversa, de você tirando o notebook e me mostrando todas as relações das suas postagens com a quantidade de downloads do aplicativo BIG. Lembro de cada um daqueles gráficos. Muito em breve, você vai começar a fazer esses gráficos para a SS'nH também, cara!

– Valeu demais pela confiança, Mateus. Bom demais estar aqui, curtindo essa conquista com vocês. – Ele respondeu.

Então, Rodrigo interrompeu a conversa para um comunicado importante: a pizzaria ia fechar e eles precisavam procurar outro lugar para ir. Luís e Pedro estavam mexendo nas redes sociais e viram, quase ao mesmo tempo, que estava rolando uma festinha 0800 num karaokê no centro da cidade.

– Vocês topam? – Luís perguntou.

A resposta dos outros três foi um sonoro "demorou". "Quem chama o Uber?", alguém perguntou. Resolvida a questão, desceram os quatro para o outro lado da avenida. Rodrigo chamou para fumar unzinho antes de atravessarem. Luís e Mateus agradeceram, Pedro ficou.

– Daqui a pouco a gente se vê, então.

– Valeu, a gente já vai pegando uma cerveja. Vê se você não some, falou Rodrigo?

– Esquenta não, tá de boa. – Disse Pedro.

Afastando-se dos dois amigos, Luís comentou:

– Esses caras são doidos de fumar logo ali na esquina. Aqui deve ser tudo monitorado por câmeras, cara!

Mateus não respondeu, nem sequer ouviu o que Luís dizia. Quando se preparava para atravessar a avenida ele viu Laís, iluminada pela luz amarela dos postes, conversando com outras meninas. Um finíssimo raio atravessou-lhe o peito. Era a primeira vez que a via desde o rompimento – e logo naquele dia, com aquela conquista para comemorar. Virando-se para o outro lado, falou para Luís, que também acabava de completar a travessia:

– Mano, minha ex tá ali. Faz um tempão que a gente não se vê.

– Massa, cara! Então você ainda vai se dar bem hoje!

Misturando-se na multidão, Mateus explicou:

– Sei não, cara... A gente terminou meio tenso, saca?

– Ah, boto fé demais. Já rolou comigo e com uma ex minha também. É a primeira vez que você vê a mina desde o término?

– É sim. Como é que você sacou?

– Tá na sua cara, brother. Você ficou branquinho, branquinho! – Disse o amigo, rindo.

– É sério, Luís? Então vamos pro outro lado, deve ter cerveja lá também. Não quero dar na cara.

Atravessaram novamente para a outra rua, até porque o karaokê estava tão cheio que todas as calçadas ao redor já estavam abarrotadas de gente por todo lado. Mateus estava ansioso, quis logo pegar duas cervejas. A próxima rodada seria de Luís.

Encontraram outras pessoas que também participariam da aceleração. Conhecia algumas de vista, mas não sabia o nome de ninguém: cumprimentava só com um "e aí, beleza?" e olhava para o outro lado. Afinal, se até Luís falou que ele estava branco, não queria mais que ninguém sacasse nada, mesmo no meio da multidão que se aglomerava ali. Não demorou para voltar à calçada com as latas de cerveja na mão:

– Quem é ela? Me mostra aí. – Luís quis saber, já abrindo a latinha e espumando o bigode.

– Daqui não dá pra ver, ela tá do outro lado da avenida.

– Ela tava sozinha?

– Não sei, na verdade, mas acho que não. Parece que ela tava com umas meninas.

– Ah, mano, então me mostra quem é! Quem sabe não rola de conhecer alguma gata amiga dela, né? – Luís sugeriu, e os dois riram.

– Você também terminou seu namoro?

– Não, Mateus, dessa vez foi ela! Tem um mês e meio, mais ou menos.

– E você ainda sente falta dela?

– Sentir eu sinto, cara, mas não como namorada mais. Se ela tiver a fim de transar, acho super de boa. Ela é linda. Mas namorar não rola mais. Eu sou meio bolado com namoro, saca? Qualquer coisa que a mulher vem me falar eu já fico achando que ela tá me afastando do que eu gosto. Eu meio que piro com isso mesmo, no sentido negativo do termo. E tem mina que além de pirar, detona com isso. Então eu fico de boa quando um namoro termina, seja por ela ou por mim.

Mateus ouvia a história e começava a achar que Luís já estava mais do que apenas um pouco bêbado. Aquele papo não fazia mais o menor sentido. Foi então que ele viu, por cima do ombro do amigo, que chegavam do outro lado da rua Rodrigo, Pedro e... Laís!

Mateus ficou completamente sem reação com aquela cena. Rodrigo passou direto – tava de óculos escuros e viajandão.

– Acho que ele não viu a gente... – Disse Mateus para Luís, que mal o ouviu e já foi logo soltando um "diz aê, meu irmão Pedrinho!".

Não dava mais pra disfarçar. Laís atravessava a rua segurando no braço de Pedro, mas olhando para Mateus. Chegaram e Pedro foi logo cumprimentar Luís: um bêbado e o outro chapado, parecia que não se viam há décadas. Mateus ficou cara a cara com Laís.

– Oi, beleza? – Disse, tentando quebrar o gelo e se aproximando para beijá-la no rosto.

Ela, também sorridente, retribuiu o "oi" e o abraçou, mas de forma bem mais efusiva.

– Fiquei sabendo que vocês passaram para a aceleradora! Parabéns! – Laís falou, ainda abraçada a Mateus.

– Obrigado. – Ele não a largou. – Muito obrigado.

Puxando-a para trás, completou:

– Você não sabe o quanto é importante pra mim hoje, especialmente hoje, poder te rever.

Ela ficou muda. Não esperava ouvir aquilo naquele momento. Um pouco sem jeito, tentou cortar aquele clima:

– Que isso, Mateus? Mesmo que eu não estivesse aqui, ia te procurar pra dar os parabéns quando soubesse da notícia. Até parece que você não me conhece!

– Sim, conheço. Só tô te dizendo que tá tudo melhor agora porque eu tô te vendo aqui, na minha frente, assim tão bonita. Parece até um presente.

Se alguém perguntasse, ele não saberia dizer de onde viera aquela inspiração. Estava aprendendo um mantra com Rodrigo: a pessoa tem que pirar. Uma hora a pessoa tem que pirar. E sem dúvida, aquele havia sido um momento de piração para Mateus. Não estava pensando com a cabeça, mas sim com o coração. Laís, muito surpresa com aquela declaração, só pôde supor que ele estivesse doidão também, assim como Pedro e Rodrigo. Mais Pedro do que Rodrigo. Pedro ela conhecia desde pequena, tinha sido colega da irmã dele. Rodrigo ela acabara de conhecer, mas mesmo assim deu pra sacar que eles tinham fumado um. Agora, ela achava que Mateus também tinha, mas não perguntou por dois motivos. Primeiro porque o conhecia: não havia passado tanto tempo assim, desde que romperam, pra ele se tornar um junkie – aquela nunca tinha sido a praia dele. Segundo porque ele exalava apenas cerveja, nada de cannabis.

Ficou um pouco aliviada com aquilo, mas o que Mateus dissera foi tão intenso que ainda restou um pouco de tensão pelo que ele poderia dizer. Luís e Pedro ainda papeavam, e Laís aproveitou pra entrar na conversa perguntando algo sobre a seleção.

– Foi massa demais, bom demais! Que bom que as coisas estão indo bem pra vocês.

– Legal demais, né? Reconhecimento do esforço!

– Isso mesmo. Vocês devem estar se esforçando muito.

– Sim, esses últimos meses foram tensos...

– Eu imagino...

Depois de um breve momento de silêncio, Mateus perguntou a Laís:

– E como vai a Leitinho?

– Então, Mateus... A Leitinho meio que saiu do frame.

– É mesmo, Laís?

– Sim, começou a ficar bem difícil pra gente.

– Porra, Laís, que mancada! Foi mal perguntar isso assim...

– De boa, Mateus. – Ela estava gostando que a conversa pudesse tomar um rumo mais pragmático, pois ainda sentia no ar algo daquele saudosismo que o ex-namorado demonstrara há pouco. – Você sabe como é esse esquema de empreender, né? Se a gente não se dedicar, não tem jeito. O que aconteceu foi que cada uma das meninas precisou fazer outras coisas, afinal todo mundo tem que sobreviver. Mas aí a Leitinho parou total. Conversamos por Skype mesmo e decidimos dar um tempo do projeto. Acho que todas nós precisávamos disso.

Mateus imaginou como seria se algo daquele tipo acontecesse com a SS'nH – ele com certeza ficaria muito desolado também. Mas Laís abriu um sorriso que fez esse pensamento se dissipar em dois segundos.

– Eu sei que isso é chato agora, mas tenho certeza que o tempo da Leitinho ainda vai chegar. Eu acho mesmo que é uma questão de tempo. O mercado ainda não está maduro o bastante pro tipo de proposta que a Leitinho tinha.

Ela já conjugava o verbo no passado. Realmente a Leitinho não existia mais, pelo menos por enquanto. Sorriram. Rodrigo voltava com mais cervejas e seus excêntricos óculos escuros. O clima amenizou. Todos pegaram suas latas e só se ouviu o estalar de lacres, despontando espumas. Brindaram mais uma vez:

– Pela SS'nH!

– Pela aceleradora!

Abraçaram-se, tiraram fotos e selfies. Pouco tempo depois, outro grupo atrás deles também entoou uma celebração por ter sido selecionado, e depois outro, e mais outro... Em comum, sempre um brinde seguido por abraços. Laís quis aproveitar a bagunça para dar um jeito de sair dali. Ainda um pouco tensa, também julgava que aquela comemoração não era dela. Poderia compartilhar a felicidade, o orgulho, mas aquilo já estava ficando particular demais. Era coisa deles. Mateus sacou o movimento e perguntou:

– Mas você já vai?

– Não, só vou voltar e avisar as meninas pra elas não ficarem preocupadas.

Luís ouviu a conversa e já veio se intrometendo, pedindo pra ela trazer as amigas. Aquilo era tudo que Laís não queria ouvir. Deu um sorriso meio sem graça e, vendo que Mateus concordava com empolgação, disfarçou:

– Ok, vou lá ver se elas querem vir pra cá.

– Sim, certo! – Os dois responderam praticamente juntos.

– Quer que eu vá com você? – Mateus se apressou em perguntar.

– Não, não precisa. Daqui a pouco eu volto. – Disse isso e saiu, prestando atenção para ver se não passava carro. Virando-se para Mateus uma última vez, abriu um sorriso e atravessou.

Mateus estava tão fixado naquela imagem que nem ouviu quando Pedro perguntou de onde ele conhecia Laís. O rapaz teve que repetir a pergunta.

– Ué, ela é a minha ex. – Respondeu, dando de cara com um Luís muito sério.

– Então é essa a mina da história de antes?

Pedro estava sem entender nada:

– Do que vocês tão falando? Como assim ela é a sua ex? – Perguntou, olhando ora pra um, ora pro outro.

Os dois começaram a falar ao mesmo tempo, e vendo que Pedro não entendia nenhum dos dois, Mateus fez um sinal para se calarem e deixou Luís responder primeiro.

– Aquela é a ex dele, cara! Ele tava falando comigo que tinha visto ela ali, do outro lado da rua.

"Ufa!", Mateus pensava. "Ele não deve ter guardado o restante da história que eu contei."

– É mesmo, cara? – Pedro voltou a perguntar.

– É sim. E você, de onde conhece ela?

– Calma, cara. A Laís é amiga da minha irmã, conheço ela desde pequenininha.

Mateus respirou aliviado. Não podia negar que havia passado pela sua cabeça que Pedro poderia ter conhecido Laís de outro jeito, ou do mesmo jeito que ele.

– Eu a conheço desde sempre. – Disse Rodrigo, entrando na conversa.

– Que mentira, cara! Eu te apresentei a ela agora há pouco! – Pedro disse, rindo.

Todos gargalharam, e a conversa voltou a fluir normalmente. Vez ou outra, Mateus ainda olhava para o local onde tinha avistado Laís, mas não via nada dela por lá.

Cada rodada de cerveja era por conta de um deles. Ficaram zoando Rodrigo por causa dos óculos escuros à noite, conversaram com outros caras que os reconheceram por terem passado no programa de aceleração, especularam sobre modelos de negócio, discutiram qual já tinha tração em vendas, qual ainda estava no plano das ideias, qual já tinha protótipo.

Enquanto isso, bebiam e conversavam no celular. Quando foi a vez de Mateus pegar mais cervejas, Laís retornou. Os amigos pediram a ela que esperasse pela volta dele, mas a garota foi firme em seu propósito: só havia voltado para se despedir. Luís perguntou por que não tinha trazido a amiga e ela disse que esse era o motivo da sua ida repentina: sua companheira de noitada estava passando mal e precisava ir embora.

Laís se despediu de todos, em especial de Pedro, e foi atrás de Mateus. Ele estava voltando e os dois se encontraram no meio do caminho. Ao vê-la, o rapaz abriu um sorriso:

– Você voltou! Que bom!

– Pois é, mas só vim pra me despedir mesmo.

– Ué, por que?

– Minha amiga que veio comigo não está passando muito bem, aí já vamos embora.

– Poxa, é mesmo? Ela não pode ir sozinha? Aí você fica, eu te levo depois.

Laís estranhou aquela gentileza em forma de cantada.

– Não dá, Mateus. Ela é de Porto Alegre e veio passar alguns dias aqui, tá ficando lá em casa. Vou com ela, até porque hoje já fomos a vários lugares e eu também estou cansada.

– Putz, que pena! Logo hoje que eu queria comemorar a noite toda.

– Pois é, mas você tá com os seus amigos aí! Tenho certeza que vocês ainda vão comemorar bastante.

– Sim, com certeza. Mas se você pudesse ficar, aí seria bem melhor.

Laís ficou sem graça novamente. Esboçou um sorriso de lado, mas sem olhar por cima dos óculos, como costumava fazer – ela sabia que aquilo seria fatal.

– Vai lá aproveitar sua comemoração, Mateus. Não vai dar mesmo pra ficar.

– Tá, eu entendo. Mas eu queria muito poder conversar mais com você. Já faz um tempaço que a gente não se vê!

– É, faz sim. Me manda um Zap que a gente combina depois, pode ser?

– Claro, claro! Mas eu não tenho o seu número mais, lembra?

– O seu continua o mesmo?

– Sim, ainda é o mesmo.

– Então pode deixar que eu te ligo.

– Tá certo!

– Só não vou marcar o dia porque preciso mesmo ir agora. Minha amiga já tá me esperando. Não sei o que ela tem, e ainda temos que passar na farmácia.

– De boa, Laís. Você me liga depois. Na semana que vem já vai começar o programa de aceleração, até lá eu também tô com um monte de coisa pra resolver. – Ele respondeu, se fazendo de ocupado.

– Valeu, então.

– Valeu. Tem certeza que não precisa de nada agora?

– Tenho. Valeu mesmo!

Ela havia chamado um Uber, que acabava de chegar.

– A gente se fala!

Inclinou-se para beijá-lo no rosto, e ele, com várias latinhas de cerveja esquentando nas mãos, mal conseguiu abraçá-la. Aquela foi, de longe, a pior despedida que tiveram. Fria e muito formal. Impessoal, apesar de já terem tido intimidade. Naquela noite, ela foi pra casa e ele terminou a noite estirado em um colchão na sala de Luís. A comemoração fora quase completa.

09
METAS

Naquele momento, a única pergunta que martelava na sua cabeça era: por que tantos termos em inglês? Já estava ficando de saco cheio. Parecia que havia uma nova regra na gramática da língua portuguesa: em cada frase dita em qualquer programa de aceleração, deverá haver pelo menos dois termos em inglês. Se for parágrafo, o mínimo aceitável será de seis palavras ou termos em inglês. E isso dependerá do tamanho do parágrafo. Quanto maior, mais termos.

A língua em si não era uma grande barreira, mas o pedantismo do uso indiscriminado de estrangeirismos começava a se tornar maçante demais. Era por isso que, muitas vezes, ficava exausto naqueles longos e intensos dias durante as etapas do programa de aceleração. Para se manter acordado, tentava se lembrar de outros momentos que vivera ali e que foram muito melhores do que aquela palestra sobre o que os investidores esperam de um pitch e quais devem ser os passos dos empreendedores depois de receberem o cartão de um investidor. Era uma verdadeira montanha russa entre o português e o inglês. O conteúdo era realmente importante e o palestrante era "o cara" para falar sobre aquele assunto. Ele era investidor de fato e representava um notável grupo de outros investidores ávidos por negócios promissores. Tinha muito conteúdo importante para absorver ali, mas a americanização do linguajar já estava dando nos nervos de Mateus. E o pior é que ele não podia sair dali: além de ter sentado no canto da segunda fileira, perto do palco e longe do corredor, ele era também o único representante da SS'nH. Deixar de comparecer não era uma opção, pois sua equipe poderia perder pontos e talvez nem chegar à próxima fase do programa de aceleração.

Invejava Rodrigo e Luís, que ficaram no salão onde as demais equipes performavam. Os dois estavam finalizando a página da SS'nH, que tinha sido lançada há uma semana e ainda apresentava alguns erros. Era a etapa go to market, quando as estratégias comerciais são planejadas e elaboradas para fazer com que os clientes comprem e saiam satisfeitos. E a notícia de que já havia uma plataforma para agendamento de quadras e formação de times começava a borbulhar. Não tinham feito nenhuma divulgação paga, só recomendavam on-line e usavam e abusavam das redes sociais para chamar as pessoas para visitar e curtir a página. Foi nesse contexto que veio a ideia de gerar conteúdo, e era exatamente isso que interessava a Mateus naquele auditório, onde só se ouvia a voz do palestrante-investidor e o som de milhares de dedos teclando. Todos estavam com um notebook ou tablet abertos e alternavam o olhar entre o palestrante e a tela. Se ele estivesse junto com os outros da equipe, certamente poderia conversar mais e pesquisar mais conteúdo para colocar na página recém-inaugurada.

A nova página estava bem amigável: de fácil navegação, tinha cores vibrantes, mas ao mesmo tempo discretas. Pequenas frases acompanhavam ícones bem elaborados, que remetiam ao bem-estar, à boa forma física e às vantagens de poder contar sempre com um time bem formado, masculino ou feminino, fosse para jogar futebol, vôlei ou basquete. Descendo mais o cursor, apareciam outros ícones para cadastramento e para visualizar as quadras. Depois, alguns depoimentos de pessoas falando sobre a importância de praticar esportes e conhecer pessoas. Já no final, surgia a logomarca da SS'nH, os valores e a missão da empresa. Dali em diante, quem clicasse nos ícones veria que eles abriam em outras páginas, que traziam outras informações sobre o processo de reserva, de marcação de horas e de pagamento, além de explicar as possíveis dúvidas que os usuários poderiam ter. Assim, esperavam, atrairiam mais e mais pessoas. Apesar do custo necessário para fazer uma página na web não ser tão alto, foram Leo e George que a bancaram. Não queriam que fosse uma coisa meia boca, mesmo sabendo que era um protótipo.

Luís já havia notado que alguns códigos ainda não funcionavam corretamente, mas trabalhava nisso desde o primeiro dia. Foi principalmente por isso que ele não pôde ir à palestra. Rodrigo, por outro lado, não foi porque não entendia praticamente nada sobre o tema, e achou que seria pouco útil ali. De fato, a escolha tinha sido corretíssima: o único que tinha condições de fazer um bom pitch para possíveis investidores no DemoDay – um evento em que os empreendedores mostram suas soluções para investidores ou para o público em geral – era Mateus mesmo. Assim, nada mais lógico e justo que fosse ele a pessoa indicada para aquela palestra.

Ralaram muito para estar ali. A SS'nH já tinha passado por dois funis de seleção dentro do próprio programa, e estavam mais pilhados do que nunca para chegar ao DemoDay. "Subir no palco pode até parecer um sonho distante, mas é possível, sim", pensava Mateus, olhando para os membros das demais equipes. Alguns não tinham a menor pinta de empreendedor, e até os que se diziam especialistas não pareciam ser assim tão capazes. Os designers também não eram lá grandes coisas. Ora surgia alguém que se destacava, mas não por muito tempo. Além disso, diversas equipes já tinham saído ou mesmo abandonado o programa, parte porque as ideias não eram muito boas, parte porque o mercado era muito recente ou nichado. E ninguém gostava de mercado nichado.

Das cerca de vinte e cinco que restaram, algumas ainda tinham chance, mas não necessariamente contavam com a melhor proposta para solucionar a dor de mercado detectada. Outras já tinham começado com uma pequena tração de mercado, mas ainda faltava muito para que fossem alavancadas. A SS'nH se enquadrava na primeira perspectiva: Mateus e sua equipe tinham feito muito bem o dever de casa sobre a metodologia do Design Thinking. As validações foram as mais complicadas, é verdade, mas ainda assim possíveis. Muitas vezes, ele sentia que a SS'nH tinha certo privilégio em relação às outras startups, pois seus investidores – Leo e George – eram figuras importantes na cena nacional. Realmente cumprira todas as etapas e suas respectivas atividades – o problema tinha sido o resultado.

Ele acreditava que a solução proposta pela SS'nH era a mais adequada e atraente do mercado. Chegou a vasculhar por outros modelos em outros países, alguns próximos, outros distantes, e notou que a SS'nH era uma ótima concorrente para os que já estavam estabelecidos na praça. Não à toa, começara a georreferenciar todas as quadras e campos de futebol do mundo e constituir, junto a grandes players da cadeia produtiva do segmento de esportes, um fundo incentivador para que a SS'nH se tornasse a verdadeira – e melhor – plataforma de soluções para esportes em equipe no mundo todo.

Mateus pensava longe, alto. Mas não tinha apresentado esse plano de voo pra ninguém, nem mesmo para Rodrigo ou Luís. Ele teria um encontro com Leo e George antes de ir para a próxima etapa, dessa vez presencial, e estava disposto a lançar essa possibilidade para chamar a atenção de possíveis investidores ou mesmo de outros mentores. Acontece que às vezes ele se sentia incomodado com as afirmações que Leo fazia. George ouvia mais e esperava para dizer o que pensava. Leo, não. Era mais objetivo e pragmático. Dizia que a SS'nH devia ir até o campo para divulgar o app e divulgar nas redes sociais. Tinham que gerar tráfego no meio digital e, para isso, era preciso "gastar sola de sapato", como ele mesmo dizia.

O que complicava aquela história toda é que o próprio aplicativo absorvia muito dos membros da equipe. Precisavam elaborar e entregar atividades com agilidade: as tarefas eram passadas na segunda, e na sexta já deviam ser apresentadas. Praticamente todos os membros da equipe estavam imersos em cumprir aquelas etapas para poder seguir em frente. Começaram bem, participando de palestras sobre os mais variados temas: comportamento empreendedor, criação de hipóteses, tipos de validações, diagnóstico de dor de mercado, mais validações, métodos e técnicas de pesquisa, enfim, tudo o que precisavam saber para refinar mais o modelo de negócio da SS'nH.

Minicursos, oficinas, seminários e workshops: Mateus não suportava mais ouvir esse último termo em especial. Não somente porque era mais outra palavra em inglês, mas porque algumas eram repetidas exaustivamente. Também não aguentava mais ouvir falar de Golden Circle. Achava massa a história de ter um propósito e deixá-lo claro, fazia todo o processo valer a pena – mas aquele estrangeirismo já estava enchendo o saco. Tudo tinha que ter um propósito e estar alinhado com ele, mas as pessoas confundiam propósito com estratégia. Isso confundiu tanto a cabeça da moçada empreendedora que muitos descartavam sugestões, conselhos e até mesmo propostas porque, teoricamente, elas não estavam devidamente alinhadas aos propósitos recomendados pelos workshops de Golden Circle!

Mateus achava que tinha limite pra tudo, até mesmo para os estrangeirismos. Seguia em frente, com sua equipe, a trajetória de empreendedor que, como todos diziam, era o que poderia garantir o sucesso da startup. Luís e Rodrigo não se preocupavam muito com isso. Faziam o que tinham que fazer para colocar tudo funcionando e não estavam nem aí pra esse esquema de propósito, muito menos para o funcionamento da mentalidade dos investidores. Enquanto isso, Mateus ficava ali, naquele auditório, vendo o tempo passar, e certo de que estava perdendo esse tempo. Pensou que o programa poderia estabelecer um período de férias para que as coisas pudessem se assentar, para que pudessem ser pensadas ou repensadas.

Era tudo muito intenso e rolava até uma certa cobrança social. Não bastavam somente os momentos de aquisição de conhecimento, fosse ele técnico ou prático: tinham também as cervejadas pós-expediente e as saídas para as baladas nos fins de semana. No início, tudo era bom. Tudo era descoberta, networking. Depois, começou a ficar um pouco chato. O papo sempre acabava se voltando para startups ou para o que acontecera naquela semana – e, é claro, constantemente recheado de palavras em inglês. No som, só se ouvia música estrangeira recheada de palavrões – bitch, fuck me, suck, ass... Quando dava mais sorte, ouvia um Pearl Jam ou um Aerosmith. Mas se ele negasse o convite para as saídas, com ou sem justificativa, já sabia que ia rolar algum tipo de cobrança. Não indo, acabava ficando desatualizado, e aí ficava mais difícil se entrosar com os demais.

Luís ia a todos os encontros, principalmente se fossem boca livre. Rodrigo também era assíduo: reencontrou alguns velhos amigos e conheceu outros novos. Tinha muita gente do design nesses encontros do programa – e todos eram muito parecidos. Todos muito hipsters.

Perto deles, Mateus se sentia careta, e não gostava disso. Apesar de tudo, ele e Rodrigo se davam muito bem. O amigo tinha uma vibe legal, muito intuitiva, coisa que Mateus não era nem um pouco: racional e instruído, tinha muita dificuldade em pensar fora da caixa. Cabia a Rodrigo, então, desempenhar esse papel. Mesmo a parte de elaboração do Golden Circle da SS'nH estava carregada de contribuições de Rodrigo.

Mateus captava os conceitos rapidamente. Entendia os fluxos dos processos como ninguém, e chegava até mesmo a compreender toda a parte de marketing, comercial, operacional e financeira. Como parte do seu plano de se tornar o CEO de uma plataforma mundial em incentivo e soluções para esportes, entendia como os processos poderiam ser replicados em outros países, para outros esportes, talvez até mesmo os individuais ou em duplas somente. E mais importante: sabia que era possível. O que o desanimava é que os resultados apresentados em praticamente todas as validações eram qualificados apenas como suficientes. Os jogadores de futsal, peteca, tênis, vôlei e basquete, exatamente nessa ordem, adoravam a solução, julgavam-na muito boa, importante e prática. Mas, depois de usá-la uma ou duas vezes, acabavam deixando-a de lado. Afinal, já tinham solucionado o problema – encontrado a quadra, o campo ou o membro necessário para a formação do time –, e aí não precisavam voltar mais à plataforma.

O pessoal já tinha validado muito a user experience – método de projetar, para os clientes, como seria a melhor experiência que eles podem usufruir com o produto – tanto com Rodrigo quanto com Luís. A página e as redes sociais apresentavam todas as funcionalidades indispensáveis para que os usuários pudessem fazer suas operações sem qualquer tipo de problema – ou, como Luís gostava de dizer, não havia "nenhum pau no sistema". Tinham poucos dias de lançamento e Mateus estava muito curioso para saber como andavam os índices de visitas, de cadastramentos, os tempos de visualização na página e na nova edição da rede social. Não podia acompanhar isso dali, pois precisava registrar anotações sobre tudo o que estava sendo dito na apresentação do palestrante-investidor. A sensação de que tudo, a todo momento, precisava ser observado, capturado e analisado o consumia. Ser empreendedor realmente não era uma tarefa para qualquer pessoa.

Lembrou-se do seu pai, da sua mãe e até do seu irmão. Pensou em como era um pouco diferente de todos eles. Conseguir ter aquela visão, se virar na vida e correr atrás do que fosse necessário para alcançar seus objetivos eram atividades que não causavam nenhum mal a Mateus. Muito pelo contrário: adorava se sentir conectado, desafiado, e sabia que nem seus pais e nem seu irmão eram capazes disso. "Eles gostam é de ver novelas", pensava.

Mateus nunca teve saco pra novelas. Achava sua vida mais conturbada do que qualquer roteiro, pois desde cedo se virava para não depender muito dos pais. Trabalhou na feira do bairro, ajudou nos trabalhos da igreja – pra ele, nunca houve tempo ruim. Sempre disposto e disponível, não se contentava em ver a vida passar. Ele é que iria passar pela vida. Sempre sentiu isso. Tudo bem que a sua mãe nunca lhe dissera que, ainda pequeno, fora diagnosticado com um leve traço de transtorno de déficit de atenção. No entanto, isso não fazia a menor diferença ali, onde ele se encontrava naquele momento. Mateus ia fundo no que realmente o interessava, mas se cansava rapidamente das coisas, dos desafios. Julgava que tudo podia ser – e era – facilmente superado. Mas no programa de aceleração, era a primeira vez que os desafios vinham sendo superados somente com o grau de suficiente – e isso o incomodava muito. Era uma coisa que nunca lhe acontecera nem no curso da faculdade. Lá era fácil: qualquer um que realmente quisesse estudar poderia fazê-lo, desde que houvesse oportunidades iguais para todos. Ele frequentava as aulas, lia os textos, fazia os exercícios, tirava suas dúvidas e passava na matéria. Depois, guardava os cadernos para futuras consultas. Não estudava para fugir de alguma coisa. Estudava para passar bem e para entender a importância daquele conhecimento para a sua vida. Nunca teve problemas com isso.

O programa de aceleração era definitivamente o seu primeiro momento real, e ele não estava nem um pouco confortável com a forma como as coisas estavam andando. Assim como tinha ouvido de vários outros empreendedores, Mateus achava que bastava modelar o negócio para escalá-lo e vendê-lo por milhões de dólares. De fato, ninguém poderia lhe tirar o direito de sonhar, mesmo que fosse alto. Mas a realidade era muito mais dura, complexa e, por vezes, incoerente com os dados.

Saber, ver e entender que a solução apresentada pelo app era válida significava muita coisa. Mas dali para conseguir que as pessoas acessassem e adquirissem, da forma que fosse possível – pois havia muitas maneiras de se relacionar com a SS'nH –, era outra coisa completamente diferente.

Estava disposto a checar com Leo e George sobre possíveis investimentos na parte de divulgação. Entretanto, sabia que eles não estavam muito interessados, pois no fundo viam o mesmo: sucesso de público, fracasso de bilheteria. Mateus não se abatia. Queria porque queria que o empreendimento decolasse, e por isso iria insistir. Podia ou não dar certo – ele precisava tentar. "A persistência também é uma virtude empreendedora", pensava. A palestra já mostrava sinais de estar acabando. Definitivamente, não conseguira absorver muito. Com as perguntas que surgiam, pôde notar que o seu corpo tinha estado lá no auditório, mas sua mente não. Não fazia o menor sentido permanecer ali. Sabia que iria incomodar muita gente na sua saída, mas mesmo assim não se importou. Levantou-se e, num mar de pedidos de licença, chegou ao corredor central, descendo de dois em dois degraus até sair do auditório. Mal podia acreditar. Ele havia sido o primeiro a tomar a iniciativa, mas viu que outros também estavam seguindo seus passos, provavelmente batendo em retirada para checar alguma questão mais urgente de suas respectivas startups – pelo menos era isso que ele imaginava. Foi atrás do seu objetivo. Mal se sentou à mesa, abriu o notebook e já foi logo fazendo perguntas a Luís:

– Diz aí, quantos cadastros?

– Aumentamos dois.

– Por cento?

– Não. Só mais duas pessoas se cadastraram mesmo.

– Só duas??? – Mateus disse num tom mais alto.

Luís e Rodrigo viraram o rosto em direção a Mateus, como quem diz: "sim, e daí se foram dois?". Mateus se sentiu um pouco envergonhado por ter feito a pergunta daquele jeito, mas ainda assim continuou a demonstrar decepção e raiva. Já era fim de tarde de quinta-feira, e a meta era chegar na sexta com pelo menos cento e cinquenta cadastrados. Tinham alcançado, até o momento, setenta e duas pessoas, e precisava apresentar os dados no dia seguinte logo depois de um Skype com Leo e George. Estava perto, mas tinha que manter a concentração para saber o que poderia ser feito. Precisava de ar, precisava ver outro cenário, e foi exatamente o que Rodrigo sugeriu ao vê-lo com a expressão tão fechada:

– Vem, vamos dar uma volta.

– Como assim dar uma volta, cara? Amanhã nós temos que chegar a cento e cinquenta cadastros e nem estamos na metade!

– Calma, Mateus. Eu tenho certeza que se a gente der uma volta, você vai ter uma super ideia pra alcançar essa meta.

Mateus e Luís olhavam para Rodrigo com cara de interrogação. Não entendiam onde ele queria chegar com aquele papo. Mas no fundo, Mateus sabia que Rodrigo tinha um pouco de razão. Sair dali era uma alternativa bastante atraente, ainda mais se fosse para ir a um lugar em que só se falasse o bom e o velho português: foi isso que Mateus ressaltou para Rodrigo.

– Massa, cara! Sei de um lugar em que você não vai ouvir ninguém falar nenhuma palavra em inglês. Vamos nessa?

Mateus saiu sem nem se despedir de Luís, que já estava com seus fones de ouvido e nem deu bola para aquela movimentação. Juntou suas coisas, tirou o carregador da tomada e colocou tudo dentro da mochila de uma vez e seguiu Rodrigo. Não falaram nada até saírem da garagem. Parecia até um silêncio cúmplice.

– Não sei o que tá acontecendo. Você e o Luís parecem nem se importar, cara! Amanhã a gente tem que alcançar aquela meta, já se passaram quatro dias e não chegamos nem à metade. Mas você e o Luís nem se importam com isso.

Rodrigo olhou para Mateus sem dizer nada – ligou o rádio e continuou a dirigir. Mateus continuava com o seu monólogo por todo o caminho, sem nem notar quando o sinal fechava e quando o trânsito fluía. Rodrigo só abriu a boca quando ouviu o amigo perguntar, pela décima segunda vez, para onde estavam indo.

– É pra um lugar muito tradicional, mas com uma pessoa muito inspiradora.

– E quem é essa pessoa?

– Minha tia. Já estamos chegando ao escritório dela, vou apresentar vocês.

– Mas quem é a sua tia? – Mateus indagou.

– Calma, cara! Você vai conhecê-la.

Dali em diante, não falou mais nada. Já Mateus continuava com a matraca solta. Ele perguntava, respondia e argumentava sozinho, tanto a favor quanto contra das próprias colocações. No fundo, Rodrigo achava graça daquela cena. Entendia que Mateus precisava de um momento válvula de escape e o respeitou como um verdadeiro amigo. Afinal, já poderia ter mandado ele calar a boca desde o momento em que a abriu. Mas não o fez, jamais o faria: tinha que apoiá-lo. Seguiram assim até chegar em frente a um prédio comercial de baixa estatura, mas que aparentava ser muito luxuoso. Não entendeu nada ao entrar na recepção. Rodrigo disse que iria ao segundo andar e Mateus, ao olhar para o quadro que designava todas as empresas sediadas no prédio, leu "Cereais Santo Antônio (CSA) – Presidência".

– Que que nós vamos fazer no segundo andar?

– Calma, Mateus. Fica de boa.

Acesso liberado, crachás de identificação devidamente entregues, elevador acessado, segundos de silêncio e tensão. Mateus, num misto de indignação e interrogação tão intenso, nem percebeu que Rodrigo cumprimentava a secretária com bastante intimidade. Foram encaminhados para uma sala ao lado, com uma decoração mais despojada, mas ainda assim muito elegante.

– Ela já vai sair. Tá terminando uma reunião com uns argentinos e já vem.

– Não tô entendendo nada, Digão. O que que a gente veio fazer aqui? Por que você acha importante conversar com a sua tia? Ela é a dona daqui? Por que você acha que eu preciso conversar com alguém que mexe com cereais?

Rodrigo se levantou da poltrona e, dirigindo-se para a outra que ficava ao lado de Mateus, fez sinal para ele se acalmar e aguardar mais um pouco. Logo ele e a tia seriam apresentados, e ela com certeza teria alguma coisa interessante para dizer.

Mal terminou a frase e a maçaneta se virou. Saiu de lá uma linda e jovem senhora, com seus quase cinquenta anos, mas aparentando muito menos. Era uma mulher morena que provavelmente fora ainda mais bonita quando moça. Elegantemente vestida, mas sem parecer nem um pouco ostentadora. Discreta. Mateus logo percebeu que já a conhecia. Não pessoalmente – ao vivo era de fato a primeira vez –, mas já tinha visto aquele rosto em revistas e portais de negócios. Era uma mulher muito bem-sucedida no ramo em que atuava. Mateus conhecia o produto das suas empresas, mas isso não era o suficiente para que ele se lembrasse seu nome. Foi só vendo o rosto dela pessoalmente que ele pôde associar a pessoa à marca. Ficou sem jeito.

– Tia, esse é o Mateus. A gente trabalha junto na startup dele. Mateus, essa é minha tia Luísa, fundadora da CSA.

– Olá, Mateus, prazer em conhecê-lo.

– O prazer é todo meu, Dona Luísa.

– Só Luísa. Não precisa do dona...

– Me desculpa, Luísa.

– Sem problema. Vamos sentar?

– Vamos, vamos sim.

– Tia, desculpa ter vindo assim, sem avisar nem nada... – Rodrigo começou a se explicar.

– Sem problema, meninos, mas tenho um compromisso daqui a uns trinta minutos e não posso demorar. Como posso ajudar vocês?

– Sabe o que que é, tia? A gente queria saber o que você faz quando não atinge as metas que estabeleceu. – Rodrigo perguntou, bastante incisivo.

Mateus e Luísa acharam um pouco estranho aquela pergunta feita assim, sem muitos rodeios. Entreolharam-se e ela, inclinando o corpo na poltrona, começou a dizer:

– Ora, Digo, as metas precisam ser alcançadas, né? Elas permitem que a gente tangibilize o futuro do nosso negócio. Se, por acaso, eu percebo que elas não serão atingidas no cronograma proposto, eu tenho que parar tudo que estou fazendo e me concentrar para analisar o que está conduzindo a isso. Quais são os motivos pelos quais eu não estou conseguindo atingir aquilo que me propus a alcançar? Pode parecer até pouco profissional isso que eu vou dizer, mas é um claro retrato da minha experiência e já ouvi outros empreendedores falarem o mesmo: na maior parte das vezes, o problema está ligado à elaboração das metas. A gente tende a estabelecer metas muito desafiadoras para nos esforçarmos mais e mais, mas em boa parte das vezes não há dificuldade alguma em atingir a meta. Na verdade, o problema costuma estar no estabelecimento da meta, que acaba sendo mais irreal do que deveria ser.

– E por que você acha que existe essa tendência de estipular metas inalcançáveis?

Ela pensou por um instante, olhou para Mateus e, antes de responder, virou-se para Rodrigo:

– Metas são coisas importantes, mas nem sempre dão certo. Acho que eu só fazia isso quando era mais nova. Depois, fui percebendo que eu estabelecia algumas metas somente para me sentir desafiada. Mas quando eu não as atingia, em vez de desistir, de entregar os pontos, eu me fortalecia muito mais e criava outras metas mais desafiadoras ainda. Acho que é o ego do empreendedor falando por si só.

Rodrigo deu uma olhada para Mateus, como quem diz: "Viu? É ego!". Luísa se calou ao ver essa cena. Parecia que um dos dois deveria continuar perguntando, mas se fez o silêncio. Durante alguns segundos, que pareceram durar anos, todos os três ficaram mudos. Mateus pigarreou e cortou o silêncio:

– Então a senhora, ou melhor, você está dizendo que as metas são ilusões criadas por empreendedores vaidosos que querem se sentir desafiados?

Ela já negava antes mesmo de ele terminar a frase.

– Não. Não acho isso. Refazendo a sua frase, é assim que eu penso: metas são parâmetros importantes criadas por gestores, com o auxílio de consultores, para fazer o faturamento e o mercado serem alavancados. Às vezes elas são estabelecidas; às vezes, não. Só isso. E, por experiência própria, posso falar que já caí nessa armadilha várias vezes, mas em todas elas tirei um aprendizado. Isso continuou acontecendo até eu perceber que as minhas metas eram muito mais altas do que eu poderia alcançar. Foi aí que eu descobri que um grande crescimento desorientado pode ser muito pior do que um crescimento mediano controlado. Hoje, prefiro crescer conhecendo o terreno onde eu piso do que crescer tanto a ponto de nem conseguir ver onde estou pisando.

Aquilo parecia música para os ouvidos de Mateus. Ele entendeu perfeitamente o ponto que Luísa defendia, mas mesmo assim quis saber mais:

– Você diz isso hoje, que a sua empresa já está grande, escalada e estabelecida, não?

Luísa notou que o rapaz a questionava, e também notou que aquele era um questionamento mais técnico do que especulativo. Rodrigo se levantou para pegar água e os dois pediram também. Luísa se adiantou:

– Sim, Mateus. Você tem razão. Digo isso hoje, e por sorte posso dizê-lo. Aprendi muito para continuar com essa empresa, e acho que atualmente ela está muito bem posicionada. Você não acha?

Tanto Mateus quanto Rodrigo concordaram.

– Claro, tia. Mateus não sabe sobre números, dados e outras informações relevantes sobre o mercado de cereais, mas se lembrava de ter visto você em muitas revistas digitais como uma empresária de sucesso. Não tinha nem como você estar nessas revistas falando do seu fracasso. – Rodrigo emendou.

– Pois então. – Ela reiniciou a fala após beber um pouco de água. – Para chegar onde eu cheguei junto com a CSA, precisei tomar muitas decisões, e boa parte dos critérios que me levaram a elas eram metas que eu estabelecia para alcançar.

Eles seguiam ouvindo com atenção. Principalmente Mateus, que até o momento nem tirara a mochila.

– Eu não criava as metas do nada, não. Sempre tive os pés no chão quando o assunto era pensar no crescimento estratégico que eu havia estabelecido. Sou e sempre fui muito sonhadora com o sucesso da empresa, mas na hora de orientar para o crescimento, eu me investia de racionalidade e constituía as metas. E olha, era meta pra tudo!

Todos esboçaram um sorriso. Luísa prosseguiu:

– Era meta para faturamento, meta para pagamento, meta para mercado, meta para aumentar o ticket médio e por aí vai. E em praticamente todas, eu tendia a estabelecer uma meta mais alta do que o necessário para o crescimento saudável da empresa. Alguns diretores, e até assessores, já tinham me alertado sobre os meus critérios ousados. Cheguei inclusive a perder um ótimo diretor para uma empresa concorrente justamente por causa dessa minha teimosia em estabelecer metas tão improváveis. Já até perdi dinheiro com consultores, com empresas de mapeamento ambiental, de análise de risco e com uma porção de outros serviços de caráter estratégico.

Eles não entenderam como ela tinha perdido dinheiro com aquilo. A empresária parece ter notado que faltava um nexo causal naquela observação e, explicando-se melhor, continuou:

– Conto que perdi dinheiro porque eu contratava todas essas empresas, todos esses consultores e, quando eles apresentavam os relatórios de resultados, as perspectivas de crescimento e os demais índices, eu sempre perguntava se poderia ir além. Todos eles diziam que não, que era preferível lidar com números mais realistas... Então eu agradecia, mas, no fim das contas, eu mesma estabelecia as metas. Dali em diante, todos deveriam trabalhar em conformidade com as metas que eu criava, e fazíamos encontros trimestrais da diretoria para acompanhar os resultados e comparar as metas. Era interessante porque passei a notar o mesmo comportamento dos diretores: na primeira reunião, os relatórios eram sempre muito otimistas, com metas alcançadas e grandes perspectivas. Já na segunda reunião, no trimestre seguinte, os números não eram assim tão exultantes – talvez somente suficientes, dependendo da situação. Aquilo não significa que as metas anuais não seriam atingidas, mas sim que o esforço para alcançá-las seria muito maior. Já na terceira reunião, de revisão, o cenário aparentava ser tão desastroso que, por vezes, nem fazíamos mais a quarta e última reunião trimestral. "E tudo isso por causa das metas audaciosas da Luísa", eu ouvia por aí. Mas acontece que eu ficava muito envolvida com a vontade de expandir o negócio e até mesmo vendê-lo para um fundo ou para uma multinacional e, por isso, sempre perseguia uma perspectiva maior de crescimento. Moral da história: percebi que, por causa dessa ousadia nas metas, as minhas equipes – principalmente as comerciais – passaram a trabalhar para o curto prazo, pois só assim era possível atingir as metas em três meses. Dessa forma, os funcionários asseguravam melhores condições salariais por seis meses e depois não precisavam se esforçar tanto para vender mais, pois seria somente dali a outros seis meses que eles precisariam correr atrás de novas melhorias salariais.

Mesmo não sendo muito do conhecimento de Mateus, ele compreendeu a riqueza daquela percepção de Luísa: talvez por desinteresse, talvez por pura falta de ambição, o pessoal fazia um esforço inicial para alcançar as metas. Uma vez alcançadas, porém, não se importavam mais em ultrapassar aqueles resultados. Foi daí que Luísa teve a sacada de efetuar o pagamento somente quando todas as outras metas trimestrais pudessem ser atendidas. Pagou pelo risco. Perdeu alguns bons vendedores que tinham lhe trazido bons clientes, mas era o preço. Outro ponto que pôde trabalhar foi o treinamento para atendimento de longo prazo. Montou equipes responsáveis por determinados segmentos econômico-produtivos, e cada uma delas deveria fazer análises detalhadas dos ambientes de atuação, principalmente no que dizia respeito às regiões e áreas não atendidas e à atuação das empresas concorrentes. Ao mesmo tempo, refez suas métricas de crescimento, dividindo-as em trimestres.

– Toda essa situação envolveu a mudança de muitos processos, principalmente comerciais e financeiros. Afinal, as saídas de caixa das comissões de venda começariam dali a cinco meses, a contar da assinatura do pedido do cliente. Ou era isso ou eu iria novamente bater boca com os consultores e suas empresas, estipulando as metas que eu quisesse. Ou seja: eu gastava todo esse dinheiro praticamente à toa para, no final, eu mesma decidir qual seria a meta a ser alcançada. É claro que eles me forneciam parâmetros para eu criar as minhas metas. Mesmo assim, com o passar do tempo e com todo o conhecimento em negócios que eu adquiri desde o início, quando a CSA ainda era pequena, estimar métricas para o crescimento empresarial deixou de ser um grande mistério. Não vou conseguir apresentar para vocês agora o valor exato que essa minha teimosia já me custou, mas é certo que passa dos quinhentos mil reais.

Mateus arregalou os olhos. Rodrigo quase enfartou. O sobrinho pensava no que poderia fazer com tanta grana assim. Viajandão como só ele era, fechou os olhos e esboçou um sorriso. Os outros dois nem perceberam. Rolaram mais alguns segundos de silêncio, dessa vez interrompidos pelos barulhos dos copos e dos goles de água que ambos tomavam. Ela, somente para banhar as papilas gustativas; ele, para tomar fôlego diante de tanta revelação. Nunca nem sequer imaginara o quão importante eram as metas e como os próprios estipuladores poderiam sabotá-las. Mas o que o chocou mesmo foi saber o quanto os empreendedores querem o sucesso. Eles são capazes de criar factoides para os seus sonhos, travestidos de números e escalas, que vislumbram ser a maneira pela qual encontram realização. O problema é que pecam pelo excesso. Ao invés de trabalhar com os pés no chão, teimam em querer voar nas asas da solução do problema, nas propostas de valor. Então, na hora do "vamo vê" mesmo, o empreendedor tem é que botar os pés no chão e ver as coisas como elas realmente são, e não como eles gostariam que fosse. Era essa a mensagem que Luísa tinha passado naquele relato.

– Mas agora me explica, Digo: por que você veio aqui com o seu amigo me perguntar sobre metas?

Antes mesmo que Rodrigo conseguisse abrir a boca, Mateus se adiantou e respondeu:

– Estamos participando de um programa de aceleração, e estamos indo pra última etapa antes da subida ao palco. E eu estimei umas metas para a semana que, até onde eu acho, não serão atingidas até amanhã. Aí eu entrei em pânico e o Rodrigo me trouxe até aqui.

Rodrigo olhava para Mateus, que olhava para Luísa, que olhava para Rodrigo. Todos sorriram ao mesmo tempo. Luísa se levantou para se servir de mais água e, no caminho, foi dizendo:

– Sabe, meninos... Quando abri a CSA, eu não entendia nada sobre metas, fluxo financeiro, equipe comercial, motivação ou estratégia, e tudo isso vocês já sabem. Pra dizer a verdade, naquela época quase ninguém falava sobre empreendedorismo. Esse esquema de acelerar, de escalar, nada disso existia – isso tudo é um vocabulário muito novo. Só que existiam correspondentes disso que vocês fazem e precisam fazer hoje em dia. Muitas das coisas que hoje vocês fazem, nós também fazíamos no passado. Só mudou o nome. Mas tem algumas novidades que são muito boas, que facilitam muito o processo de empreender. Por exemplo, essa ideia de ir testar o mercado, a dor de mercado, sem mesmo precisar de já ter o produto produzido e embalado, é um atalho para que o produto seja oferecido justamente como o cliente procura.

Isso diminui muito os riscos e, principalmente, os custos iniciais, que sempre foram uma grande barreira de entrada para novos empreendedores. O baixo investimento e a aversão ao risco, tão típicos do povo brasileiro, não favorecem o surgimento de empreendedores. Mas a mudança na metodologia é, sem dúvida, um passo que diminui muito essa barreira. É mais ou menos como um antigo cineasta brasileiro, o Glauber Rocha, falava: "Uma ideia na cabeça e uma câmera na mão". Uma coisa não funciona sem a outra. É muito bom ter ideias, mas tanto eu quanto você, Mateus, sabemos da importância de executar a ideia, de colocá-la pra funcionar.

Ele concordava sem parar. Luísa finalmente olhou o relógio e chamou a secretária, batendo no vidro da sala que dava para a recepção. Pediu que providenciasse o carro e ajeitasse tudo na mesa dela para dali a um tempinho. É que talvez a conversa pudesse atrasar um pouco mais o próximo compromisso dela. Parecendo mais calma depois disso, retornou:

– Sabe, Mateus, para que essa empresa fosse construída, para que a minha ideia se transformasse em realidade, eu tive que superar muitos desafios pessoais, familiares e principalmente profissionais. Eu tive que correr atrás de muitos outros conhecimentos que eu julgava serem mais importantes do que aqueles que aprendi no meu curso. Pra vocês terem uma ideia, eu fiz o plano de negócios da CSA enquanto ainda estava na faculdade! Era tudo um universo muito estranho pra mim. Quer dizer, empreender era um grande desafio para mim, mas tinha algo dentro de mim que me dizia que eu conseguiria. E consegui. Acho que até mais do que eu imaginava, mas fato é que eu consegui.

A concordância ali era geral. Rodrigo e Mateus pareciam estar hipnotizados por aquele relato. Vibrante é uma boa palavra para resumir o momento. E ela prosseguia:

– Tenho certeza que, se na minha época existisse tudo isso que existe hoje, como programa de ideação, pré-aceleração, aceleração e até mesmo pós-aceleração, etc., tudo isso seria muito mais fácil. Pra vocês entenderem melhor, só de reduzir o investimento inicial e possibilitar a criação de protótipos para serem validados, o processo para empreender se torna, além de sedutor, muito mais possível.

Mateus estava muito impressionado com Luísa. Mesmo sendo uma empreendedora das antigas, ela sabia de cor e salteado todo o vocabulário presente no ecossistema empreendedor. Não foi à toa que, desde o início do Design Thinking, Luísa se matriculou em um curso para entender tudo a respeito daquela novidade. Depois, se tornou executora dessa metodologia dentro da sua própria empresa, incentivou o intraempreendedorismo e obteve vantagens por esse processo. A empresa se tornou mais ágil, seus processos se flexibilizaram, a carteira de clientes passou a ser tratada de forma segmentada, oferecendo propostas diversas através de diversas linhas de pagamento, de contato, de recebimento de insumos e de produtos acabados. A empresa de Luísa mostrou capacidade de adaptação a diferentes cenários, conseguiu angariar o mercado internacional e, naquele momento, se estabelecia como um dos dez maiores players mundiais no segmento em que atua – que, diga-se de passagem, contempla um extenso portfólio que torna o ambiente de negócios cada vez mais complexo. Luísa passou por tudo isso com o agravante de ter estabelecido metas, por vezes, muito mais ambiciosas do que poderia supor.

– Esse é o meu combustível. A diferença é que, hoje, já sei lidar com as metas de tal forma que prefiro o crescimento orientado ao planejamento ilusório, que tem mais armadilhas do que a gente pode imaginar.

Ao terminar essa frase, Luísa se levantou, pediu desculpas por ter que deixá-los e ressaltou que já tinha assumido um compromisso. Antes que os dois pudessem dizer qualquer tipo de agradecimento, ela segurou na mão de Mateus e depois na mão de Rodrigo, pontuando:

– Mateus, como empreendedor, você deve saber corrigir as suas metas e não cair nos mesmos erros que eu já caí. Aprenda desse jeito. Se não der certo, tudo bem; não se leve tanto a sério assim. Refaça suas contas, reexamine seus cálculos, tenha mais humildade na hora de estabelecer suas metas. Aprenda a conquistar um mercado, mas jamais tente fazer isso sem um bom planejamento.

Ele parecia um daqueles cachorrinhos que enfeitavam as traseiras dos carros: só balançava a cabeça pra cima e pra baixo, fazendo um sinal de afirmativo.

– Mas o mais importante, Mateus, aprenda a errar. Permita-se chegar ao erro. É nele que conseguimos fazer com que todo o nosso propósito, toda a nossa ideia, ganhe vitalidade e valor. Daí pra frente é só viver a vida, tá certo?

– Sim, com certeza, Luísa! – Ela, sorridente e educada, ainda se deu à gentileza de puxar a porta de vidro para os dois, agradecendo e se despedindo.

Muitas recomendações para Rodrigo. Mateus tremia por dentro. Tinha recebido um choque de energia, de força de vontade, de crença no erro e no possível pós-erro. Não conseguiu nem se despedir da secretária. Ainda no meio do caminho, Luísa o chamou:

– E não se esqueça Mateus: não é você que deve ser escravo da meta. É ela que deve trabalhar pra você.

– Sim, sim. Com certeza, Luísa. Obrigado novamente!

Já dentro do elevador, disse para Rodrigo:

– Eu tenho que te agradecer duplamente, cara.

– Ué, por que duplamente, Mateus?

– Primeiro por ter me apresentado sua tia. Ela é uma figura muito inspiradora e interessante mesmo. Eu achava que esse tipo de negócio nunca teria nada de inovação, mas estava errado. Mesmo sendo uma empresa de um setor bastante tradicional, em que os grandes avanços ocorrem basicamente no âmbito de tecnologia do processo produtivo e nos demais processos, sua tia conseguiu inovar no segmento de mercado e nas propostas de valor. Ela soube reinventar o negócio cerealista pra ter muito mais sucesso hoje. Conhecer essa pessoa, essa empresa, essa história, é um movimento que me coloca nos eixos novamente. Percebemos o quão pequenos ainda somos e tudo o que ainda temos que fazer pela frente. Isso é muito bom, é um gás novo que dá na gente. É uma energia que se renova. Obrigado por isso, cara! Você acertou de novo, você sacou a minha tensão e me deu o remédio certo. Obrigado mesmo, Digão.

– Que que é isso, cara? Precisa agradecer não, tá super de boa. Eu te trouxe até aqui porque saquei que você tava muito tenso com essa história de metas. Pra dizer a verdade, eu saquei a sua tensão desde a sexta-feira passada, quando você saiu da apresentação semanal e disse que tinha estabelecido a meta da próxima semana.

– Nossa, ficou tão óbvio assim?

– Sim, cara. Não sei se as outras pessoas perceberam, tipo o Luís. Só sei que eu percebi, e quando você voltou daquele auditório hoje mais cedo, depois da palestra, eu tive certeza que algo não estava indo muito bem. Aí juntei essas duas situações e me lembrei da minha tia Luísa, que é tipo uma celebridade nesse meio empreendedor. Ela ralou demais para chegar onde chegou, cara, e eu sabia que ela teria alguma coisa a dizer sobre esse negócio de meta, que tá te deixando tenso desde a semana passada. Tiro certo, né? Foi só perguntar que ela já foi respondendo tudo!

– E não ficou só na resposta não, Rodrigo. A sua tia é foda mesmo. Ela me mostrou um novo comportamento, me ensinou que existem outras alternativas e outra velocidade pra empreender. Eu tenho é que ouvir e entender a velocidade da SS'nH. Não preciso correr mais do que eu posso. Esse foi o verdadeiro ensinamento que a sua tia me deu hoje. Pra mim, isso foi o mais importante.

– Que bom, cara. Que bom que você gostou! Mas ainda tem uma coisa, Mateus.

– O que?

– Você disse que estava duplamente agradecido, mas até agora só falou um dos motivos. Qual é o outro?

– Ah, o outro?

– É. Diz aí.

– Preciso te agradecer porque ela não falou nada em inglês. E nem eu!

10 DESCOBERTAS

Tinha combinado a pizza com a família e com os amigos desde o dia em que a SS'nH foi selecionada para ir ao DemoDay. Avisou: se for pra comemorar, vai ter que ser pizza. Reservou uma mesona numa pizzaria bacana na mesma região onde seria o evento e prometeu que, se subisse ao palco, pagaria pizza para todos os seus convidados. Se ganhasse, pagaria a cerveja também. Estava pouco se fodendo para o dinheiro – ele tinha muita grana guardada na antiga caderneta de poupança que ganhou da madrinha, e fazer uma comemoração extravagante não ia furar o montante. Aliás, não ia fazer nem cosquinha. Foi por isso que se antecipou e já foi reservando as mesas no restaurante. Afinal, uma vitória em um programa de aceleração não poderia passar em branco. Tinha que ter comemoração.

Mas aquele cenário na pizzaria era mais insólito do que Mateus poderia ter imaginado. Estavam ali somente ele, o pai, a mãe, o irmão e Luís, que viu no convite uma ótima oportunidade de filar um rango grátis. Amargaram um quarto lugar sem direito nem à argumentação. Suas costas chegavam a arder de tantos tapinhas de consolo que recebeu depois do anúncio das startups que subiriam no palco. Ficou feliz pelos ganhadores, é claro. Conhecia todos os participantes do programa e suas respectivas ideias. Sabia, inclusive, que havia modelos de negócios bem mais interessantes e potentes que o dele, mas a esperança era a última coisa a desaparecer – e foi acreditando na possibilidade que Mateus fez tantas promessas. Ainda bem, pois assim seria mais fácil e barato cumprir o que fora prometido: pagar pelas pizzas. Mas aquele cenário era muito mais melancólico do que Mateus poderia supor. Além do mais, estar ali sentado, engolindo aqueles pedaços junto à sua família, parecia um pouco humilhante. Sabia que seu pai e sua mãe não fariam qualquer tipo de pergunta a respeito dos seus próximos passos, de como seria o futuro. Mesmo assim, sentia no fundo que lhes devia algum tipo de explicação. Por mais leve que fosse, havia um clima no ar.

Seus pais eram legais demais, sabiam respeitá-lo e o compreendiam como ninguém. Sempre apoiavam os filhos e, mais do que isso, sempre acreditavam neles. Com Mateus mais ainda: era o mais velho, o mais responsável, o mais despachado, o mais determinado. No fundo, apostavam que existia um plano B, que Mateus iria se virar. Mas não. Era a primeira vez que Mateus não possuía um plano B. Ainda não tinha contado a ninguém, mas ele não sabia dizer o que poderia fazer dali pra frente. Tinha largado a Truesound há tempos e nem sequer cogitava voltar pra lá. Aliás, nem cogitava voltar a ser empregado em qualquer empresa que fosse: sua veia empreendedora latejava, pulsava. Por um lado, sabia que fracassos eram esperados, e mais ainda, desejados. Várias e várias vezes tinha ouvido outros profissionais dizerem isso, inclusive associando a metodologia à expectativa de fracasso: quem ia bem era quem já tinha fracassado, de alguma maneira, ao longo do processo empreendedor. Isso fazia parte e era até louvado. Agora, ele já tinha uma bagagem na mão, já sabia o que fazer para não fracassar novamente, e isso era muito bom, muito valorizado. Já tinha visto diversos vídeos no YouTube louvando o fracasso e lido diversos livros de empreendedores em que o fracasso estava presente, além de, é claro, ter assistido a palestras de outros empreendedores que, se hoje experimentavam sucesso, é porque já tinham fracassado até mais de uma vez. Mas nada fazia com que aquele amargor na hora de mastigar se dissipasse. Mesmo familiarizado com o tema, tinha se espantado com a sensação. Percebeu, naquele encontro de família, a diferença entre as culturas do Vale do Silício e a cultura brasileira. Lá, fracasso era bom e esperado; aqui, ruim e equivocado – expunha suas feridas, suas vulnerabilidades, e ele definitivamente não curtia essa vibe. Sabia que, no fundo mesmo, ninguém sorriria para um fracassado, que seu pai e sua mãe jamais achariam bom ele não ter vencido o programa. Eles nem sabiam o que era startup até pouco tempo atrás! Jamais entenderiam que aquilo fazia parte do processo. Seu irmão menos ainda: alienado como só ele, não desgrudava os olhos da tela do celular. Ou estava jogando algum joguinho imbecil ou assistindo a algum youtuber tão imbecil quanto ele.

Já Luís, embora não fosse alienado, vivia de forma tão particular que não teria visto valor naquilo nem se tivessem ganhado. Provavelmente, lamentaria apenas ter perdido algumas cervejas de graça, mas para ele já estava de bom tamanho ter comido pizza de graça. Não se importava com muita coisa. Àquela altura, até George já devia estar sabendo do resultado. Como ele encararia os seus anjos? O que diria para eles? Será que ficariam putos ou entenderiam? Eles também já viram algumas de suas ideias afundando, e por isso talvez encarassem com maior naturalidade. Pelo menos era assim que Mateus pensava, que desejava. Mas o que ele tinha em mente era um horizonte muito nebuloso e incerto. Achava-se incapaz de prever qualquer reação, de qualquer pessoa que fosse. Seus medos e seus anseios pouco supridos faziam com que fosse impossível ver o dia de amanhã. O que seria da sua vida, da sua carreira, da sua startup? E dos seus amigos, das pessoas que conheceu durante toda a trajetória, durante todo o programa? Como os encararia dali pra frente? O que diria para eles? Como ficaria o seu espaço lá na BIG? Tudo, totalmente tudo o afligia durante aquele jantar.

A ficha começou a cair naquele momento. Enquanto ainda estava no auditório, em meio a todas as demais comemorações dos que ganharam, não tivera tempo para pensar sobre o futuro. Agora tinha. Já afastado de tudo e de todos, começava a refletir, a divagar, mas nada lhe vinha à mente – e aquela angústia o consumia. Queria não estar mais ali, mas tampouco imaginava onde poderia ir para se sentir mais confortável. Ficou aliviado em ver que todos estavam acabando de comer e, sem muita cerimônia, perguntou se podia fechar a conta. Pouco depois, já estavam saindo. Não queria a companhia de ninguém, mas sem ninguém não saberia o que fazer. Despediu-se de Luís com um "valeu, velho" emendado por um "a gente se fala em breve" e foi para o carro com a família. Em nada pôde contribuir para a conversa sobre o sabor da pizza, sobre o atendimento e muito menos sobre o preço, tão comentado pelos pais. Estava absorto em seu mundinho, em seu universo paralelo, tentando ver algum horizonte, alguma perspectiva, mas nada lhe surgia à mente. Por outro lado, seu silêncio e sua alienação quanto ao que se passava ao redor foram facilmente captados pelos seus pais. Apesar de sua mãe encorajá-lo em algumas ocasiões, Mateus se mantinha evasivo. Não ouvia suas tentativas e nem as respondia. O pai fez sinal para que a esposa parasse, e ela seguiu o conselho. O silêncio se manteve até chegarem em casa e guardarem o carro. Só banalidades foram ditas, mas nem isso o garoto escutava. Só queria ir para o seu quarto e deitar na sua cama, fechar os olhos e esperar o sono chegar. E foi isso que fez.

Estava claro que sua mãe ainda queria puxar uma conversa, consolá-lo que fosse, mas sua mudez era tanta que ela não conseguiu alcançá-lo. Mesmo com o coração partido, deixou o filho ir para o quarto. Chegando lá, Mateus trocou de roupa e quis desabar na cama, mas não sem antes colocar a parafernália tecnológica para carregar. Foi nesse momento que ele se deu conta de que o seu celular mostrava diversas mensagens não lidas no WhatsApp. Correu a tela e viu que George havia lhe enviado algumas, e Leo também. Não sabia se lia ou não. Pensou que talvez fosse melhor deixar tudo pra amanhã, pois estava com zero inspiração para conversar com quem quer que fosse sobre qualquer tipo de assunto.

Enquanto escovava os dentes, ficou matutando se lia ou deixava para ler as mensagens depois, num momento em que estivesse mais disposto. Mas, pensando melhor, decidiu ver as mensagens ainda naquela noite, pois poderia acordar mais desanimado ainda no dia seguinte. Voltando-se para o quarto, pegou o celular e clicou nas mensagens de George:

> *George:* Oi, Mateus. Conversei agora há pouco com o Leo e ele me contou do resultado. Parabéns!!! Resultado excepcional!!
> Espero que você esteja comemorando muito por aí.
> Tô te mandando o link de um vídeo aqui, acho que você vai entender muito e vai inclusive se identificar.
> Grande abraço, depois nos falamos.

Mateus não entendeu nada. George estava parabenizando-o pela derrota? Definitivamente, ele era o único a fazer aquilo. Mateus não conseguia compreender. Abriu o notebook e foi ver o que o amigo tinha enviado. Era um vídeo um pouco longo, com uns trinta minutos de duração. O nome lhe chamou a atenção: *Porque eu me tornei empreendedor e isso foi a melhor coisa que eu fiz na minha vida*. Não estava muito bem editado, mas também não era um vídeo caseiro. Começava com alguns dados de pessoas que empreendem e comparava com a quantidade de startups que surgia ano após ano. "Se for mais um desses vídeos de empreendedores fracassados, eu vou dar pause e só fingir que vi até o final", ele pensou. Logo depois desses dados apresentados, porém, começaram a surgir uma porção de cenas de pessoas se divertindo e uma pergunta ao final: o que você está fazendo para ser feliz hoje? Aí apareciam pessoas pulando de paraquedas, pessoas na praia, pessoas mergulhando, outras pessoas em algum tipo de balada e mais uma porção de outros momentos cheios de pessoas sorridentes. A cena acabou e apareceu um cara dizendo que, para se sentir feliz, ele empreendia. O cara se chamava Leandro alguma coisa, e a ideia dele era bastante criativa e disruptiva. Ele explicou: tratava-se de um negócio ligado à Internet das Coisas – ou IoT, como ele mesmo designava. O sujeito ficava georreferenciado no aplicativo, programando tudo o que ele precisava fazer em casa ou no escritório, e tudo se ajustava às preferências que ele tinha estabelecido: temperatura do ar-condicionado, café quentinho na cafeteira, torradas saindo da torradeira justamente quando ele quisesse, computador ligado, janelas abertas, pauta do dia lida pelo bluetooth. Além de tudo isso, podia programar as contas, as compras, os pagamentos e toda sorte de compromissos que quisesse.

Leandro basicamente explicava que, em termos de programação, era uma coisa relativamente fácil e até mesmo replicável. Apresentava estatísticas de mercado, estratégias go to market, posicionamento estratégico, propostas de valor e até mesmo uma estratégia de saída – ou seja, a maneira como o investimento realizado daria retorno depois de algum tempo. Ele tinha uma equipe bem capacitada e, pelo que dizia no vídeo, bem alinhada e estimulada. Contou então que, com essa ideia, foi participar de um programa de aceleração muito famoso e concorrido. Entraram de cara. A proposta era bastante boa, a equipe muito capacitada; havia a possibilidade de escalar o negócio de forma rápida e clara.

De maneira bem breve e eloquente, Leandro descrevia todas as etapas do processo de aceleração e tudo o que eles tinham realizado. No fundo, era tudo muito parecido com o processo pelo qual a SS'nH tinha passado. Ele falava da pressão que sentia, das apresentações intermediárias, das pivotagens, das metas arriscadas, dos esforços da equipe. Na tela, apareciam imagens de todas essas atividades. Sempre comemorando, Leandro e os colegas estavam até fisicamente mudados no decorrer daquelas imagens: antes, mais fortinhos e morenos; ao final, um pouco mais magros e pálidos, mas todos sempre com sorrisos estampados no rosto. Era como se estivessem mostrando uma vitória por uma superação e, por trás, sua voz transparecia as emoções de toda essa trajetória. Terminava com um vídeo da equipe comemorando a conquista do primeiro lugar, em cima de um palco, com uma chuva de papel picado. Por alguns instantes, Mateus se imaginou naquela cena, naquela noite.

– Puta que pariu! O George tinha que me mandar esse vídeo logo hoje? Pra que que eu fui abrir essa merda?

Mateus nem prestou atenção no que a voz em off de Leandro dizia enquanto passava o vídeo, mas certamente era algo relacionado à felicidade que ele e a equipe sentiram quando souberam que tinham vencido a competição. Depois, veio uma edição de vídeos tipo depoimento, que mostrava diversas pessoas contando o tanto que aquela potencial candidata a startup era sangue nos olhos, faca na caveira, como aquela ideia estava bem tratada e preparada para ir para o mercado, redondinha. Então Leandro voltava à tela de novo e continuava a falar. Ganharam coworking, mentorias, apoio na divulgação, acesso facilitado a editais, a investidores e ainda a possibilidade de, ao vencer a etapa nacional, ir para os Estados Unidos disputar a final mundial. Sonhos, sonhos e sonhos. Tais como aqueles que Mateus também tivera.

Leandro começou a contar então que tudo ia bem na teoria, mas na prática mesmo, até os primeiros seis meses após a vitória, ainda não tinham conseguido muito mais do que dois quintos das vendas planejadas. O mercado adorava a ideia e via diversos benefícios na solução apresentada: era contemporânea, era tecnológica, era prática, era amigável e estava com boa assistência de backoffice, mas começava a fraquejar no frontoffice – ou seja, no contato com os clientes. Custaram a perceber esse erro. A experiência do usuário – ou User Experience, ou U/X – não estava muito bem alinhada quanto aos processos internos. A equipe não soube abordar corretamente o usuário. Foi somente a partir de um dado percebido no oitavo mês, e mesmo assim por meio de um depoimento de um possível cliente em uma rede social, de forma bem aleatória mesmo, é que eles notaram que a empresa de divulgação não tinha dado o treinamento adequado para o pessoal de telemarketing, muito menos disparado as peças digitais para o banco de dados correspondente. Um erro causado, talvez, por decisões que ele tinha tomado: mudar todo o contrato com a empresa inicialmente designada e encarregar outra. Não tiveram pulso e nem tempo para fazer uma transição adequada.

Vendo metas muito abaixo do esperado, os investidores já tinham se afastado. Além disso, o custo da alteração se mostrou demasiado elevado para coordenar, em tão pouco tempo, tantas informações para o pessoal de telemarketing absorver. Começaram a perder clientes. A crise se infiltrou para a equipe: uns diziam que não deveriam ter colocado o front na mão de uma startup, outros replicaram que o caixa se esvaziara muito rapidamente com a mudança de agência. Pareciam desacreditar que a recém-criada empresa pudesse voltar a crescer. E foi, de fato, o que ocorreu. Investidores e funcionários começaram a ver a alternativa de "pular fora enquanto ainda é tempo" como o melhor caminho a seguir. Não demorou nem doze meses para que o primeiro integrante saísse e, logo em seguida, o segundo. Ficaram somente Leandro, o irmão dele e o cara que comandava todo o backoffice.

Mateus se espantou com a frieza com que Leandro relatava toda essa história. Naquele momento da narrativa não apareciam muitas fotos. No final das contas, Leandro e sua nova equipe estavam mantendo o negócio até os dias atuais, mas a atividade da empresa se resumia, praticamente, à assistência que precisavam dar para os poucos clientes que adquiriram a tão sonhada solução, que dava à vida um ar mais futurista. Leandro ria da situação no vídeo. Mateus não via graça nenhuma em nada daquilo, mas sabia que em breve ele começaria a mostrar a moral da história.

E foi como mágica. Voltou à tela um Leandro mais sério, bem vestido, em um cenário um pouco mais intimista, palestrando sobre o quanto ele aprendeu com aquela trajetória. Começou a mostrar tudo o que o fortaleceu nesse processo. Apresentava fotos de outros momentos, captados aleatoriamente, que mostravam o outro lado daquela experiência. Mostrava o tanto que ele tinha aprendido, o tanto de pessoas que ele havia conhecido, as conexões que estabelecera e que geraram nele inspirações para que empreendesse cada vez mais. Tanto é que, seis meses após quase fechar as portas, já havia entrado em contato com outras pessoas que estavam interessadas em estabelecer interfaces de seus negócios, utilizando uma parte da solução computacional que ele possuía. O fato é que Leandro se associou a outras duas startups, e esses novos negócios já estavam bem tracionados e até mesmo começando a escalar. Passava, então, a associar todo o sucesso à vivência e à experiência boa e ruim que tivera, desde que fora selecionado até chegar à completa falência de uma ideia que venceu um programa de aceleração tão importante como aquele.

Nem precisava dizer: eles não chegaram a concorrer àquela de nível nacional. Leandro se autoquestionava. Já chegando ao final, ele se voltou descaradamente para uma linha mais inspiracional, falando sobre a importância do processo e não somente dos resultados. Falou também sobre como erros são capazes de gerar bons aprendizados, como podemos absorver somente uma frase dita em uma palestra de uma hora de duração, e como, às vezes, é justamente essa frase a mais importante que você ouviu naquele dia. Ele não parecia ter a pretensão de ser um doutrinador, mas, naquele dia e depois daquele ocorrido, Mateus estava muito vulnerável. Talvez pela linguagem tão descontraída e direta, ele se deixou levar pelo conteúdo.

Deu pause no vídeo, fechou os olhos e começou a lembrar de diversas cenas, tão alegremente vivenciadas por ele e por todos da equipe no decorrer de todo o processo de aceleração. Um breve raio cruzou os dois lados do seu cérebro. Abriu os olhos e abriu seu Instagram. Começou a fuçar o perfil de Luís, de Rodrigo, do programa de aceleração, e dali foi migrando para vários outros que conhecera no decorrer do programa. Abriu um editor de texto e começou a conferir a foto e a escrever, ao lado, o nome da pessoa, da empresa e o cargo do selecionado. De todas as dicas que Leandro acabara de lhe dar, essa foi a primeira que Mateus resolveu adotar. Os contatos de fato poderiam ser muito bons, mas ele não se lembraria de todos se estivesse somente com o cartão de visitas em mãos. Preferiu stalkear pelas redes sociais para ir atrás das pessoas certas quando fosse necessário novamente. A fagulha empreendedora voltava a acender novamente, e Mateus gostava disso. Passou para outras redes sociais e foi stalkeando todos que julgava importantes para colocar em prática outras ideias que pudesse surgir dali em diante.

Assim como Leandro o inspirou, parecia acreditar agora que outras oportunidades iam surgir, e ele deveria estar preparado para agarrá-las. Por isso, achou importante fazer a tal lista desde já. Em pouco tempo, conseguiu preencher umas cinco páginas de planilhas com os dados mais importantes das pessoas que julgava serem as mais influentes para futuras oportunidades.

Resolveu voltar para o vídeo – ainda faltavam mais uns dois minutos com Leandro. Apesar de parecer meio previsível, nesse curto espaço de tempo Mateus o ouviu falar sobre um termo que lhe pareceu bastante curioso: *zeitgeist.* O espírito do tempo, numa tradução livre. Leandro terminou insistindo que uma boa ideia só poderia ser mesmo boa se tivesse *zeitgeist.* Se a hipótese de que às vezes precisamos assistir a uma hora de palestra para ouvirmos talvez uma só frase que fizesse sentido fosse verdade, para Mateus essa frase havia sido a definição do que é *zeitgeist.* Ele certamente nunca tinha ouvido aquilo em contexto nenhum. Foi dar uma busca na Wikipédia e, em seguida, uma navegada em sites que julgava serem relevantes sobre o tema. De cara, descobriu o que a palavra significava: espírito do tempo, alguma coisa relacionada a entender o contexto e a compreender a própria época, fator fundamental para que boas ideias pudessem encontrar o mercado. Ele foi para outros sites e viu como essa conexão entre a percepção da época e de todo o contexto que o indivíduo vive atualmente é importante para pensar em pequenas melhorias e encontrar chances para empreender. Ao ver sob esse prisma contextual todo o cenário onde a humanidade vive, também é possível imaginar soluções mais avançadas para que os indivíduos se desenvolvam mais ou, pelo menos, resolvam algum tipo de questão que os aflige atualmente. Viu muitos autores e empreendedores utilizando esse termo tanto para expressar o fracasso de suas ideias quanto para mostrar o sucesso de seus empreendimentos.

Resolveu prestar mais atenção nesses pontos de vista. Notou que nem sempre eram as melhores ideias, transformadas em startups, que conquistavam o mercado. Elas não tinham muito *zeitgeist*, ou seja, podiam ser ideias fenomenais, mas o mercado ainda não estava preparado para absorvê-las. Mateus se lembrou da curva de composição de crescimento de mercado, conceito que aprendera em uma palestra logo no início do programa de aceleração. A curva de composição era aquela que tinha os early adopters até chegar aos laggards, os últimos clientes a se renderem aos produtos. Ele notou que algumas das ideias, apesar de serem soluções maravilhosas, não engrenavam por ainda estarem muito à frente de seu tempo. Não tinham *zeitgeist*. Mateus se lembrou do vídeo de Leandro – era justamente aquilo que ele havia dito. Determinado, foi procurar mais vídeos sobre o assunto. Percebeu que o termo era utilizado em muitas outras áreas, para além do universo empreendedor: filosofia, sociologia, psicologia, relações internacionais e até mesmo o mundo dos negócios, é claro. Digitou o termo "*zeitgeist*", seguido de "empreendedorismo" e "startup", e o resultado ficou ainda mais afinado com o que ele buscava. Não havia muitos vídeos, então resolveu ver alguns. A casa já estava silenciosa. Levantou-se, procurou os fones e, depois de plugá-los nas orelhas, aumentou o volume, ajeitou o travesseiro na cama e deu o play. Uma vez que o tema se associava ao mundo empreendedor, assistiu palestras, depoimentos de empreendedores e de mentores, principalmente professores. Todos falavam sobre a importância de se ter *zeitgeist*, fosse para desenvolver negócios incrementais, fosse para os disruptivos. Eram vídeos curtos, em sua maioria, e não falavam muito sobre o termo propriamente dito, só destacavam a relevância de se ter *zeitgeist* para empreender.

Mas um vídeo chamou a atenção de Mateus por ser bem maior do que os demais. Quando o assistiu, percebeu que o espírito do tempo era praticamente um mantra para quem desejava empreender. O mais estranho de tudo é que ele nunca tinha ouvido falar sobre esse assunto. É bem certo que tudo ainda estava muito recente na sua cabeça, mas mesmo assim não achou que a SS'nH não tivesse *zeitgeist*. Para ele, a SS'nH resolvia um problema real, verdadeiro, que ele mesmo havia diagnosticado há algum tempo atrás, e que, portanto, tinha sim uma leitura bem adequada do momento pelo qual aquele mercado passava. O ponto positivo é que aquele vídeo fez com que Mateus refletisse um pouco mais. A questão que surgiu à sua mente foi só uma: será que a solução proposta pela SS'nH é uma solução que realmente está afetando o mercado? Será que o problema diagnosticado não foi supervalorizado pelo empreendedor ou pelo sonho de empreender? Na área do esporte, na área da saúde e na área do que se denomina qualidade de vida há tantas outras questões a serem resolvidas, há tantos problemas maiores, mais abrangentes, mais profundos que precisam de solução, que de fato não seria um matchmaker de jogadores e espaços para praticar esportes que resolveria tudo. De repente, Mateus sacou que a sua ideia não tinha *zeitgeist*. Mesmo aquele tendo sido um dia estafante em diversos aspectos, Mateus parecia ter ficado mais ligado do que nunca. "*Zeitgeist*", ruminou a palavra entre os dentes, "A gente não teve *zeitgeist*".

Deu pause no vídeo. Precisava pensar, raciocinar melhor. Tirou os fones, encostou-se na cama e ficou mirando um ponto no infinito, no branco da parede do seu quarto. Como se todo o programa de aceleração começasse a passar em forma de frames na sua cabeça, começou a se lembrar de vários momentos que o *zeitgeist* lhe surgiu à mente, mas ele não percebeu. Lembrou-se de alguns poucos jogadores, esportistas ou somente aqueles aficionados por uma pelada que, quando foram entrevistados, perguntavam sobre o porquê daquela ideia. Agora, à distância, Mateus notava que aquelas perguntas retratavam a completa falta de *zeitgeist*. Ora, se alguém lhe perguntasse por que você está se vestindo tão elegantemente para uma festa tão fuleira, deve ser porque você provavelmente não captou o contexto em que a festa ocorrerá. Negar essa dica pode fazer com que você pague um mico muito grande, principalmente se insistir na elegância. Sentia a mesma coisa quando se lembrou dos questionamentos de alguns entrevistados, de possíveis clientes que procurou e até mesmo de alguns amigos. Forçando mais a memória, reviveu o momento em que um mentor lhe perguntou sobre a validade da ideia da SS'nH. Mateus respondeu falando sobre a validação da ideia, mas o mentor o interrompeu e repetiu a pergunta. Frisou que validação e validade eram coisas distintas, apesar de serem complementares. Naquela mentoria, o professor não disse a palavra *zeitgeist*, mas o que ele queria saber era se a SS'nH tinha ou não tinha *zeitgeist*. Somente agora a ficha tinha caído. Mateus se lembrava da cara de desconsolado do mentor ao perceber que Mateus não tinha entendido a diferença e, por isso, ainda falava sobre validação.

Tudo isso lhe ocorria enquanto mirava aquele vazio branco ao seu redor. Despertado de suas lembranças por um barulho qualquer vindo da vizinhança, Mateus se deu conta de que as coisas começavam a fazer sentido. Lampejos de raciocínio misturados a cenas que vivera começavam a se misturar na sua cabeça. Percebeu que sua ideia tinha, sim, sido muito bem avaliada por vários entrevistados, mas por mais que aqueles problemas de validação tivessem existido, por mais que ele não tivesse alcançado o patamar de respostas necessárias, o que a SS'nH não tinha mesmo era o tal do *zeitgeist* – e Mateus não tinha dado importância para isso. A questão, portanto, era que, apesar de aquela ser uma solução de valor, talvez ninguém – ou quase ninguém – estivesse interessado nela. De forma geral, aquele era o menor dos problemas que poderiam ser resolvidos na vida dos que praticam ou dos que gostariam de praticar esportes em grupo.

Mateus voltou seu olhar para a tela e, sentindo-se frustrado, correu o dedo pelo cursor e o levou ao canto superior direito, minimizando a tela. Queria ver de novo o vídeo enviado por George. Procurou pelo momento em que Leandro admitia que sua ideia não tinha *zeitgeist*. Ao rever aquela cena e a argumentação, sacou imediatamente que o *zeitgeist* pode ser analisado sob vários aspectos, seja pela ideia estar à frente de seu próprio tempo, seja porque a ideia não está adequadamente ligada ao contexto em que se encontra o problema. Era como se o primeiro argumento estivesse ligado a Leandro e o segundo, a ele mesmo. Talvez uma fosse disruptiva demais e a outra, incremental de menos. Estava claro que ambas tinham propostas de valor – e mais: propostas de valor muito significativas, bem valorizadas pelas pessoas de forma geral. Afinal de contas, quem é que não gosta de uma solução para os seus problemas? O ponto era: será que as pessoas realmente gostariam de resolver tais problemas? Para Mateus, em suas divagações, a resposta era a seguinte: no caso de Leandro, o problema em si ainda não existia.

Se existisse, talvez as pessoas pudessem querer realmente resolvê-lo. Mas não. Ele melhoraria a vida das pessoas, fornecendo conforto e praticidade, principalmente para as pessoas mais ricas, mais ávidas por uma vida diferente do que a dos meros mortais. Já a ideia de Mateus implicava em um problema tão microscópico que talvez nem fosse necessário tentar solucioná-lo. Não tinha absorvido o espírito do tempo que tanto se avizinhava, ou pelo menos era isso que ele achava.

Tudo fazia tanto sentido naquele instante que Mateus se permitiu voltar para os links favoritados, que uniam um sem-número de vídeos com apresentações, filmagens e fotos de cartões de visita, recebidos quando estava no programa. Dentre seus arquivos, ele mantinha um em especial, no qual listava o nome da startup, o site dela e o contato do empreendedor. Em algumas daquelas linhas, ainda constava o local em que Mateus se encontrou ou fez contato com aquele empreendedor. Eram poucos.

Clicou aleatoriamente em uma meia dúzia daqueles links e viu que alguns não estavam mais no ar, outros, sim. Começou a julgá-los agora sob o prisma de um novo indicador que criara: nível de *zeitgeist*. Para entender mais sobre a sua percepção, passou a classificá-los. Este, nota três; aquele, nota quatro. Nem chegou ao nível sete, em sua percepção. Voltou-se para o WhatsApp e enviou uma mensagem para George:

> *Mateus:* Oi, George. Obrigado. Que bom que ficou satisfeito! Temos que pensar nos próximos passos, né!?

Deixou o celular de lado, tirou o notebook do colo, desfez seu estilo índio de sentar e foi beber alguma coisa na cozinha. Mal voltava ao quarto e já ouvia o ringtone de uma mensagem chegando:

> *George:* Oi, Mateus, tô aqui. Temos que pensar sim. Vamos marcar um Skype para os próximos dias?

> *Mateus:* Com certeza, vamos marcar sim! Aliás, obrigado pelo vídeo. Você nem imagina como eu estou pilhado aqui com as coisas que já me passaram pela cabeça depois que eu assisti.

> *George:* É mesmo? ☺ ☺ Que bom, Mateus. Fico satisfeito em te ver assim tão pilhado. Tem que ser assim mesmo cara! Astral lá em cima. Não deixe a bola cair, não!

Mateus: Pois é, cara. Em alguns momentos eu achei que não ia conseguir superar toda essa situação. Querendo ou não, é meio frustrante, né?

George: Ah, cara, que ganhar é bem melhor do que perder, nisso você tem razão. Mas já parou para pensar que os momentos de oportunidade são bem mais raros do que os de fracasso?

Mateus: Sim, sim, cara. Entendo demais o que você está dizendo.

George: Pois é. O que eu queria que você sacasse depois de assistir ao vídeo era justamente isso. Que você visse que o mais importante é que, agora, você se lembra muito mais do que aconteceu pra você chegar até aqui do que onde você chegou de fato.

Mateus: Saquei, George. É aquele esquema de que o processo é mais importante do que o resultado, né?

George: Sim, cara. É isso mesmo.

Mateus: Pois então, o que rolou foi que, depois de assistir aquele vídeo, algumas fichas começaram a cair por aqui. O tal de Leandro falou sobre um tal de *zeitgeist* e eu fui procurar sobre o que se tratava. Daí fui lendo e assistindo a muitas coisas sobre o termo, sobre como isso é importante para o mundo dos negócios.

George: Sim, saquei. Mas e aí?

Mateus: Não vou entrar em detalhes agora, mas eu tô achando que a SS'nH não venceu o programa porque ela não tem muito *zeitgeist*. Eu acho que forcei muito a barra pra fazer a SS'nH dar certo a qualquer custo. Sei lá, acho que considerei alguns aspectos muito mais do que eles deveriam ser considerados.

George: Sério, cara? Você pensou nisso tudo agora?

Mateus: Pensei sim... Por que?

George: Não, por nada... É que eu achei que as suas fichas fossem demorar um pouco mais para cair. Só isso.

Mateus: Não, cara. Você não sabe o tanto que eu tava mal por não ter subido no palco.

George: Mas isso é o de menos, Mateus.

Mateus: Sim, eu sei disso. Mas sempre pinta uma frustração, né? Só que o vídeo que você me mandou aqui foi muito mais relevante do que tudo o que ouvi essa noite.

George: Imagino, cara. Nessas horas sempre rola um esquema meio de consolação, né?

Mateus: Sim, sim. E acho que esse tipo de atitude piora mais a situação do que melhora.

George: Pois é, eu também acho. É foda, né?

Mateus: Foda demais. Mas o que eu tava te dizendo é que o esquema do vídeo do Leandro me acionou pra muitas coisas que eu acho que posso fazer daqui pra frente.

George: Sério? Que bom, cara!

Mateus: Sim. Já fiz uma porção de coisas por aqui, seguindo as sugestões que o cara passou. Comecei a analisar o cadastro que eu montei com os contatos, tô fazendo umas planilhas sobre o que foi desenvolvido durante o programa, enfim, tô bem louco aqui!

George: Você deve estar a mil!

Mateus: Sim, por aí! 🙂

George: Que bom, cara!!

Mateus: Pois é, George. Vou aproveitar que você tá por aqui também e vou te pedir um favor.

George: Manda ver, tô de boa por aqui.

Mateus: Vou te mandar uma lista com alguns links de startups pra você avaliar de acordo com um indicador que eu criei. Eu o chamei de indicador *zeitgeist*, e como o nome já diz, o objetivo é analisar o nível de *zeitgeist* que a startup possui, de acordo com a sua percepção, ok?

George: Sim, tô entendendo.

Mateus: Aí é o seguinte: numa escala de um a dez, você vai avaliar qual é o nível de correspondência que o modelo de negócio tem com o *zeitgeist*, sendo um o menor nível e dez o maior.

George: Saquei, cara. Pode mandar a planilha.

Mateus: Tá, peraí rapidinho.

Passados alguns segundos, a lista chegou para George. Mateus aproveitou para dar uma fuçadinha no Instagram do programa para se certificar de que não estava se esquecendo de nenhuma startup. Vendo as fotos das comemorações, o que mais o chamou a atenção foi a quantidade de hashtags – era realmente, algo além da conta. Mas não dava pra esperar menos de um programa com tantas equipes, mentores, investidores, professores apoiadores, patrocinadores e mais um mundaréu de interessados no assunto, que aumentava cada vez mais a quantidade de postagens. Ficou ali vendo as fotos da final e seus olhos se encheram de água. "Deve ter sido muito bom", pensou. No meio dessa viagem toda, recebeu a resposta de George. Hesitando, Mateus ainda demorou um pouco para vê-la.

Foi para o notebook abrir a pequena planilha com o nome das startups e o número correspondente do indicador *zeitgeist* recém-criado. Quanto maior a nota, mais coerente com o espírito do momento a ideia estaria e, segundo Mateus, mais chances dela se transformar em um empreendimento inovador. Suas mãos suavam. Antes de abrir o anexo, entrou no WhatsApp e leu a última mensagem de George:

George: Enviado. Vamos marcar ainda essa semana com o Leo, pode ser?

Mateus: Sim, vamos.

George: O que me diz de ser na sexta às dez da manhã?

Mateus: Por mim, ok.

George: Mas dez da manhã aí no Brasil, ok?

Mateus: Sim, claro. Por que a pergunta?

George: Porque estou em Singapura.

Mateus: Singapura??

George: Sim. 🙂

Mateus: Putz, cara, foi mal! Não sabia que você tava aí, senão nem tinha te mandado mensagem!

George: De boa, Mateus. Aqui já está de manhã. Eu já tava acordado mesmo.

Mateus: Ok, então a gente marca. Você fala com o Leo?

George: Valeu, cara!

Mateus: Valeu! E obrigado novamente.

Alguns emojis de joinha depois, Mateus clicou para baixar o arquivo, ainda relutante. Quando finalmente o abriu, não acreditou em tamanha coincidência. Todas as marcações que ele tinha feito, todas as notas que ele atribuíra para as startups, foram exatamente as mesmas que George tinha atribuído. Se tivesse jogado na loteria, teria acertado todos os números. Dormiu feliz, apesar de tudo.

11 DESCARTES

A fila para confirmar a inscrição e pegar o crachá estava imensa. Também, pudera: o ciclo de palestras contava com empreendedores de renome nacional, de áreas bem distintas, e cada um iria apresentar sua visão do universo empreendedor. Por isso, tantas pessoas de tantos setores diferentes correram até a página e se inscreveram. Entre cumprimentos, às vezes calorosos e às vezes nem tanto, Mateus matutava sobre o porquê de esperar em uma fila para pegar um reles crachá. – já havia tecnologia o suficiente para baixar um código pelo celular e apontá-lo para o totem na entrada, liberando automaticamente a catraca. Era o que tinha visto isso num Snap que Luís lhe enviara, há umas duas semanas, de um evento que estava participando lá em Berkeley.

Quem diria! Luís estava em Berkeley, fazendo um curso de programação em um código supermoderno que havia acabado de ser lançado e prometia resolver muitas questões relativas ao comércio. "Logo o Luís!", Mateus pensava. Ele merecia: tinha sido um acadêmico muito aplicado e na prática, enquanto desenvolvedor, nem se fala. Tanto é que em termos operacionais e tecnológicos a SS'nH jamais tivera algum problema recorrente ou que não pudesse ser resolvido. Ele sempre estava disposto e disponível, apesar de quieto e caladão. Típico dos programadores. Mas agora, a inveja que Mateus sentia não era porque o amigo estava em Berkeley, mas sim porque ele não havia encarado quase nenhuma fila nos eventos em que participava.

Naquela fila interminável, Mateus andava miudinho até chegar à mesa das recepcionistas. Quando finalmente chegou sua vez, mostrou a tela do celular com a inscrição realizada, esperou que a moça conferisse e, tirando delicadamente a tampa de um pincel atômico, escrevesse o nome dele em letra de forma e lhe entregasse o bendito crachá, seguido de um automático "bem-vindo, aproveite o evento". Por outro lado, ele sabia que Luís não tinha lá muitos amigos e conhecidos no evento. Realmente havia muita gente, além de vários rostos desconhecidos. Alguns engravatados pareciam ser das instituições que estavam patrocinando ou apoiando. Outros talvez fossem do mercado investidor. Também tinha o pessoal da computação e de sistemas. Era fácil reconhecê-los: todos pareciam ter acabado de acordar, trazendo os notebooks na mão ou num case descolado e cheio de adesivos. E, é claro, ficavam com a cara enfiada no celular. Mais ao fundo, sentados, estavam os que pareciam ser da área de empreendedorismo social, economia compartilhada e, talvez, até mesmo alguns "ongueiros" – pessoal que trabalhava em ONGs, geralmente mais novo, muitos piercings no rosto, roupas mais extravagantes e coloridas.

Fixou mais o olhar tentando achar algum traço de Laís. Era possível que ela estivesse por ali, pois haveria um painel só para falar sobre essas áreas ligadas ao social e ao ambiental. Era aquela a área que se interessava mais pelos impactos que as ações poderiam criar do que necessariamente pelos lucros que elas poderiam obter. Normal.

Ele se sentou mais para o meio da plateia, à esquerda do auditório e de frente para o palco. Ainda não estava cheio, mas com certeza ficaria – afinal de contas, ainda faltavam uns quinze minutos para o início do evento. Ia aproveitar para ir ao banheiro, mas mal se levantou e deu de cara com Lídice.

– Oi, gato! Tudo bom!?

– Oi, Lídice, beleza? – Disse, cumprimentando a garota com um beijo no rosto.

– Quanto tempo, Mateus! Não te vejo mais desde que você saiu lá da casa BIG.

– Pois é, cara. Já faz uma data né?

– Faz demais! Porque sumiu tanto assim?

– Ué, gata, depois que saí da casa BIG, fui fazer um curso de criatividade lá em São Paulo, depois tirei umas duas semanas de férias e vazei pra Bahia.

– Ahhh, é mesmo! Eu vi algumas fotos de você pegando jacaré! Cê tava em qual praia?

– Fui pra Itacaré e depois pra Trancoso. Ainda não conhecia.

– E curtiu? Deu pra descansar?

– Demais. Acho que ainda precisava de umas semanas a mais, mas não consegui ficar mais tempo porque tinha me matriculado num curso on-line, além de ter outras coisas para resolver por aqui também.

– Ahh, saquei.

– Mas e você? Você também tá bem sumida.

– Ainda estamos lá na casa BIG, mas acho que até o final desse ano saímos de lá.

– É mesmo? Que massa, gata!

– Pois é, mas tudo indica que ano vem, aliás, no início do ano que vem, já estaremos na nossa sede própria.

– Que bacana! Parabéns!

– Obrigado, gato. Mas você não sabia disso, não? O Leo não te disse nada?

– Ué, não. Por que ele falaria isso pra mim?

– Vocês não são amigos?

– Somos sim, é claro. Mas isso não quer dizer que ele me conte tudo da vida dele, né?

– É, entendo. É que se fosse minha amiga, eu contaria.

Riram da constatação.

– Isso é realmente a sua cara, Lídice!

– Pois é, gato, você me conhece! Mas voltando ao assunto, e você? Não vai empreender mais não?

Ele a olhou espantado com a pergunta, e seu olhar transpareceu algo do tipo "por-que-que-você-está-perguntando-isso?". Lídice sacou – talvez tivesse sido direta demais.

– Quer dizer... Bem... Você sabe, né? Ai, desculpa... É porque não vi mais nada do que você está fazendo, não tive notícias suas... Então achei que não estivesse... Digo, não fosse... empreender mais.

De fato, ela notou que havia sido debochada demais na sua pergunta original, mas não voltou atrás. Ainda o olhava esperando uma resposta.

– Não, ainda não voltei a empreender, mas tenho certeza de que em breve, muito em breve, você terá notícias minhas.

Mateus jamais concordaria em dizer que não iria empreender novamente. Tampouco discordaria – essa atitude poderia parecer um ato meio desesperado, e a última coisa que ele queria transparecer naquele momento era fragilidade. Não por ego ferido, mas por saber que se parecesse desesperado para Lídice, no dia seguinte essa notícia já estaria rodando até nas redes sociais.

Depois da última transa dos dois, Mateus descobriu que Lídice já tinha dormido com várias pessoas da casa BIG, mas era apaixonada mesmo por um programador da sua própria equipe. Por isso, preferiu guardar a história dos dois na memória, sem concordar nem discordar da garota. Apontou perspectivas naquela conversa com ela, e mesmo a ouvindo insistir para explicar melhor, não contou o que era. Pra falar a verdade, mesmo ela insistindo ali, ele nunca revelaria que no fundo, no fundo mesmo, não tinha horizonte nenhum à frente, pelo menos não no que dizia respeito à sua carreira empreendedora. Sabia, é claro, que tinha uma veia para os negócios: seus amigos, sua equipe, algumas pessoas da família e até mesmo Lídice já tinham falado sobre seu potencial para empreender. Ele também viu diversos vídeos e assistiu a inúmeras palestras com empreendedores, reconhecendo em si comportamentos e formas de pensar semelhantes. Sentia-se empreendedor.

Pena que, desde que quase terminou as atividades da SS'nH, só havia operado com alguns poucos projetos que ainda estavam longe de faturar. Coisas marginais – não era aquilo que lhe esquentava o sangue. A possibilidade de empreender sempre surgia, mas ele não entendia por que até então não havia se revelado de fato. Continuava a ler e a estudar sobre tudo ligado ao mundo dos negócios. De cara, ficava mais interessado em negócios que fossem serviços e que tivessem uma interface tecnológica substancial. Não era bem um critério, estava mais para uma tendência. Não renegava, mas também não impunha. Contudo, nada tinha chamado a sua atenção. Só que não podia contar isso para Lídice.

Sua resposta foi sua maior estratégia, seu grande trunfo. Ela foi, curiosíssima, se encontrar com outra pessoa que a chamou de longe. Ele, rindo por dentro e com pena de si mesmo, conseguiu chegar até o banheiro. Quando voltava, avistou Rodrigo e Pedro. Eles não o viram. Sem saber exatamente por qual razão, decidiu não ir conversar com eles. Não tinham brigado, nem havia nenhuma treta ou palavra engasgada. Aliás, não teve problema com ninguém da famigerada SS'nH. Nem equipe, nem investidores, nem apoiadores, parceiros ou mentores. Conversou com todos sobre os rumos e os próximos passos da empresa para deixar tudo a limpo. Resolveu reduzir as atividades ao mínimo e liberar todos para tocarem suas demais atividades. Era uma pena, sim, mas não havia outro caminho a seguir. A SS'nH tinha se tornado praticamente estatística da taxa de mortalidade das startups, engrossando o número de boas ideias cujo mercado ainda não está preparado para acolher. *Zeitgeist*. De novo o *zeitgeist*.

O auditório já estava bem mais cheio, e ele tratou logo de procurar um lugar por ali mesmo para se sentar. Depois, cismou de fazer check-in do evento – havia um banner no palco onde constava a hashtag oficial. Notou que muitos tiravam selfies, e praticamente todos que já estavam sentados fuçavam seus respectivos celulares. Aquela cena parecia um ritual automático: todos sentados, olhando pra tela e recebendo uma breve luz azul pálida sobre o rosto. Um frenesi social – e ele embarcava nessa também. Finalmente, uma movimentação começou no palco; parece que o evento ia começar. Os que ainda não tinham se sentado procuravam lugares disponíveis, mas parecia que o auditório ia explodir de tanta gente. A projeção começou com aqueles filmes institucionais de sempre. Chamaram-lhe a atenção alguns nomes conhecidos e próximos, inclusive a casa BIG. "É... Tem muita coisa que o Leo não me diz mesmo", Mateus constatou.

Antes de mais nada, Leo era um farejador de oportunidades, um típico startupeiro que deu certo. Por isso tanta inspiração, tantos holofotes. É verdade que o cara era bom de serviço mesmo. Inquestionável. Mas naquele momento, Mateus já havia adquirido um pouco mais de senso crítico e sentia-se à vontade para julgar Leo e suas atitudes. Assim como ele e a SS'nH tinham se tornado estatística, Leo e a BIG também se tornaram, só que pelo lado positivo da análise. Por ser um percentual bem menor, seu caso era raridade, e assim Leo virou praticamente uma celebridade.

Mateus nunca tinha experimentado aquele sabor. Julgava-se o melhor de todos, mesmo sem ter vivenciado o gosto de ter sido vitorioso. Não sentia inveja; ao contrário, era vaidoso e adorava ser lembrado pela amizade tão próxima que mantinha com Leo. Até garotas ele já conhecera em eventos que ia a convite do amigo. Só tinha a agradecer pela presença de Leo em sua vida, revelando o fio condutor da sua trajetória empreendedora.

Uma linda mestra de cerimônias iniciou o evento. Começou com aquele blá blá blá de sempre: uma fala institucional e bem batida que nem sequer fez com que a plateia tirasse os olhos das telas. Depois de muito discurso, subiram ao palco a entrevistadora e o primeiro painelista, que ele já conhecia. Tinha sido o CEO da equipe vencedora de um programa de aceleração mundial, que foi para os Estados Unidos disputar a final com representantes de outros países. Mateus sabia tanto a história do cara quanto da sua empresa, então não prestou muita atenção nem quando um vídeo começou a ser projetado. Mais do mesmo. Notou que boa parte da plateia pensou como ele e nem se mexeu – ninguém parecia estar prestando muita atenção. Aqueles foram, talvez, os trinta minutos mais longos de toda a noite. Aplausos obrigatórios no final, a mestre de cerimônias nem esperou terminar a ovação para convocar a segunda painelista, que tinha toda uma pegada voltada para o social. Era uma solução muito bem elaborada e com um quê de disrupção que realmente despertou o interesse de muitos, inclusive de Mateus. Estava treinada, ele percebeu. Já sabia fazer um pitch muito bem feito. Era clássico, mas talvez por isso se tornava atraente, confortável e compreensível. Foi muito aplaudida, inclusive pelo painelista anterior.

O terceiro e o quarto painelistas foram falar de tecnologia e aproveitaram para abordar a situação do mercado no Brasil. Tudo indicava grande potencial. De início, a apresentação parecia mais curta, mas não foi: estava recheada de dados estatísticos, tendências, prospecções, visões e tudo o que havia de mais favorável na atualidade. Muito otimista o cenário. Nenhum espectador teve coragem de perguntar por que até hoje ninguém havia se movimentado para abocanhar aquele mercado tão próspero. Nenhum grande player, nenhum first mover. Ah, aquelas palavras em inglês proferidas assim, a esmo! Quanta chatice. Veio o quinto painelista. Dessa vez, do lado acadêmico. Apresentou algumas estatísticas, dessa vez mais macabras, mas nem por isso assustadoras. Analisou os dados da última pesquisa feita pela Associação Brasileira de Sei–Lá-o-Quê, sobre as taxas de empreendedorismo, quantidade de eventos, de estudos, de startups, de aceleradoras, enfim, de todas as instituições que representavam o ecossistema daquela região. Depois, passou a mostrar como calculou o posicionamento daquela mesma área em termos de atividade empreendedora. Ainda sem entender ao certo onde, Mateus sabia que a SS'nH estaria ali no meio, fazendo jus a um indicador qualquer que estivesse sendo apresentado. Mais outra salva de palmas e finalmente subia ao palco a última painelista.

Era Luísa, a tia de Rodrigo. Talvez fosse por esse motivo que Mateus estava ali. Talvez, não. De longe, aquele foi o melhor dos painéis apresentados ali. Mateus a aplaudiu de pé. Não teve Powerpoint, não teve videozinho, foi só no gogó e na familiaridade com o tema. Não falou da trajetória, não falou dos seus fracassos, seus tropeços, nem das suas glórias e conquistas, muito menos foi nostálgica. Luísa foi direto ao ponto, papo reto. Contou que no tempo dela não tinha esse negócio de curso de empreendedorismo, disciplina, escola, tutorial, videoaula. Quando estava empreendendo, tinha era a sola do sapato e o conhecimento técnico e comercial do produto. Seus produtos, inclusive, eram mundialmente conhecidos principalmente pelo carro-chefe, que era a farinha de trigo. Luísa reconheceu Mateus na plateia. Deu um breve sorriso e, depois de uns vinte minutos, já tinha terminado sua fala. Foi de longe a mais aclamada.

Quando os ânimos se acalmaram, a mestre de cerimônias passou a falar sobre alguns tópicos mais específicos, direcionando as perguntas aos painelistas. As que não eram muito importantes ou que Mateus já sabia a resposta passavam batidas pelo rapaz; em outras, parava tudo o que estava fazendo para prestar atenção. Havia muito aprendizado naquele tipo de evento. Não dava pra medir corretamente, mas com certeza havia em que se inspirar. Além da interação proporcionada, eram grandes as chances de conhecer pessoas, trocar informações, enfim – dali poderiam surgir diversas conexões capazes de fazer toda a diferença para uma ideia a surgir ou para um negócio já amadurecido.

Terminada toda a cerimônia, o saguão adjacente ao auditório reunia cerca de mil pessoas. Muitas oportunidades, muitas alternativas, muitos negócios certamente sairiam dali, talvez até equipes já formadas. No meio desse devaneio todo, Mateus conseguiu ver algumas caras conhecidas se aproximando. De supetão, não conseguiu se lembrar de muitos, mas quanto mais perto chegavam, mais familiares lhe pareciam. Já quase ao seu lado, reconheceu alguns rostos. Eram amigos de Laís, ou melhor, uma amiga de Laís e o namorado. Eles já tinham se visto em algumas baladas e outros eventos similares, mas nem de longe Mateus conseguiria se lembrar dos nomes. Como já chegaram sorrindo, porém, achou melhor não perguntar.

– Oi, Mateus, tá lembrado de mim? – A garota perguntou.

– Oi, tudo bom? Claro, você é a amiga da Laís, não é?

– Sim, sou a Clara. E esse é meu namorado, Lauro.

– Oi, cara! – Cumprimentou Lauro.

– Oi, beleza? Tudo bom com vocês?

– Sim, e com você?

– Comigo tá tudo bem. Faz um tempão que a gente não se vê, né?

– É, um tempão mesmo... A gente morou em Portugal durante um tempo, por isso sumimos tanto. – Explicou Clara.

– E você tem visto a Laís e as meninas?

Agora Mateus se lembrava de onde, por que e com quem eles se relacionavam. Lembrou da história toda.

– Você acredita que tinha uma data que a gente não via a Laís ou as meninas? – Ela disse, olhando para o namorado, que concordou.

– Poxa, é mesmo? Tem um tempão que a gente não se vê também. Se pá um ano, por aí.

– Pois é... Mas o curioso é que eu encontrei com ela ontem. – Clara disse. – Que coincidência, né?

– Sim, demais.

– Num dia eu encontro a Laís e ela me fala de você, aí hoje eu já encontro com você! Foi o Lauro que te reconheceu, inclusive, porque eu sou péssima de fisionomia.

– Eu também sou péssimo de fisionomia. – Mateus admitiu, rindo

– É, eu e o Lauro percebemos que você não tava se lembrado muito bem da gente...

E riram mais. Mateus tentou inventar uma desculpa, mas acabou repetindo que era péssimo de fisionomia e ficou por isso mesmo. Ele estava interessado somente numa parte daquela conversa: a de que Laís tinha falado dele. Já fazia um ano que eles não se viam, e ele quase não pensava nela, principalmente se estivesse de rolo com alguma outra menina. Mas ter ouvido de uma amiga de Laís que ela mencionara o nome dele para outros encheu sua alma de vida, fez seu sangue correr de uma forma que há tempos não sentia. Sentiu o rosto queimar, mas nem se importou. Quis saber mais daquela história:

– Mas Clara, você disse que a Laís falou de mim?

– É, Mateus. Por pura coincidência, a gente se encontrou ontem na secretaria acadêmica da faculdade. Tanto eu quanto ela tínhamos ido pedir os nossos diplomas.

– Vocês tinham combinado?

– Não, Mateus, te disse que foi coincidência! Tava com tanta saudade dela que fomos tomar um suco, mas acabamos ficando a tarde inteira conversando, matando a saudade. A gente tinha muita coisa pra contar uma pra outra.

– Ah sim, imagino! Mas como o assunto chegou até mim? – Ele perguntou, cada vez mais curioso.

– A Laís tava falando sobre voltar a empreender, mas não sabia muito bem o que fazer. E como eu e o Lauro estamos voltando agora de Portugal, temos algumas ideias pra trazer da Europa pra cá. Nos últimos meses, a gente fez um mochilão pelo Velho Mundo e vimos muitos negócios interessantes. Contamos várias ideias pra Laís, e numa delas ela me disse que talvez você se interessasse, que era a sua cara, que parecia com as coisas que você gosta e entende...

Mateus ficou vermelho mais uma vez. Laís não se lembrara dele assim, de forma aleatória e sem contexto – ela se lembrou de muito mais dele. Lembrou do que ele gostava, do que era a cara dele, do que ele entendia. Sentiu-se o cara! Até aprumou o peito. Clara continuou:

– Mas a melhor coincidência foi te encontrar aqui logo no outro dia, né Lauro?

O namorado concordou, mas Mateus ficara confuso:

– É mesmo? Por que essa é a melhor coincidência?

– Porque depois da conversa com Laís eu conversei com o Lauro e ele mesmo me disse que você pode ser o cara ideal pra participar desse projeto conosco. – Ela explicou, olhando novamente para Lauro.

Mateus ficou intrigado de novo. "O que será essa ideia de negócio, trazida lá da Europa, que a Laís acha que é a minha cara?" Agora ele queria saber aquilo a qualquer custo.

– Aqui tá muito cheio né? – Lauro comentou.

– Pois é. – Ele concordou, olhando para a multidão ao redor.

– Você tem algum compromisso aqui ou depois daqui?

– Não tenho não. Eu vi uns amigos que queria cumprimentar, mas sem pressa pra isso também.

– Entendi. Então o que você me diz da gente ir pra algum lugar depois daqui pra conversar melhor? Se preferir, também podemos marcar outro dia.

– Ué, Lauro, por mim tá de boa! Vocês já tão querendo ir ou dá tempo de dar um oi pros meus chegados?

– Dá sim, Mateus, super de boa. Eu e a Clara precisamos nos apresentar pra outras pessoas e rever mais algumas também, e talvez isso ainda demore um pouquinho.

– Beleza. Podemos encontrar aqui de novo daqui a uns quarenta ou cinquenta minutos?

– Sim, claro. Acho que é tempo suficiente pra rever o pessoal e fazer alguns contatos também.

– Massa! – Mateus disse.

– Então tá, nos vemos daqui a uns quarenta minutos aqui de novo. Perto desse bebedouro, ok?

– Ok. Até mais, então.

Bastou dar alguns passos para ver alguns conhecidos, e outros mais à frente. Um pouco mais ao longe, perto de umas colunas, viu novamente

Rodrigo e Pedro. Aproximava-se com dificuldade de ambos, e durante o trajeto ainda remoía o que Clara dissera sobre ele e Laís. Será que ele estava na mente dela? E no coração? Eram muitos questionamentos. Chegou aos amigos até meio carrancudo, e Pedro quis saber se estava tudo bem.

– Tá tudo bem sim, cara. – Mateus respondeu. – É que eu ouvi uma coisa que me deixou intrigado.

Matava a saudade dos amigos. Rodrigo chegou por trás dele, dando uma gravata, e eles ficaram ali assim, jogando conversa fora e matando o tempo. Eram grandes amigos e compartilharam diversos momentos memoráveis. Lembraram de alguns casos e caíram na gargalhada. Mateus ainda conseguiu tomar uns dois copos de chope, que quase passaram voando pelas mãos dos garçons. Papo animado, bom mesmo. Rolou até selfie para mandar pro Luís e pro Leo. George ainda continuava em Singapura e parecia não ter planos de voltar tão cedo. Talvez visse a foto, talvez não. Foram os quarenta minutos mais rápidos daquela noite, mas era hora de se despedir dos amigos – tinha negócios a tratar. Mal chegou ao bebedouro e já viu Clara e Lauro esperando por ele. Os dois chopes só fizeram aumentar sua curiosidade: o que será que aquele casal que não via há tanto tempo queria lhe dizer?

– Vamos? – Perguntou Clara, vendo-o se aproximar.

– Sim, vamos.

– Você tá de boa Mateus? Tá com fome? Eu e o Lauro estamos um pouquinho.

– Super de boa, Clara. Não tô com fome não, mas rola de ir em algum restaurante com vocês sim.

– Então tá. Você tá de carro?

– Não, pedi um carro pelo aplicativo.

– Vamos chamar um então.

– Beleza. Quer que eu chame do meu celular?

– Eu chamo do meu mesmo, não se preocupe.

Os três estavam parados ali, esperando o carro na porta do prédio que sediou o evento, quando surgiu Luísa, a tia de Rodrigo. Mateus parou de falar com os recém-velhos-amigos e se aproximou educadamente, mas já transparecendo certa intimidade.

– Como você está, Mateus? Tudo bem, meu querido? Rodrigo me deu notícias suas!

Antes que Mateus respondesse a primeira pergunta, Luísa já estava cumprimentando o casal ao lado, mas só porque eles estavam ali. Voltou então o olhar para Mateus, que respondeu:

– Estou muito bem, Dona Luísa! Digo, Luísa. – Corrigiu, ligeiramente envergonhado. – É, eu imaginava que o Rodrigo tivesse feito um follow up da SS'nH com você. Não deu dessa vez, né?

Ela permaneceu imóvel, como se esperasse que ele elaborasse uma desculpa. Mas Mateus parou ali. Uma coisa que ele tinha era senso de autopiedade. Em vez de ficar se lamuriando, aproveitou para saber dela:

– E você, como tem passado?

– Bem, muito bem. Obrigada por perguntar.

Luísa acabou emendando sua resposta com um falatório inesperado para aquele momento:

– Lembre-se, Mateus: não há aprendizado sem dor e não há a possibilidade de procrastinar aquilo que é relevante para você. Fique sempre atento ao que o mercado está querendo. Desculpe falar isso assim de repente, mas tenho certeza que você sabe do que eu estou falando, não é?

– Sim, Luísa, entendo exatamente o que você acabou de dizer. Só queria acrescentar que você ainda vai se impressionar com o que eu te mostrarei em breve. – Falou um Mateus otimista e sorridente.

Ela retribuiu o sorriso e completou:

– Espero que me impressione mesmo, meu querido. Boa noite pra vocês!

– Boa noite!

Enquanto Luísa se afastava, Mateus ficou tentando entender o que ela quis dizer com "procrastinação" e "relevância". Mas não havia muito o que pensar: o que Luísa quis dizer é que não há motivo para não encarar aquilo que é importante pra nós. Para Mateus, o que ficou foi que ele ainda não havia encontrado um verdadeiro propósito que pudesse abraçar, e por isso ainda não via o que era relevante para ele. Não se sentia um procrastinador, a não ser que estivesse procrastinando para encontrar aquilo que o encantava. Mas não era o caso, Mateus não acreditava que deveria perseguir seu propósito: o propósito é que viria até ele. Ao contrário do amigo Leo, que foi em busca dos seus interesses, Mateus esperava que as oportunidades caíssem nos seus braços. Por um momento, ele ficou ali, estático, refletindo sobre tudo aquilo: "será que eu estou procrastinando a busca do que é relevante pra mim? Será que eu deveria agir como o Leo agiu? Será que me falta foco, determinação, assertividade e objetividade?". Estava tão concentrado que nem ouviu direito quando Clara o chamou:

– Oi, oi.

– Oi, desculpa! Tava aqui pensando no que a Luísa me disse.

– Ah sim, nós também! – Clara respondeu, olhando para Lauro.

– Não teve como não ouvir, Mateus. – Comentou o rapaz.

– De boa, Lauro. Ela é uma empresária muito experiente, sempre tem algum conselho importante pra dar.

– É, deu pra perceber. Eu não entendi nada, mas acho que fez sentido pra você, né?

– Fez sim, e ela sabe do que fala. Por isso fiquei aqui meio desligado, tentando entender melhor o que ela me disse.

– Você quer que a gente converse depois, Mateus? – Clara perguntou.

– Não, Clara, que isso! Não foi nada assim tão pesado, não. Inclusive foi o contrário, me iluminou bastante.

– Ah, então tá ótimo! Podemos ir? Acho que o carro é aquele que tá parado ali.

Os três entraram no carro. No caminho, Mateus foi contando sobre a ocasião em que conheceu Luísa, a grande empreendedora e empresária. Foram coincidências da vida que o levaram até ela – e que coincidências! Poucos minutos depois, chegaram ao destino. Era uma pizzaria bem bacana, de estilo mediterrâneo, com uma arquitetura muito sofisticada – ele nunca escolheria um lugar tão classudo como aquele. O cardápio era bem saboroso, e igualmente caro. "Ainda bem que eu disse que não iria comer", Mateus pensou. Tinha algumas coisas ali que ele jamais tinha ouvido falar. Lembrou-se que Clara e Lauro eram o tipo de pessoa que Laís evitava um pouco justamente por não se importarem muito com o valor da conta de um restaurante, desde que a comida fosse gostosa e o atendimento de primeira. Mas uma coisa que Laís não podia fazer com frequência era gastar tanta grana em um lugar top – era por isso que ela se encontrava tão pouco com o casal. Os dois, por outro lado, estavam muito surpresos e satisfeitos pela coincidência de, após anos longe, reencontrarem o ex-casal Laís e Mateus tão rapidamente, em tão pouco tempo, principalmente naquele momento em algo que os unia. Após pedirem as bebidas, Mateus aproveitou pra puxar o assunto:

– Mas e aí, Lauro, que negócio é esse que tanto empolgou vocês dois a ponto de se lembrarem de mim?

– Então, Mateus, a Clara encontrou com a Laís ontem e veio me contar o que as duas conversaram. Parece que você sabe muito sobre startups e sobre o mundo esportivo, né?

Mateus endireitou-se na cadeira, achando aquele início de conversa bem interessante. Quis saber mais:

– Se eu sei sobre startups e esportes? Como assim? Não estou entendendo.

As bebidas chegaram.

– Sabe o que é que é, Mateus? Lá na Europa tem uma rede de doações, de compartilhamento e de venda de todos os tipos de itens que se relacionam com material esportivo. E a gente tava a fim de trazer essa ideia de negócio aqui pro Brasil, mas não temos a menor ideia de como fazer isso. Quando a Clara contou essa história pra Laís, ela se lembrou que você trabalhou numa startup voltada pra uma solução na área esportiva e deu a ideia da gente te procurar. Mas como a Laís não tinha mais o seu número, ela disse pra te procurar nas redes sociais. Era exatamente isso que a gente ia fazer hoje quando chegasse em casa!

– Mas agora nem precisa mais, né Mateus? Já te encontramos mesmo!

Os três riram da coincidência outra vez, mas Mateus estava um pouco decepcionado: ele não esperava que a lembrança de Laís fosse por um motivo tão profissional. Havia passado aquele tempo na companhia do casal imaginando que Laís estivesse chorosa, abrindo o coração para a amiga que há tanto não via e, emocionada e saudosa, lembrando do bem que ele lhe fazia. Nada disso. Ela se lembrara dele como um cara que tinha uma startup – ou melhor, nas palavras de Lauro, que trabalhava numa startup que mexia com alguma coisa do mundo dos esportes.

Fraquejou. Esperava mais consideração por parte de Laís. Emburrado, resolveu fazer algumas ponderações:

– Bem, primeiro: eu era o gestor da startup. A ideia foi minha e fui eu que arrumei a equipe para trabalhar. Segundo: realmente meu empreendimento estava voltado para a área esportiva, mas tanto o meu modelo de negócio quanto os segmentos de mercado que eu visava atender eram bem diferentes dos segmentos que vocês pretendem atingir. O meu negócio era mais serviço, e pelo que eu entendi, o de vocês tem uma pegada mais forte pra produto, né? Aliás, não. Não é só produto. Tem serviço, aí, sim, mas imagino que o principal seja produto.

De certa forma, os dois concordaram. Não entendiam muito bem o que aquilo significava, mas achavam que ele estava certo. Antes que Mateus continuasse, então, Lauro interrompeu:

– Saquei, Mateus, mas deixa eu só te falar uma coisa, cara. Não sei se você sabe, mas tanto eu quanto Clara somos dentistas. A gente foi pra Portugal fazer uma pós que só tinha lá, mas não entendemos nada de negócios!

– Ahhhh! – Mateus exclamou. – Eu não sabia disso, não. Achei que vocês trabalhavam com alguma coisa ligada a empreendedorismo mesmo.

– Não, cara. Somos totalmente leigos no assunto.

– Mas por que vocês acham então que esse tipo de negócio pode vir pro Brasil, Lauro?

O rapaz olhou para a namorada como se estivesse estendendo a pergunta a ela. Olhando de novo para Mateus, disse:

– Ué, cara, porque a gente não viu nada semelhante a isso aqui no Brasil. A gente viu que essa plataforma tá fazendo o maior sucesso com o pessoal de lá, ainda mais com esse esquema que tá rolando por causa dos refugiados da Síria. Diz que o pessoal chega lá só com a roupa do corpo. Aí a plataforma também serve pra doar roupas, sapatos e outras coisas que esse pessoal precisa.

Mateus pediu o nome da empresa europeia para Lauro. Tirou o notebook da mochila, pediu a senha do Wi-Fi ao garçom e, depois de conectar, foi logo em busca do site. Já navegando na página, perguntou para Lauro e Clara:

– Você chegou a fazer alguma transação pelo site?

– Sim.

– De que?

– De um casaco que pesava demais e eu não ia mais usar aqui no Brasil.

– Você doou ou colocou à venda?

– Eu doei.

– Então me conta como foi feita essa doação.

– Bem, eu tirei uma foto do casaco, postei e me georreferenciei pra mostrar onde eu estava.

– Certo. E aí? – Mateus perguntava sem sequer tirar os olhos da tela.

– Aí alguns dias depois eu recebi um e-mail informando o endereço do local mais próximo onde eu poderia deixar o casaco, que seria encaminhado para um centro de doações.

– Você conheceu esse centro?

– Não, não conheci.

– E onde você deixou o casaco?

– Na casa de uma senhora que morava no segundo andar de um daqueles pequenos prédios de Lisboa.

– Entendi. E você viu se tinha outras doações lá?

– Não sei aonde você quer chegar, Mateus. O que você tá pesquisando aí?

– Calma, Lauro. Só quero saber quantas etapas tem essa operação. Você recebeu algum recibo? Algum protocolo, sei lá?

– Não, não recebi nada. Somente um "muito obrigado".

– Mas a tal senhora sabia que você estava indo até lá levar o casaco, certo?

– Sim, ela sabia meu nome e meu endereço, tanto eletrônico quanto físico.

Olhando diretamente nos olhos de Lauro, Mateus perguntou:

– Por acaso seu casaco é um que bate na canela, preto com bordas vermelhas e gola azul escura?

– Isso! É esse mesmo.

Virando a tela do computador, Mateus mostrou ao casal a foto do casaco de Lauro no site. Disse que achava muito estranho esse negócio de doação, compartilhamento e venda no mesmo lugar. Não entendia muito bem qual era o ponto que diferenciava um do outro e, a princípio, soava esquisito que aquelas funcionalidades estivessem presentes ali, ao mesmo tempo. Perguntou então se eles sabiam como o negócio funcionava financeiramente, pois viu que, após o cadastro no site, eles perguntavam se o usuário gostaria de ser doador ou se preferia ser um ponto de arrecadação de donativos. Não havia a opção de marcar ambos, pois estava subtendido que quem optasse por servir de ponto para arrecadação naturalmente já teria algo para doar. Mateus entendeu o motivo e achou coerente.

– Eu tenho a impressão de que eles ainda não monetizaram o negócio. – Mateus disse. – Entrei num site de notícias e parece que o site bomba muito mais na doação do que no compartilhamento. Não consigo nem ver nada muito expressivo quanto às vendas. Me parece que é uma plataforma de uma fundação norte-americana, que já atua há muito tempo fazendo isso.

Tanto Lauro quanto Clara ficaram boquiabertos com a astúcia e a eficiência de Mateus, mas ele não se abalou. Virou o notebook para os dois novamente e, apontando com o dedo, foi mostrando de onde vinha a ideia, quem a mantinha, como era feito o cadastro, como operava a logística. Mateus achou melhor não questionar ainda se os itens iam mesmo para doação ou se, no meio do caminho, acabava indo para outra pessoa, ou mesmo para um refugiado muito necessitado. Naquele momento, ele estava mais focado no processo, no business em si. Mostrou aos dois as estatísticas de valores de doação e de compartilhamento como fontes de receita para a plataforma. A desproporção era tão significativa que Mateus nem precisou falar – estava bem claro. A cara de decepção do casal também era evidente. O que os dois julgaram ser um tipo de esquema de economia compartilhada, fosse de produtos ou serviços, com uma pegada fortemente orientada para a racionalização dos recursos por meio de doações, na verdade era somente um facilitador para o processo de doação. Causa muito nobre, os três concordavam. Mas não era assim que eles tinham visto aquele negócio.

Mateus disse que modelos como aquele já existiam no Brasil. Não com a logística que esse europeu sugere, mas funcionando de forma semelhante. Para além da questão da logística, porém, havia outro obstáculo de difícil transposição: ele não tinha convicção se, no caso do Brasil, com o povo brasileiro, aquele tipo de logística funcionaria tão bem.

– A questão aqui não é humanitária. Vai ter muita gente querendo receber doação, mas será que elas vão ser repassadas mesmo? Além disso, será que a pessoa que optar por receber uma doação vai se sentir segura sabendo só o e-mail e o endereço do doador? Eu posso criar um e-mail falso e cadastrar um endereço falso, por exemplo, e sabendo onde fica o ponto de coleta vou lá e roubo tudo. Vocês já imaginaram isso aqui no Brasil? Desculpem a franqueza, mas eu não sei se isso funcionaria tão bem aqui, não. Pode ser que eu esteja sendo pessimista porque fracassei com a minha, mas não é tão fácil assim fazer uma ideia que funciona tão bem lá fora funcionar aqui dentro também. É super natural que as pessoas pensem assim, mas na prática a conta não fecha tão fácil: é preciso que essa ideia seja validada com o mercado. Vamos começar pensando assim: como é a infraestrutura de internet aqui no Brasil? Será que todo mundo que quer doar ou que precisa receber tem acesso à internet? Ou será que esse serviço está disponível apenas nas grandes e médias cidades? Será que vocês conseguem pessoas caridosas o suficiente para colocar uma porção de doações no carro e cruzar a cidade para entregá-las?

Havia quatro olhos arregalados de frente para Mateus. Ele chegou a pensar que deveria se calar, mas alguma coisa o manteve firme. Continuou:

– Ideias como essa são muito boas, mas também muito frágeis: elas dependem de circunstâncias e, talvez, de momentos mais adequados. Doar não é uma atividade recorrente das famílias aqui no Brasil – elas normalmente fazem isso uma ou duas vezes por ano, e olhe lá. É por essas e outras que eu não tenho certeza que isso funcionaria aqui. Mas na verdade, a coisa que mais me intrigou até agora foi saber onde, em qual parte disso tudo, o meu conhecimento sobre a área esportiva poderia ajudar.

Lauro bebeu um gole bem servido de chope e respondeu:

– É porque queríamos que as doações e os compartilhamentos fossem exclusivos para a comunidade esportiva. O foco seria esse mercado: receberíamos doações e doaríamos somente materiais esportivos.

Foi a vez de Mateus arregalar os olhos:

– Bom, aí a coisa muda de figura. Eu pensei que vocês queriam trazer essa plataforma aqui pro Brasil exatamente do jeito que ela é na Europa.

– Ah não, cara! Foi mal, acho que não expliquei direito. – Respondeu Lauro, aliviado. – Desde o início, a ideia é trabalhar somente com o segmento esportivo.

– E por que pensaram especificamente nesse segmento?

– Ué, porque acreditamos na força do esporte e achamos que muitas oportunidades são perdidas porque muitas pessoas não têm nem um tênis, meias, traves ou dinheiro pra comprar uma bola que seja.

– De onde veio essa ideia de vocês? De onde vocês notaram que isso é um problema?

– Bem, na verdade a gente ainda não tem certeza. Quer dizer, não pesquisamos sobre isso.

– Só acham que isso existe?

– Sim, é só uma hipótese... – Lauro afirmou, já se sentindo um tanto ingênuo.

– É, pessoal, sinto em dizer, mas pelos motivos que apontei, acho que essa ideia ainda não dá certo por aqui. Pra mim, na verdade, essa segmentação que vocês estão propondo não altera em nada a minha percepção sobre as dificuldades pra fazer com que essa plataforma vire referência em economia compartilhada na área de esporte. Sendo bem sincero mesmo, eu não sei nem até que ponto essa segmentação pode favorecer ou atrapalhar o negócio.

Os dois olhavam para Mateus com cara de interrogação. Ele explicou melhor:

– Não sei até que ponto a segmentação somente para a área esportiva pode ser mais atrativa do que uma plataforma mais ampla, que receba e distribua qualquer item que um doador deseja doar. Imaginem alguém fazendo uma boa faxina anual nos armários e nos maleiros, separando uma porção de quinquilharias para serem doadas. Agora, imaginem que essa pessoa entra na internet e procura um site pra doar aquilo tudo. No meio de todos os itens separados, tem uma bola e um tênis usado, mas em bom estado de conservação. Você acha que a pessoa vai sair do site de doações em geral e entrar em outro site só pra doar esses artigos esportivos?

Vendo que eles não conseguiriam responder, Mateus continuou:

– Bom, eu acho que ela não faria isso. Dependendo da pessoa, eu acho que ela nem entraria na internet pra fazer nada disso. Alguém mais velho provavelmente pediria para um filho ou um neto, por exemplo. Mas pra dizer a verdade, eu acho mesmo é que a maioria das pessoas colocaria tudo isso no lixo, na porta de casa, e se não aparecesse ninguém pra recolher, os próprios lixeiros se encarregariam do serviço. Vocês não acham?

Os dois concordaram que aquilo fazia sentido. Foi a vez de Clara falar:

– Poxa, Mateus, como você entende dessas coisas! Ainda bem que a gente veio conversar com você. Eu e o Lauro já estávamos até discutindo o valor que iríamos investir pra fazer o nosso site aqui do Brasil. Foi muita sorte a Laís sugerir pra gente te procurar!

– É verdade. – Lauro concordou. – Sem a dica dela, a gente já teria colocado esse negócio pra funcionar na próxima semana!

– Fico feliz, pessoal, mas vejam bem: o que eu disse aqui não é verdade absoluta, é só o que eu acho. Esse exercício rápido que eu fiz aqui com vocês, mostrando como pensa, age e o que faz alguém que representa o segmento de mercado que você quer atingir, chama-se "mapa de empatia". É um método para ajudar a desenvolver produtos ou serviços de acordo com os interesses e as vontades dos clientes. Ele serve muito mais pra ajudar você a encontrar o mercado certo pro seu negócio do que pra testar a ideia propriamente dita. Por isso, preciso reforçar que o modelo de negócio de vocês não é ruim, mas talvez o público ao qual ele se destina não seja o mais adequado.

– Sim, entendemos o que você quer dizer e, acho – pelo menos eu acho – que é tudo muito pertinente. Talvez a gente deva abandonar essa ideia de vez, né? – Clara disse, confirmando, afirmando e perguntando, tudo ao mesmo tempo.

Mateus ficou ali, encarando os dois, mas já não ouvia mais nada do que diziam. A forma como clara disse aquela confirmação, afirmação e pergunta mexeu com ele. Era claro agora que ele é quem deveria ter feito aquela pergunta para si mesmo quando idealizou a SS'nH. Mateus percebeu que no fundo, no fundo mesmo, talvez a solução que ele havia pensado e que fez surgir a SS'nH não fosse tão relevante assim. Sentiu a insignificância da questão na época, mas continuou com ela até depois de terminado o programa de aceleração. Quando ele iria realmente abandonar aquela ideia e a marca que ela o deixara? É certo que só ele poderia e conseguiria fazer isso. Nada de relevante cairia no seu colo se ele ainda estivesse carregando alguma coisa. Precisava se livrar mental e emocionalmente da SS'nH. Aquilo agora era passado, e como Clara disse, talvez existissem oportunidades para que as coisas que são abandonadas, doadas, passadas à frente. Com ideias, isso já era possível. Com negócios também. Então, talvez fosse até mesmo com Laís.

12 TRANSFORMAÇÕES

Toda e qualquer desculpa podia servir de motivo pra galera da antiga SS'nH se encontrar, inclusive os investidores. Dessa vez, só foi o George. Leo, como sempre, tinha compromissos inadiáveis, todos relacionados a negócios. Já tinha um bom tempo que Mateus sequer conversava com ele, por pura falta de tempo. Soube que a BIG fez uma mega parceria com uma empresa líder no setor de alimentação para animais domésticos e conquistou um mercado gigantesco. A plataforma já estava disponível em quatro idiomas, coisa fina mesmo. Internacional. Embora a disponibilidade do amigo fosse menor, porém, a saudade continuava grande. Estavam quase todos ali, no boteco, esperando para rever Luís, que acabou ficando nos Estados Unidos quase um ano a mais do que havia planejado. Emendou um curso em outro, descolou um estágio em troca de moradia – ou seja, não recebia pra trabalhar, mas também não pagava pra morar – e foi fazendo contatos. Pelo menos foi isso que ele contou, resumindo tudo o que passou por lá. Como se fosse fácil de resumir.

Estavam todos sedentos para saber o que ele tinha visto, ouvido, aprendido e conhecido. Quais seriam as próximas tecnologias? Como elas se relacionavam? Quais eram os tipos de negócio mais buscados pelos fundos de investimento? Quais eram as pesquisas mais frequentes?

Queriam saber de bitcoins, da ameaça chinesa, enfim, queriam um relato de tudo que Luís passara por lá.

George já conhecia bastante os Estados Unidos, mas a última vez que viajou pra lá foi há cinco anos – o que é um tempão, considerando o Vale do Silício. Todos concordaram, e Luís emendou falando o óbvio:

– Lá é tudo muito adiantado. Quem reclama que o pessoal daqui fica só olhando pro celular é porque ainda não sabe como é lá. Não existe um só momento que você passe sem usar o celular. As redes Wi-Fi são boas e não são invasivas, mas todo mundo sabe que o governo e o FBI têm acesso a todas as contas, transações e relacionamentos feitos online. É aquela história de que tudo isso virou uma coisa normal depois do onze de setembro, e parece que ninguém liga para essa intromissão do governo. Tudo lá é feito por app: compra, venda, aluguel. Não dou mais cinco anos para todas as lojas se transformarem em DemoStores. É tudo muito diferente do que a gente vê por aqui.

– Tá, Luís, isso a gente já imaginava. Mas e em termos de negócios, quais foram as coisas mais fodas que você viu por lá? – Mateus perguntou, ansioso.

– Ah cara, não tem uma ou outra assim, não! Eu tô com uma lista aqui no Slack, vou compartilhar com vocês agora. Aliás, eu ainda tenho o Slack lá da SS'nH. Vocês também usam esse grupo?

– Eu não.

– Nem eu.

– Ih Luís, nem sei onde tá isso aqui.

– Tá bom, tá bom, vou disponibilizar por e-mail mesmo. Pode ser?

– Pode.

– Sim.

– Ok.

– Bom, vocês vão ver várias startups que eu conheci e elegi como as top ten. Não sei se vai fazer a cabeça de vocês, mas foi a minha percepção.

– De boa, Luís. Confio no seu faro.

– E a mulherada? Me fala da mulherada...

Todos riram e levaram os canecos à boca. Foi aí que Luís se esbaldou. Contou todos os tipos de peripécias: conheceu mulheres loiras, morenas, chicanas, brasileiras e viveu de tudo um pouco. Mas voltara apaixonado por uma australiana, que inclusive tinha ficado de vir visitá-lo no Brasil. Os amigos caíram na gargalhada.

– Seus sacanas! Já tão pensando sacanagem, né? Nem vem, se ela vier mesmo eu não vou apresentar pra nenhum de vocês!

– Deixa disso, Luís! Somos seus amigos, né cara? – Mateus disse, dando um sorrisinho sacana.

– Ninguém perdoa! – Luís negava, rindo.

A noite corria solta. Em certos momentos, só uns conversavam; em outros, todos – e, é claro, muito tempo era gasto mexendo nos celulares. De vez em quando rolava uma selfie: #elevoltou, #timecompleto. Foi assim até que, um por um, todos foram fazer alguma coisa, e restaram na mesa apenas Mateus e Luís. Já um pouco bêbado, Mateus admitiu estar com saudades do amigo. O outro concordou.

– Aconteceu muita coisa que fez eu me lembrar de você, Mateus. Cada palestra, cada pessoa que eu conhecia, tudo me lembrava da gente e da SS'nH... Os programas de aceleração daqui são parecidos com os de lá, só que rola muito mais grana. Acho que o que mais falta por aqui é esse ponto. De resto, temos praticamente tudo. Só faltam os investidores.

– Mas isso é muito complicado por aqui, Luís. Não é só a falta da figura do investidor: a grana também é muito mal aplicada, além de toda a treta política da corrupção, leis complicadas para os investidores e tal.

– Sim, aqui o cenário é muito confuso mesmo. O nível de compreensão das pessoas de lá é mais parecido, existe uma fluidez mesmo quando as coisas acontecem de forma inesperada.

– Pois é. O problema aqui não é só com o investidor. Parece que existe uma dificuldade inicial pra tudo que diz respeito a constituir um negócio. É claro que, se tivéssemos a cultura do investimento, tudo poderia ser facilitado, assim como é lá. Mas acho que por enquanto ainda temos muitos obstáculos pra ultrapassar.

– Sim, Mateus. Você acredita que lá eu me meti a entender um pouco mais sobre investimentos? Até fiz alguns em startups – quer dizer, já não eram mais startups, e sim empresas que estavam tracionando. Mas é impressionante como, quando um modelo de negócios começa a tracionar, várias pessoas aparecem do nada e começam a investir grana mesmo, cara. Rola de uma hora pra outra.

Mateus ouvia atentamente, e Luís continuou empolgado:

– Em uma semana, os caras estavam sentados a vinte metros de você. Dali a um mês, eles anunciavam a apresentação dos primeiros pitchs em alguns eventos. Dali a outra semana, já tinham feito um pequeno roadshow pelos eventos e, dali a outro mês, já tinham conseguido obter o seed money, o tal capital semente que é o primeiro investimento antes da primeira rodada.

– E foi numa dessas que você investiu?

– Cara, foi. Mas depois não foi, aí depois foi de novo.

Mateus olhou para Luís rindo e sem entender nada. Também rindo, o amigo explicou:

– Tipo assim, eu tinha recebido uma grana de um trampo que descolei por lá mesmo. Só que eu praticamente não gastava nada, porque não pagava aluguel nem transporte, e tinha muito agito de graça pra ir. Então eu consegui economizar um bocado e, juntando tudo, deu pra colocar uns cinco mil dólares numa startup de música.

– De música, Luís? Que estranho... Nunca imaginei!

– Pois é, mas é que eu achei a ideia dos carinhas muito foda. Era um esquema de agenda de estúdio de gravação, compartilhamento de instrumentos, crowdfunding para novas bandas, lançamentos, marcação de ensaios, enfim, tinha todo o escambau na plataforma dos caras. Aí investi a grana. Mas depois descobriram que eu, na condição de estrangeiro, com o tipo de visto que eu tinha, não podia fazer aquele tipo de operação. Aí me devolveram a grana. Fiquei puto porque tava querendo ver qualé de ser um investidor, ver como eu me sairia nesse campo. Então fui me informar mais sobre o caso e acabei descobrindo que existe um clube de investidores estrangeiros: você entra pra esse clube e, com a chancela dele, consegue fazer investimentos. Daí voltei e investi na Musik.

– Musik?

– Sim, Musik, com K no final.

– Vou guardar aqui para ver depois. – disse Mateus, apontando e teclando no Keynote. – E você já recebeu alguma grana?

– Não, né Mateus? Tem só uns seis meses que rolou essa parada, cara! Mas apesar de não ter rolado, eu recebo relatórios da equipe todos os meses, informando todo o centavo que eles investiram, mostrando tudo o que eles estão fazendo no período. Os relatórios dos caras são altamente profissionais, Mateus, você nem acredita. Eles mostram até quais estratégias estão implantando, enviam gráficos referentes às atividades que andaram implementando, além de resultados tanto em termos de mercado quanto em termos financeiros. É uma coisa indecente de tão profissional! Os caras têm que ficar à disposição caso algum investidor queira mais explicações sobre alguma atividade que desenvolveram. Paralelamente, os investidores também trabalham pra encontrar outros investidores ou fontes de investimento pra fazer a startup engrenar mais rápido.

– Ué, tem isso mesmo, Luís? O investidor também tem que captar mais investimentos?

– Tem, cara! Rola assim: se a equipe percebe a necessidade de receber outra rodada de investimento, eles não vão até os investidores pra pedir mais dinheiro, mas sim pra pedir ajuda na hora de achar outros investidores para o negócio. Também rola dos investidores procurarem outros investidores para se informar sobre possíveis startups que sejam interessantes de se investir. É uma rede, cara. Cada um faz o seu papel, e faz bem. Foi por isso que eu disse que lá parece rolar uma compreensão entre as partes, o que facilita muito o processo de empreender. Todos colaboram pra que as coisas funcionem.

– Caramba, Luís! Eu já sacava que lá o ambiente era mais propício pra arrumar investidor, mas nunca imaginei que fosse tão organizado assim, com cada um fazendo a sua parte. Aqui no Brasil você custa pra arrumar um investidor, e quando arruma, ele jamais contaria pra outro investidor onde ele tá investindo. Aqui parece que rola uma competição.

– Parece não, Mateus: rola mesmo. Aqui é muito diferente. Chega bater uma depressão, cara, porque lá é tudo muito mais fácil mesmo! Basta que todos estejam com as expectativas, os objetivos e as regras bem claros e alinhados. Só isso já teria muito impacto no ecossistema aqui no Brasil. A vontade de empreender do povo brasileiro me parece ser a mesma lá dos gringos, só que pra eles é muito mais fácil. E não é só mais fácil por conta do governo, não. Eu acho que existem dois motivos: primeiro porque lá tem essa compreensão de todos os envolvidos no ecossistema, e segundo porque lá o fracasso é reconhecido como algo de valor.

– Saquei.

– Pelo menos é isso que eu acho. Tem outras coisas que eu acho que podem engrossar mais ainda essa diferença, mas são coisas menores, saca? Tipo assim, lá tem muita pesquisa acadêmica, e todas essas pesquisas recebem muitos investimentos também. São fundações poderosíssimas, associações civis que investem em projetos variados, que vão desde fundos para socorrer vítimas de terremotos, por exemplo, até projetos mais tradicionais, tipo de combate ao câncer e à fome no mundo. Até ex-alunos das universidades tem o costume de investir em pesquisas!

– Ah, disso eu já tinha ouvido falar também. As universidades conseguem a maior grana pra investir em linhas de pesquisa graças a essas doações de ex-alunos.

– Pois é, Mateus. E a melhor parte dessa história toda é que as universidades desempenham um papel primordial pra que as pesquisas continuem sendo avaliadas como investimentos promissores. São elas que juntam os cursos ligados a business, technology e science, levando as descobertas científicas para o mercado. É muito top esse esquema que eles desenvolvem por lá, e as universidades são protagonistas nesse universo. Elas promovem feiras, hackathons, eventos, programas de pré, de aceleração e de pós, enfim, mantêm os empreendedores que saem desses programas com algum tipo de tração incubados em quase todas as áreas do conhecimento, levando a ideia até a segunda, às vezes até a terceira rodada de investimentos. Pra finalizar cara, o que eu achei mais interessante nisso tudo é que a universidade não ganha só prestígio e mais investimentos: ela também consegue atrair cada vez mais alunos, inclusive do high school. A grande maioria deles, desde aqueles que querem fazer Fisioterapia até Sociologia, Medicina, Engenharia, Ciências Biológicas e por aí vai, querem desenvolver pesquisas. Essa galera vê as universidades não só como um espaço pra desenvolver pesquisas, mas, dependendo da área, pra levar o produto ou a solução para o mercado. Uma vez inseridos, eles podem conseguir muito retorno e distribuir os dividendos não apenas para os investidores, mas também para os próprios pesquisadores.

– Sério? Para os pesquisadores também?

– Sim, Mateus. Um percentual bem significativo é repassado pros pesquisadores. Ele vem da fatia que a universidade recolhe. Todo mundo ganha, cara! Além do mais, é interessante pro pesquisador que a ideia dele chegue ao mercado, porque assim é possível gerar ainda mais retorno.

– Muito impressionante, Luís. Tô realmente de cara com esse esquema. Me deu até vontade de me mudar pra lá!

– Mano, você ia adorar lá. É a sua cara. Mas acho que, assim como eu, você não tá atrás das coisas fáceis, não. Você precisa de desafios, e é aqui que estão os grandes desafios. É nesse mercado aqui, que ainda precisa ser prospectado e descoberto, que estão as grandes oportunidades, Mateus. Lá também tem muitas oportunidades, claro, mas são diferentes das daqui. O problema de lá é o contrário: é a concorrência, é a oferta infinita. Pode pensar em qualquer coisa, qualquer produto, qualquer serviço, cara – lá tem. Se não tem, com certeza em breve vai ter, porque deve ter alguém pensando nisso agora, e com certeza mais um milhão de outras pessoas querendo comprar ou ansiosas por essa solução. É uma coisa muito doida, Mateus.

– Pois é, Luís, eu imagino. Quer dizer, te ouvindo assim, consigo entender o que você diz. Mas eu acho que talvez seja melhor a gente estar em um local onde pelo menos existe a possibilidade de encontrar um mercado que terá um milhão de pessoas para consumir a sua ideia, do que estar num mercado em que você poderá chegar até dois milhões de pessoas, mas é um ambiente dez vezes mais hostil pra empreender. Você não acha?

Luís ficou olhando para Mateus por um tempo, sem responder. Aquela foi a deixa pra ele chamar o garçom e pedir outros chopes. Olhando para o lado, Mateus viu que George estava sentado em outra mesa, conversando com um casal de amigos que tinha encontrado lá mesmo, no boteco. Pedro e Rodrigo tinham desaparecido. Luís então retomou a conversa de onde havia parado – já tivera tempo suficiente para pensar na melhor resposta.

– Olha, Mateus, sem querer parecer muito mimimi, eu não concordo não. Não acho que você ia preferir estar lá com um mercado limitado. Uma das melhores coisas que acontecem com um empreendedor é quando ele consegue mudar uma coisa, seja um mercado ou um hábito, seja criando algo novo ou só incrementando uma coisa que já existe. O que o empreendedor quer mesmo é saber se ele deixou um legado. Eu sei que você já deve ter escutado essa história algumas vezes.

Mateus concordou.

– Então não vou ficar aqui de lenga lenga. Você sabe o que eu quero dizer, né?

Ele continuou concordando.

– Quando você teve a ideia da SS'nH, você não tava só solucionando uma dor de mercado. A sua ideia era boa demais pra um mercado ruim demais. Mas eu também não acredito que lá nos Estados Unidos sua ideia daria certo, não.

Mateus fez uma cara de intrigado:

– Ué, por que?

– Porque lá eles não têm essa dor de mercado, Mateus: basta que uma turma chegue a uma quadra pública e já marque a ordem para jogar. Aí, quando a equipe que está jogando termina a partida, a outra já entra na quadra. Além do mais, lá existe um nível de profissionalização dos esportes que diminui bastante o problema da falta de jogador – essa questão é levada bem mais a sério nos EUA. Também tem o esquema de quadras particulares, tipo aqui no Brasil. A diferença é que lá tem muitas quadras particulares, e quando o pessoal marca, eles vão, mesmo. Não costumam faltar. Que graça teria arrumar uma solução pra isso lá se o problema nem existe direito?

– É, faz sentido.

– Pois então, Mateus! É aqui que está a sua oportunidade. Há um oceano azul de possibilidades daqui pra frente, só esperando você desatracar o seu barco e navegar. Eu sei que sua cabeça já deve tá fritando com milhares de projetos e ideias de empreendimento. Você é o maior rato de internet que eu conheço!

Mateus riu da comparação.

– Eu, rato de internet? Só você mesmo, Luís...

– Sério, cara. O que você já deve ter visto e ouvido falar sobre plataforma responsiva, matchmaker, marketplace, clube de assinatura, crowdfunding... O que você já deve ter respondido de questionários de validações, participado de grupos focais, deve ter sido um absurdo. Cara, fala sério! Ideia é o que não falta no meio em que você vive, né? Será que nada, nadinha de nada te chamou a atenção? Será que o seu medo de fracassar não está te impedindo de ver um monte de oportunidades bem na sua frente?

Agora era Mateus que estava parado olhando para Luís, sem saber ao certo o que responder. Novamente, o garçom surgiu do nada para oferecer outra rodada de chope: ambos os canecos já tinham esquentado nas mãos dos rapazes, então eles trocaram por outros novos, mais cheios e mais gelados. Mateus sentiu que ainda não tinha o que responder ao amigo. Bebeu um gole do chope, e mais outro. Na sua cabeça, passavam diversos modelos de negócio que ele tinha conhecido ao longo de toda a sua trajetória profissional, desde a venda do doce de goiaba até o mais desenvolvido aplicativo que georreferenciava o usuário para arrumar sua casa, ajustar a temperatura, preparar a comida, o banho e até a roupa que ele usaria. Viu de tudo nessa vida, mas não conseguia mostrar para Luís nada que, tivesse chamado a sua atenção. Luís não cobrou; continuou bebendo sem se preocupar com alguma resposta. Perguntou sobre Rodrigo e Pedro, mexeu no celular. Olhou o cardápio, escolheu alguma coisa para petiscar e, voltando a mexer no celular, ouviu:

– Bem, tem um negócio que eu gostei de ver e acho que tem a possibilidade de funcionar.

Luís parou o que estava fazendo e, olhando para Mateus, perguntou:

– E o que é?

– Ah cara, não sei se posso te contar...

O amigo arregalou os olhos, parou de beber, olhou para um lado e para o outro sem entender nada. Quando ia abrir a boca para exclamar um sonoro "como assim??", Mateus soltou uma gargalhada:

– Tô brincando com você, Luís!

– Palhaçada! – Ele respondeu, aliviado.

– É claro que eu posso te contar. Pra falar a verdade, acho que você já até sabe mais ou menos do que se trata.

Luís olhou pra ele com cara de interrogação.

– Você lembra daquela história que eu te contei uma vez? Não lembro onde, mas lembro de que a gente tava bebaço...

– Que história, cara?

– A história do teletransporte.

Quando Mateus terminou de pronunciar a última palavra, fez-se um momento de silêncio em todo o boteco, daqueles que fazem a gente se lembrar de como o silêncio é bom e bem-vindo. Não durou mais que dois segundos. Não há hoje, no mundo, a menor possibilidade de conseguirmos ficar em silêncio absoluto, mas às vezes, por alguns segundos, acontece algo parecido com isso – e foi esse momento tão precioso que os dois tinham acabado de presenciar. Ninguém reparou, mas foi muito engraçado aquele breve silêncio ter se instaurado no ambiente logo depois dele ter dito aquilo. Luís franziu a testa, como se suas sobrancelhas fossem pular fora do rosto, e perguntou:

– Cê tá falando sério, cara? Esse esquema vai rolar e você me conta isso assim, numa mesa de bar? – A voz do amigo ia aumentando à medida que ele falava. – Eu não tô acreditando nisso, cara!

– Luís, fala mais baixo, cara. Não tá vendo que tá todo mundo olhando? Eles acham que a gente tá brigando!

Luís cedeu e se encolheu na banqueta, que o fazia parecer duas vezes mais alto. Mateus ainda tentava acalmá-lo:

– Calma, cara! Não é bem isso, não é o teletransporte em si. A ideia veio das pesquisas, dos estudos que estão sendo feitos sobre o teletransporte, mas não é o teletransporte em si.

– Ah, Mateus! Como é que você faz isso comigo? Achei que você já tava acompanhando a possibilidade de se teletransportar.

– Não, não é nada disso. Quem me dera estar pesquisando isso! Só se eu estivesse em um centro de pesquisa muito foda lá na Europa ou nos States mesmo. É lá que estão rolando essas pesquisas. Mas como você bem disse, eu sou um rato de internet, então fico seguindo tudo que tem a ver com pesquisas sobre o teletransporte. Foi numa dessas que eu comecei a me interessar por um esquema específico, que já existe e é fundamental no processo para o teletransporte.

Apesar de satisfeito pelo apelido ter pegado, Luís não estava com cara de quem entendia muita coisa.

– Olha, Mateus, confesso que dei uma viajada enquanto você tava falando dessa bagaça aí. Não sei se é porque eu já tô meio chapado ou se é porque eu não entendi nada mesmo.

– Você quer que eu continue? Se você tá bêbado eu nem vou continuar, senão você não vai se lembrar de nada depois.

– Que isso, cara? Não tô assim também não, mas eu entendo muito pouco desse esquema mesmo. Não sei se vou conseguir acompanhar tudo, mas tô louco pra saber qual é a sua ideia de empreendimento.

– Ah, ok então. Já pensei em um jeito de te explicar melhor. Olha só: nas pesquisas sobre teletransporte, os objetos que eles estão tentando desmaterializar pra ir de um lugar ao outro precisam estar revestidos por uma película, responsável por proteger esses objetos dos raios que os escaneiam. Eu fiquei pensando sobre esse processo de escaneamento e fui pesquisar mais. Então, descobri que já existem algoritmos que fazem a leitura em 3D desses objetos. Foi aí que eu tive a minha ideia.

Luís olhava fixamente para Mateus, como se mais nada e mais ninguém existissem ao redor. Estavam tão conectados, emissor e receptor, que nem sequer notaram que o garçom perguntava alguma coisa, muito menos que George já havia partido.

– E que ideia foi essa, rato?

Riram.

– Sacanagem, cara. Se esse apelido pegar, eu tô fudido.

Riram mais ainda.

– Que ideia é essa, Mateus?? Fala logo, cara!

– Eu tava falando sobre um algoritmo que era usado para fazer a leitura 3D e escaneada de um objeto, né? Pois então. Eu tava em casa um dia desses e ouvi meu pai conversando com minha mãe sobre uns esquemas de que as camisas que vestem melhor nele são as feitas sob medida. Ele disse que as medidas das lojas são muito malfeitas, não ficam boas justamente por serem muito padronizadas. Minha mãe concordou, mas no fundo ela não sabia muito bem quais camisas eram feitas sob medida e quais eram compradas prontas – afinal, até as feitas sob medida tinham etiqueta. Mas meu pai, que sabia diferenciar, reafirmou: "olha, tenho certeza que as que eu comprei com aquele cara que vai lá no serviço são melhores tanto em termos de resistência quanto de acabamento". Minha mãe acabou se lembrando então de que, quando era mais nova, quase todas as suas roupas eram feitas sob medida. Ela se lembrou inclusive da primeira vez que foi a uma loja comprar uma roupa pronta, e não encontrou nenhuma peça que lhe caía bem. Foi bem engraçado, porque no meio da conversa rolou uma nostalgia, os dois se lembrando de quando eram pequenos, até chegarem à mocidade. Tinha uma costureira que ia na casa dos meus avós para tirar as medidas dos filhos e fazer as roupas exatamente como as mães queriam, porque elas viam os modelos nas revistas e já compravam os tecidos certos. Os dois tavam lá, todos saudosistas falando sobre os velhos tempos, quando me veio uma ideia na cabeça.

– Que ideia, cara? Você me enrola, enrola, depois pergunta se eu tô acompanhando. Eu tô, cara, mas tá difícil.

– Calma, Luís. Você não sacou, mas eu já tô criando um storytelling aqui pra essa ideia.

– Você tá gravando isso, Mateus?

– Não, não preciso. Sei que eu vou lembrar de tudo que tô te contando, afinal foi o que eu vivenciei, né?

– Tá, então fala o que rolou depois da conversa dos seus velhos.

– Eu pensei o seguinte: e se tivesse como escanear o corpo das pessoas pra fazer roupas sob medida pra elas?

Apesar de não ter acontecido outro breve momento de silêncio, Luís ficara mudo outra vez. Mateus não sabia dizer se dizer se era perplexidade ou euforia contida, mas a verdade é que a mudez do amigo podia ser justificada pelo fato de que, dentro da sua cabecinha, seus milhões de neurônios já pensavam em como os códigos computacionais dessas leituras poderiam se comunicar para traçar um perfil em 3D dos objetos – no caso, os corpos das pessoas. Mateus já começava a achar que tinha cometido um grande erro ao contar sua ideia, e sentia-se um pouco envergonhado. De repente, Luís soltou um grunhido tipo "woooowwww", e falou:

– Saquei demais o que você pensou, cara. Agora eu saquei mesmo.

Para o alívio de Mateus, o silêncio do amigo era euforia contida. "Ele realmente se conteve dessa vez", pensou. "Está vibrando com a possibilidade computacional." Luís quis saber:

– Mateus, você sabe me dizer se o algoritmo já existe, se ele é código aberto, se está em algum FabLab – aqueles espaços colaborativos digitais –, se foi desenvolvido em Open Innovation, enfim, se ele está disponível de forma democrática?

– Putz Luís, não vi nada sobre isso não, cara. Como essas pesquisas normalmente têm um caráter estratégico muito forte, não acho que eles já democratizaram os códigos tanto assim. Vai ser um grande passo para a humanidade se rolar esse esquema de teletransporte, né? Você já imaginou o que aconteceria com todas as companhias aéreas, hotéis, agências de turismo, enfim, todos os lugares do mundo? Tudo ia mudar radicalmente se você pudesse ir a algum lugar só pra passar o dia e depois voltar. Por isso, acho que não tem essa história de código aberto, não.

– Você tem razão. Que sacanagem!

– Mas por que você quer saber disso?

– Como assim por que? É porque se o algoritmo computacional da leitura dos objetos estiver em código aberto, qualquer pessoa poderá acessá-lo, ué! Isso significa que a gente poderia capturá-lo para a leitura de todo e qualquer objeto.

– Ahh, entendi. Bom, eu não ouvi nada a esse respeito. Vou te dar a real: eu não me preocupei muito com a parte técnica porque tava mais focado nas possibilidades que um escaneamento desses poderia fornecer. Pensa só: se eu tivesse todas as medidas de umas duzentas pessoas, o que eu acho bem pouco, poderia vender uma peça de roupa a cada dois dias. Vendendo quinze por mês a um preço de trezentos reais em média, eu teria por mês uma média quatro mil e quinhentos reais. Considerando que todos os custos e as despesas correspondam a cinquenta por cento do preço de venda – e essa é uma perspectiva até pouco otimista –, eu teria uns dois mil, duzentos e cinquenta mil por mês. Uma linha otimizada e uma entrega de qualidade, pontual e agendada, fariam toda a diferença aqui. Meu pai, por exemplo, encomenda as camisas, e elas costumam chegar uns trinta dias depois. Se conseguirmos reduzir esse tempo, tenho certeza que a ideia conquistaria o mercado rapidinho.

Luís concordava. Em termos de modelo de negócio, o caminho e a percepção de Mateus estavam muito ponderadas, coerentes. Era como se o storytelling dele tivesse deixado Luís hipnotizado. Fazia sentido, sim. Além daquelas empresas que Mateus mostrou que poderiam desaparecer com o surgimento do teletransporte, agora, com esse modelo de negócio para a indústria de roupa, tudo seria alterado. Se aquela ideia tivesse escala, com certeza poderia transformar toda a indústria de moda. Luís não conseguiu conter sua empolgação:

– Imagine, Mateus, as empresas, as indústrias de tecido, as lojas, os representantes, tudo, tudo vai ser alterado. Qualquer corporação que acessar um Big Data com as medidas das pessoas poderá ser reinventada. O que eu tô falando é que os consumidores poderão vender suas informações para empresas de vestuário, de roupas, de tecidos, enfim, pra toda a cadeia produtiva que movimenta a moda. Então, com base nessas informações e nas preferências dos clientes, elas poderão elaborar roupas sob medida e com muito mais chances de serem comercializadas, pois serão customizadas. As empresas vão poder disponibilizar avatares dos consumidores, que poderão testar virtualmente como a roupa ficará sem nem precisar sair de casa!

– Muito louco, Luís. Confesso que não cheguei a pensar tanto assim no impacto revolucionário que essa ideia pode ter. Nem imaginei que poderia chegar a tanto.

– Mas é verdade, Mateus. Não tô exagerando sobre o alcance dessa ideia. Eu consigo ver tudo isso. Imagina só quantas coisas a gente poderia fazer com essas informações!

– Sim, realmente é uma perspectiva muito competitiva.

– Não é só competitiva: é uma nova configuração do mercado como um todo. Mateus, você não tem noção do potencial dessa sua ideia, cara! Você nem imagina quanta coisa ela pode revolucionar na indústria mundial.

Luís estava mesmo muito entusiasmado. "Talvez tenha sido bom esperar tanto tempo assim pra propor uma ideia realmente revolucionária", Mateus pensou, justificando o fato de ter ficado tanto tempo sumido, sem empreender e sem propor nada além da SS'nH.

– Me manda aí o site que você acompanha, Mateus. Quero dar uma lida nessa história de teletransporte para ver se o código está acessível.

– Beleza, vou te mandar agora. Mas olha só, eu tenho um arquivo com os links dos sites que eu visito e acho relevantes pra essa pesquisa marginal que estou fazendo. Acho que seria melhor se eu te enviasse meu bloco de notas antes, porque assim você pode ir navegando pelos sites até encontrar a informação que precisa sobre esse esquema aí de código computacional e algoritmos. Pode ser?

– Pode sim. Compartilha aí comigo as suas anotações que eu vou dar uma pesquisada nos links.

– Você acha que sem essa possibilidade a ideia fica comprometida, Luís?

– Olha, Mateus, vou ser honesto: a possibilidade não é muito positiva não. Essa informação deve ser muito estratégica, cara, e você não viu nada a respeito... Acho que pode ficar difícil, sim, transpor esse obstáculo.

Mateus ouvia enquanto selecionava o bloco de notas, pedia para compartilhar, selecionava e enviava. O celular apitou indicando que o bloco já havia sido enviado e compartilhado. Foi o tempo suficiente para Mateus processar aquelas informações e perguntar:

– Estranho, Luís... Você não ouviu nada sobre isso quando esteve na Califórnia?

– Cara, posso até ter ouvido, mas o problema é que você ouve falar de tanta coisa num dia só que fica difícil lembrar de tudo. Você não faz ideia dos hackathons que aconteciam na universidade. Tinha cerca de oitenta equipes, às vezes chegava a cem. Era tanta coisa que a gente via e ouvia que depois de um tempo você nem sabia mais se estava vivendo no presente ou no futuro. É tanta ideia, tanta startup, tanto modelo de negócio que a gente nem conseguia guardar tudo o que era realmente interessante, porque tinha uma porrada de coisas interessantes, cara. É um troço violento! Não vou negar que eu vi sim algumas coisas a respeito de escaneamento, de algoritmos e transubstancialização de objetos, mas não consigo me lembrar ao certo do que foi, onde, quando e muito menos o nome da startup ou do evento. O fato é que eu ouvi sim algumas coisas. Ninguém falava deliberadamente em teletransporte, mas não tem como negar que já existem diversas linhas de pesquisa científica sobre esse tema.

Mateus ouvia atentamente todo o relato de Luís. De repente, ele se viu naquele lugar que o amigo descrevia. Imaginava onde poderia ter ouvido sobre aqueles temas, qual era o evento, como as pessoas estavam vestidas, quais eram as atividades que desenvolviam. Ele realmente sentia que, um dia, poderia estar lá. Foi como uma previsão de que um dia ele chegaria lá para trabalhar com a sua ideia. Sim, em breve ele estaria lá no Vale do Silício, junto com os fodões da área de negócios e de tecnologia, com os mentores mais picas do planeta e, é claro, com o nó faltante da cadeia brasileira de empreendedorismo: os investidores, tão necessários quanto as próprias ideias. Lá, ele poderia finalmente receber um capital suficiente para sobreviver e fazer a sua ideia ganhar o mercado. Mateus só voltou para a realidade quando ouviu Luís dizer que compartilharia com ele o seu próprio bloco de notas, onde colocara as ideias de negócio que faziam referência ao escaneamento 3D que tinha conhecido na sua trajetória pelas terras do Tio Sam.

– Massa, cara. Quero ver mesmo!

– Bom, pelo menos essas são as ideias que eu acho que tem mais a ver com esse esquema de 3D. É um assunto muito específico ainda, né, então não acho que você vá encontrar muita coisa a respeito de empresas de roupas e de vestuário não. Ainda mais se essa parada de 3D estiver relacionada com algoritmos e com escaneamento. Pouco provável. De qualquer forma, você vai achar muitas outras ideias interessantes aí nessa lista.

De fato, bastaram alguns cliques para revelar uma listagem quilométrica de empresas. Em alguns itens, constavam apenas o nome e a data de acesso no navegador; em outros, telefone, endereço, nome da pessoa de contato e os dados das redes sociais. Talvez aqueles fossem os mais importantes, mas o tamanho da lista, o tamanho da tela e o nível do álcool no sangue de Mateus não permitiram que ele fizesse uma pesquisa naquele momento. O mesmo valia para Luís, que logo fechou o celular e o colocou sobre a mesa.

– Que bom que você está na ativa de novo, Mateus! Eu sempre soube que era só uma questão de tempo pra você voltar a empreender. Acho que você precisava passar por um período sabático, dar um tempo pra poder ver mesmo qual é a sua, não acha?

– Olha, Luís, não sei ao certo se o motivo era esse ou não, mas sei que eu precisava dar um tempo pra me organizar melhor, sim. Acho que eu precisava digerir o fracasso e me convencer de que eu tinha alguma coisa pra aprender com ele. Eu criei muita expectativa com a SS'nH, e não ter ganhado nem o terceiro lugar naquele programa foi muito decepcionante para mim.

– Acho que pra todos nós, Mateus. Talvez você tenha sofrido mais porque era o cara da ideia, o cara que trouxe todo mundo pra perto, né? Mas todos nós ficamos decepcionados também, cada um do seu jeito.

Estava rolando um momento desabafo ali na mesa do boteco. Aliás, esse tipo de coisa nunca tem hora certa pra acontecer. Se de um lado foi a primeira vez que Mateus se sentia à vontade para contar sobre ter mantido sua carreira em suspenso, por outro foi também a primeira vez que ouviu falar sobre as decepções dos outros membros da equipe. Achou justo que cada um sentisse da sua forma e lidasse com aquilo como pudesse. Respeitou. Foi ali, naquele instante, que ele entendeu como qualquer ideia pode acabar interferindo na vida das pessoas. Foi exatamente naquele momento que ele conseguiu sentir o peso das ideias, a importância e o efeito que elas conseguem ocasionar nos outros. Teve certeza de que a vida de Luís, por exemplo, mudou completamente depois da ideia da SS'nH. Quem era aquele antigo calouro da faculdade perto daquele moço, todo trabalhado no Vale do Silício, sentado ali na frente dele? Mateus percebeu claramente a mudança e a busca por evolução. Aquele Luís na sua frente era, certamente, um indivíduo mais capacitado, preparado, antenado, formado para atuar no mundo das inovações. Mateus viajava naquilo enquanto Luís falava, todo empolgado, das startups que tinha conhecido. Como era bom saber que ele havia participado daquela transformação. Como era bom saber que ele tinha proporcionado aquela evolução.

O garçom – sempre o garçom – apareceu novamente, mas dessa vez para avisar que a cozinha ia fechar e perguntar se eles queriam mais alguma coisa. Pediram a conta e reclamaram da furtiva ausência dos demais colegas. Despediram-se, prometendo que no dia seguinte se falariam de novo para saber mais sobre os algoritmos e sobre os próximos passos a serem tomados, caso os códigos estivessem abertos. O rubor e a energia de Mateus estavam novamente tomando conta do seu corpo e da sua mente, mas aquilo duraria bem pouco. Chegou em casa, tomou um copo d'água, trocou de roupa e escovou os dentes. Mal voltou para o quarto e viu que tinha chegado um Whats de Luís. Era uma carinha desanimada, acompanhada de uma triste notícia: um site norte-americano contava tudo sobre a questão dos códigos e dos algoritmos para leitura em 3D. Eles não estavam disponíveis.

13

OPORTUNIDADES

Dessa vez, sabia que não ia enfrentar fila. Não havia promessas, mas pelo tipo de convite... Bem, não haveria a menor possibilidade de filas na entrada. Era a comemoração dos vinte e cinco anos de Leo, que aproveitava o evento para festejar a venda da BIG para um grupo francês que atuava no setor de varejo. Foram milhões e milhões envolvidos, anunciavam as revistas e os sites especializados na área de business. Mateus não duvidava que o momento fosse de comemoração, e parecia bem satisfeito por ter recebido o convite. Ainda mais aquele convite. Fora incluído num grupo seleto do WhatsApp, onde as instruções para conseguir o convite foram dadas por escrito. Cada convidado baixava um aplicativo e obtinha um QR code, que só liberaria a entrada quando o convidado passasse por um detector na porta do evento. Ou seja, para a alegria de Mateus, não haveria fila.

Assim que entrou no grupo do WhatsApp, Mateus foi pesquisar quem eram os outros membros e notou que o número de Rodrigo não estava na lista. Não quis especular e, portanto, não comentou aquilo com ninguém da antiga equipe, mas sentiu por Leo não o ter convidado. Ao baixar o aplicativo da festa, viu que ele funcionaria como uma rede social particular, disponível somente para os convidados. Era tipo um

Snapchat, mas as publicações duravam mais do que os meros cinquenta e nove segundos. Lá ficariam as fotos, os vídeos e as lives que iam rolar na festa. Se o convidado quisesse ou precisasse desinstalar o aplicativo, ele poderia continuar acessando pelo computador ou até mesmo pela TV. Mateus não ligou muito para as funcionalidades que do app. Só pensava em não pegar fila para entrar – e já se viu realizado.

Se não fosse o valet abrindo a sua porta, ele nem teria notado que rolava uma festa ali: realmente não havia nenhuma fila. Todos que chegavam iam entrando por uma porta totalmente emoldurada por placas foscas de alumínio, com luzes em volta. Antes de prosseguir, eram orientados a abrir o aplicativo. Era impressionante. Ninguém parava. Só se ouvia aquele típico barulhinho que anunciava a passagem liberada. Havia dois gigantes ao lado do arco por onde entravam os convidados. A instrução era que, caso surgisse alguma entrada não disponível, eles deveriam solicitar que a pessoa se identificasse em um guichê ao lado. Havia dois guichês, sendo um para cada lado da entrada. Em um, havia duas pessoas; no outro, ninguém. Tranquilidade absoluta. O acionador liberou e ele, Luís e Pedro entraram.

Estava rolando um verdadeiro festival. Na chegada, havia mágicos, homens cuspindo fogo e muitas luzes piscando. O espetáculo seguia até uma larga escada que terminava em um imenso salão, totalmente decorado para o evento. No final, ao fundo, um palco de onde emanavam o som do DJ e todas as luzes que coloriam o salão. Definitivamente, era um grande acontecimento. A festa era temática e tudo remetia ao mundo do circo. Havia desenhos nos telões, arranjos nas mesas, no buffet e também nos dois bares laterais que serviam drinques. Ainda estava relativamente vazio, pois eles chegaram um pouco cedo – eram onze e quinze da noite. Da escada até o bar que escolheram para começar a se abastecer, foram checando o naipe da balada em termos de garotas. Sempre dava uma mulherada louca nas festinhas do Leo, e Mateus, Pedro e Luís costumavam se dar bem. Nesse caminho até o balcão, talvez tivessem visto algumas das garotas que já ficaram, mesmo que só por uma noite. Mal pediram as bebidas e já estavam comentando sobre uma de vestido amarelo e outra de calças jeans que, pelos olhos de Luís, pareciam ser lindas.

– Mas cadê o Leo, galera? – Mateus perguntou, notando aquela estranha ausência.

– Sei lá, cara. Daqui a pouco ele aparece.

– É, com certeza ele já tá por aí.

– Vamos dar um rolê enquanto ele não chega, galera.

– Vamos nessa!

Pedro ia na frente. "É estratégia", Luís provocava, explicando:

– O negócio é o seguinte: eu li que as mulheres são muito seletivas nas suas escolhas, mas que é possível dar uma burlada no processo seletivo delas.

Eles quiseram saber mais. O rapaz continuou:

– O esquema é assim: elas não optam pelo primeiro cara que veem. Ele pode ser bonito ou não, interessante ou não. A pesquisa que eu li diz que o primeiro a ser escolhido é sempre uma escolha muito irracional, e elas tendem a descartar. Já o segundo cara que elas veem, numa sequência masculina, tende a parecer mais interessante que o primeiro, mas sempre rola – de forma inconsciente e de acordo com a pesquisa – uma comparação entre os dois. Daí surge o terceiro, que pode ter um charme a mais que seja, que se destaca frente aos dois anteriores, cuja analogia estava "esquentando" a mente da mulher.

– Ahhhhh! – Os dois exclamaram, como se tivessem entendido tudo.

– Esse Luís é louco, cara!

– Quer apostar que eu não sou louco? Vamos fazer assim: vai o Pedrim na frente, porque ele é meio bonitinho, um tipo meio hipster pra passar uma noite. Em segundo vem o Mateus, que é aquele bonitinho-saradinho, mas dentuço. E depois venho eu, que não tenho charme nenhum, mas que vou levar a melhor porque serei a terceira opção e, como eu expliquei, as mulheres tendem a achar o terceiro homem o mais interessante.

Pedro e Mateus se entreolharam, os dois olharam para Luís e disseram, juntos:

– Então eu vou em terceiro lugar!

Caíram na gargalhada, mas combinaram o seguinte: iam revezar. De tempos em tempos, enquanto um não se desse bem, eles seguiriam por toda a festa, cada hora um ficando em terceiro lugar.

– Aí sim é uma estratégia coerente. – Concordou Mateus.

– É estratégia até o primeiro se dar bem, né? Porque depois vão sobrar só dois, aí a mulherada não vai mais poder escolher.

Concordaram em tirar no par ou ímpar quem começaria ficando em terceiro lugar. Calhou de ser o próprio Luís mesmo. O segundo seria Pedro e o primeirinho seria Mateus. Começaram a zanzar pelo salão. Quando Luís avistava alguma gatinha que o interessava, formavam uma pequena fila e passavam em frente à garota. Mas a estratégia não estava indo muito bem: quando Luís passou, a garota nem sequer virou o rosto.

– Não valeu, cara. Alguém chamou a atenção dela quando eu ia passar.

– Claro que valeu, Luís. Agora você vem para o primeiro lugar, eu vou por último e o Mateus fica em segundo.

– Ok, tá certo. Mas se não funcionar, a gente muda de novo!

Andaram mais pelo salão e não demoraram a encontrar mais garotas bonitas e interessantes. Pedro mostrou uma morena baixinha que estava do outro lado do balcão.

– Tá, vamos passar na frente dela.

Mas antes de passar, Pedro advertiu:

– Passem normalmente. Fiquem olhando pra ela, até ela olhar de volta para vocês, combinado?

Luís foi o primeiro. Ela só olhou para ele quando já estavam bem próximos, e ela até se assustou um pouco com tamanha proximidade. Logo depois, veio Mateus. Dessa vez ela olhou com mais atenção, como se o reconhecesse de algum lugar. Mas ele mal pôde chegar mais perto, pois ela desviou o olhar sem o menor constrangimento. Então, veio Pedro. Quando ele começou a andar em direção a ela, foi logo sorrindo. A garota estranhou que um terceiro sujeito vinha em sua direção e tratou de virar de lado. Remexendo na bolsa, atendeu o celular.

– Ou fingiu que atendeu. – Luís observou.

– É, essa teoria sua tá meio furada. – Pedro disse.

– Furada ou não, eu vou ter minha oportunidade também, né? – Mateus quis saber, ansioso.

– Sim, sim. Vamos trocar de posição de novo. Quando o Mateus avistar uma gata, ele fala e a gente vai.

A brincadeira começava a perder a graça, mas fariam outra rodada. E como sempre acontecia, o inesperado ocorreu novamente com Mateus. Tinham andado somente mais uns dez metros depois da segunda tentativa e deram de cara com Leo. Dali pra frente, foi uma sucessão de abraços calorosos entre todos. Estavam com saudades, não se viam pessoalmente há muito tempo, e todos eram muito amigos. Já tinham vivido muitas coisas juntos, principalmente Mateus e Pedro, que eram os que Leo mais conhecia. Luís entrava de gaiato, mas também era muito querido.

– Há quanto tempo, pessoal!

– Põe tempo nessa conta, Leo!

– Tá foda, né cara? É trampo demais!

– Sim, imagino.

– O que vocês tão bebendo?

– Ah, cara, pegamos uns drinques ali. Vamos beber uma?

– Vamos demais.

Dirigiram-se para o bar. Leo ia dando uma paradinha aqui ou ali, sempre cumprimentando alguém – afinal, todos eram convidados dele. Os amigos fizeram uma espécie de barreira humana em Leo para que ele conseguisse chegar até o balcão. Brindaram abraçados, tiraram selfies. Depois, Leo chamou um fotógrafo que sempre ficava à espreita.

– Essa é para o aplicativo!

Apareceu uma assistente logo depois da foto ser tirada, e Leo pediu:

– Coloca assim: Luís, Pedrim, Leo e Mateus, tudo da BIG!

Ela anotou a legenda e eles retornaram o papo.

– Você vendeu mesmo a BIG, Leo? – Luís adiantou.

– Claro que vendeu, né cara? O Leo já até disse que não é mais meu patrão! – Brincou Pedro.

Todos riram.

– Não sei se isso é uma boa ou uma má notícia, né Pedrim?

– Com certeza não é boa, Leo. Você é o melhor patrão que alguém pode ter. O clima lá na BIG sempre foi top porque você fazia questão que as coisas fossem bem abertas. Autonomia total.

– Autonomia sim, Pedrim, mas com responsabilidade!

– Sim, cara, é claro! Mas só de ter autonomia, as coisas mudam.

– Pois é, Pedro, e vou te falar uma coisa: eu acho que o clima da BIG foi uma das coisas que mais pesou pros gringos aceitarem a negociação.

Todos concordaram com o aniversariante, inclusive Luís, que mesmo por pouco tempo, também trabalhara lá. Não era surpresa pra ninguém que o clima da BIG era diferenciado, assim como o antigo CEO, Leo.

– Pois então, eu vendi sim, mas continuo com um percentual que me dá direito a uma cadeira no conselho.

– Porra, então você continua a ser meu patrão, Leo?

– Meio que indiretamente, Pedrim. Foi a condição que eu impus para os gringos. Tenho muito amor pela BIG e por tudo o que ela representa, não podia vender assim, como se fosse um guarda-chuva, um produto qualquer.

Eles concordaram em silêncio dessa vez.

– Ainda mais com toda aquela história de ter sido um problema de mercado que a minha mãe compartilhou comigo e tal. – Leo disse, olhando para os três.

– Sim, com certeza. É sempre bom acompanhar os negócios de perto, né?

– Pois é. E falando em negócios, o que vocês tão arrumando?

Luís e Mateus se entreolharam. O primeiro se adiantou:

– Bom, eu tô trampando numa empresa de TI, Leo.

– Massa, cara. E tá só lá?

– Não, pego uns frilas de vez em quando também. Atualmente tô com dois, um em fase final e outro na etapa de protótipo do sistema.

– Massa demais, cara.

E assim, como se já tivesse dado todo o tempo que Luís precisava para dizer o que andava fazendo, Leo olhou para Mateus e perguntou:

– E você, Mateus?

– Então Leo, esse projeto que o Luís disse que tá na fase de prototipação é uma parada que estamos tentando resolver. Tem a ver com uma tecnologia nova, mas que já tá dando o que falar por aí.

– Uau, cara! Mesmo? Que genial. E vocês podem falar do que se trata?

– Claro. É um esquema de tecnologia em 3D que escaneia objetos.

– Mas isso tem códigos, não tem não? – Leo queria saber.

– Tem sim. São algoritmos específicos.

– E esses algoritmos já foram desenvolvidos ou vocês estão pensando em desenvolver?

– Aí é que tá todo o problema, cara. – Luís assumiu. – Os códigos já existem, mas eles não são abertos.

– Saquei. Mas o que vocês estão pensando em fazer em relação a isso?

– Bom, primeiro estamos tentando validar a solução, mesmo que ainda inalcançável, em termos da tecnologia que nós temos disponível aqui. Depois, vamos testar o mercado. – Mateus explicou.

– Sei, entendi. Mas é uma grande barreira essa, né?

– Sim, é bem alta.

– E você tem feito mais alguma coisa enquanto isso, Mateus? – Leo voltava com aquele olhar inquisidor que Mateus já vira tantas vezes, desde as primeiras conversas lá na BIG até quando foi se desfazer da SS'nH.

Meio sem graça, respondeu:

– Continuo estudando, fazendo cursos.

Leo soltou um grunhido, pegou Mateus pelo braço e, pedindo licença, puxou o amigo para um canto mais vazio, atrás do bar onde estavam.

– Sabe o que é que é, Mateus? Tô com uma proposta de negócio que me parece bem interessante, e pensei de cara que você poderia vir junto. O que me diz?

Mateus ficou imóvel, meio espantado com aquela sugestão. Pra dizer a verdade, achou até que Leo estava zoando com ele. Perguntar aquilo assim, no meio daquela festança toda? Tá certo que a festa ainda estava no início, mas aquele certamente não era o melhor local, muito menos o melhor momento, para ele avaliar aquela proposta. Como já sabia fazer, foi saindo pela tangente:

– Vamos conversar sobre essa possibilidade sim, Leo. Preciso conhecer o modelo de negócio, saber do que se trata, entender por que você acha que eu sou importante pra isso e tudo mais, né cara?

Leo imediatamente respondeu:

– Claro, Mateus. Entendo que você precise saber mais detalhes, mas você não acredita em mim não? Acha que eu ia te convidar pra uma cilada?

– Claro que não, Leo! Ainda mais você, cara: você me conhece e eu te conheço. Tenho certeza que você só manda bem, ainda mais comigo. Mas olha por outro lado, cara: eu nem sei do que se trata, se tem a ver comigo, se vou precisar de muito ou pouco tempo para tocar esse negócio... Não posso sair topando assim, no escuro! Talvez eu tenha condições de tocar projetos paralelos ao que eu estou desenvolvendo, mas talvez isso mude a minha rotina e interfira em outras atividades. Por isso, eu teria que ver como posso montar meu horário e tal...

– Sim, sim, entendo tudo isso, Mateus. E considero. Mas gostaria que você considerasse a minha oferta também. *Give first, give back*, lembra?

Sim, Mateus se lembrava do que aquilo significava. Inclusive, tinha lido num blog, há algum tempo atrás, sobre as armadilhas que esse mini mantra empreendedor poderia proporcionar. Sentiu que, de alguma forma, Leo estava se aproveitando da mão que estendera a ele como mentor e investidor para, agora, cobrar uma espécie de dívida. Não, Leo não faria isso. Será? Pairou uma dúvida.

Mas em pouquíssimo tempo aquela dúvida se foi. Bastou Leo falar as palavras revolução, novo mercado, solução validada, investimento e coordenação para os olhos de Mateus se ampliarem e brilharem. O Leo era o Leo, ele era o cara! Mateus não podia tratar aquela proposta somente como a cobrança de uma dívida. Embora o amigo não tivesse dito exatamente do que se tratava o negócio, ele explicou que era algo relacionado ao mercado imobiliário, que envolvia uma tecnologia de ponta e contava um robô por trás do esquema de códigos. Havia também uma extensão para o urgente 3D, que há tanto tempo já fazia a cabeça das pessoas.

A todo instante, o papo era interrompido por alguém que vinha saudar e parabenizar Leo, que acabou sugerindo:

– A gente conversa mais amanhã. Podemos almoçar juntos?

– Almoçar? Você vai conseguir acordar pro almoço amanhã?

– Claro que sim, Mateus! Não me conhece?

Por um momento, Mateus havia se esquecido da vida espartana que o amigo adotara. Acompanhava-o pelas redes sociais e sempre via suas fotos na academia e em maratonas, além de frases e citações sobre autoestima, motivação, foco e tudo mais que indicasse um cotidiano on, uma vida em que atividades físicas e persistência eram a chave para o sucesso. Além disso, era seguido por muitos K de pessoas. Sim, era bem possível que ele estivesse de pé, bem-disposto e faminto na hora do almoço.

– Ok, combinado. Amanhã a gente almoça junto. Que horas e onde?

– Me manda um WhatsApp ao meio-dia me dizendo onde você tá que eu te pego e vamos pra um lugar massa que abriu aqui, pode ser?

– Pode sim. Seu número ainda é o mesmo, né?

– Sim. Mas se não se importar, me liga pelo Skype, tá certo?

– Ok. Sem problema.

– Massa, Mateus. Então amanhã a gente continua a conversa. Aqui não vai dar mais, cara. Toda hora vai vir alguém interromper.

– De boa, cara. Amanhã te ligo ao meio-dia.

– Valeu!

– Valeu, Leo. E obrigado pela proposta, cara. Vou pensar com carinho.

– Que isso, Mateus. Quando saí da primeira reunião com os investidores, já tava com o seu nome na cabeça. É perfeito para você, cara.

– Valeu mesmo, Leo.

– Vai nessa, então, que a night tá só começando!

– A gente se esbarra por aí!

Mateus foi voltando para onde deixara Luís e Pedro. Contornou o bar e conseguiu ver que eles estavam a poucos metros do balcão. Conversavam com uma menina, e tinha um cara vestido de palhaço na roda. Começou a voltar discretamente, pois todos prestavam atenção em um malabarismo qualquer que o palhaço fazia. Quando chegou na roda, o número terminou e todos estavam aplaudindo. Luís assobiou colocando os dedos na boca, o palhaço agradeceu com toda sua teatralidade e se despediu, indo para outro grupo que estava por ali.

– Ah, esse cara é demais!

– Muito louco! Você viu o que ele fez, Mateus?

– Não. Cheguei agora, no finalzinho da apresentação.

– Perdeu cara! Essa festa tá muito foda.

Luís conversava com a menina sobre a apresentação que tinham acabado de ver. Pedro aproveitou para saber de Mateus:

– E aí, cara, o que o Leo queria com você?

– Ah, ele tá com um projeto novo e queria falar comigo sobre isso.

– Projeto de que?

– Não deu pra ele me explicar muito bem. Toda hora chegava alguém pra cumprimentar e interrompia a conversa. Aí deixamos pra conversar mais outro dia.

Mateus não quis contar para Pedro que a reunião seria dali a algumas horas. Não porque tivesse medo da reação dele, mas porque não sabia se podia compartilhar aquelas coisas com alguém. Leo não lhe pedira silêncio, mas Mateus achava que não custava nada ser discreto, e por isso não rendeu muito assunto. Foi apresentado à Milene, a garota com quem Luís conversava todo animado, e pelo olhar que trocavam, sacou que alguma coisa poderia rolar entre os dois. Quis deixar os dois sozinhos e chamou Pedro para reabastecer os copos. Enquanto o garçom preparava as caipirinhas, Pedro puxou conversa:

– Mas Mateus, ele não te disse mais nada sobre esse projeto?

– Não, cara. Ele só falou que tinha pensado em mim para tocar o projeto, que era na área imobiliária e envolvia tecnologia.

– Ah, saquei!

– Você já conhece o projeto?

– Não, não sei de nenhum projeto dele ainda. Só sei que se esses gringos que compraram a BIG forem mudar alguma coisa, vai ser a chance que eu preciso pra mudar um pouco de ramo também.

Mateus fez cara de surpresa:

– Ué, cara, você não tá curtindo a BIG mais não!?

– Não é bem isso, Mateus. A BIG é massa demais, é uma empresa foda com uma cultura mais foda ainda! Mas eu tô afim de dar uma mudada, cara. Já entendo tudo da minha área lá e de todo o negócio em si, tô precisando de um novo desafio. Preciso conhecer novas áreas, terrenos diferentes, sabe. Pode até ser alguma coisa na área em que eu já atuo, porque adoro essa parte de marketing e comercial, mas talvez em outro mercado. Acho que eu cansei de animais domésticos! – Desabafou, rindo.

Mateus acompanhou a gargalhada de Pedro: ele entendia o que o amigo e primeiro contato do processo empreendedor falava. Lembrou-se dos seus tempos na Truesound e viu que o mesmo mal-estar que tivera lá agora acometia Pedro. Não quis consolá-lo:

– Pedro, se você já não se sente desafiado onde você está agora, então tá certo em procurar outra coisa para fazer. Ainda bem que você tá de boa com isso. Já rolou a mesma coisa comigo, mas eu não tive paciência pra ficar mais tempo na empresa em que eu trabalhava na época. Entendo demais isso que você está sentindo!

Pedro sorriu como quem diz "ainda bem que você me entende". Mateus continuou:

– Mas quando você menos perceber, logo vai surgir outra oportunidade para você, cara.

O que os dois nem imaginavam ainda é que aquele "logo" seria tão logo assim: foi no dia seguinte, no tal almoço com Leo, que Mateus cogitou o nome de Pedro para compor a equipe com ele, assumindo todo o lado comercial e mercadológico da nova startup. Naquele almoço, Leo explicou tudo para Mateus. O grupo que comprara a BIG tinha diversos empreendimentos e investimentos em todo o mundo, e um deles estava crescendo muito nos Estados Unidos, no Japão e em alguns países do Oriente Médio. Resumindo, o modelo de negócio dos gringos era uma solução para o mercado imobiliário com foco em um nicho bem delimitado de compradores e vendedores de imóveis, pois visava empresas que precisavam expandir seus mercados para outras cidades ou mesmo outros países. Normalmente, eram transações B2B – ou seja, de empresa para empresa. Eram muitas as empresas que procuravam imóveis em outras cidades, e havia uma fatia bem expressiva a ser explorada naquele meio: os membros das equipes que precisavam mudar de cidade junto com os negócios. Às vezes, era uma família inteira; outras, somente um funcionário selecionado para comandar os negócios na nova praça.

Um dos principais problemas desse nicho de mercado era que as pessoas – ou pelo menos alguém da empresa – precisavam se deslocar de uma cidade para outra só para ver o que pretendiam comprar ou alugar, e muitas vezes o que eles viam ao vivo era bastante diferente do que viam no site. Pensando nisso, a solução era uma consultoria especializada em encontrar o melhor imóvel em outras cidades e escaneá-lo para permitir uma visita virtual à propriedade, eliminando a necessidade de comprar uma passagem e se deslocar somente para conhecê-la. Além dessa solução, a empresa previa a possibilidade de comercializar projetos de arquitetura para esses compradores. Tais projetos seriam oferecidos por meio de um leilão, que funcionaria assim: antes de fechar negócio, o cliente acessaria o currículo do proponente para ver o que ele já tinha feito e quais projetos já tinha desenvolvido, escolhendo, assim, o projeto mais adequado para o profissional desenvolver, com um preço compatível e dentro do esperado. Mesmo sendo um mercado nichado, ele era responsável por 14,5% de todo o mercado imobiliário mundial, o que significava alguns bons milhões de dólares.

Enquanto explicava todo esse empreendimento, Leo aproveitava para enviar a Mateus todos os arquivos que comprovavam aqueles dados. Enviou também arquivos que apresentavam os valores investidos e apurados dos locais onde a plataforma já rodava: Dubai, Beirute, Tóquio, São Francisco, Dallas, Chicago e, é claro, Nova York e Miami. Uma das questões que mais contribuía para que Leo fizesse o investimento em terras latinas era o fato de que a empresa WebPlace já possuía muitos imóveis georreferenciados na região. Havia também a possibilidade de firmar parcerias com todas as imobiliárias que ainda não oferecessem aquele tipo de serviço – afinal, as que já estavam estabelecidas em outras cidades representavam concorrentes diretos da WP, como Leo passou a designar a startup. Mas havia um ponto que pesava negativamente, e isso era importante, era aquele que Mateus salientou ao comparar o mercado latino com o daqueles países onde a plataforma já rodava com relativo sucesso. E Mateus já analisava as informações que haviam acabado de ser enviadas por Leo.

– Sim, é verdade isso que você constatou, Mateus. – Disse Leo, sem se eximir do questionamento. – Mas aqui na América Latina há um potencial muito grande de crescimento de mercado, principalmente com a formação desses blocos econômicos. Pra você ter uma ideia, a empresa de consultoria que analisou o mercado daqui mostrou que a perspectiva mercadológica é duas vezes maior do que a do mercado europeu. Tudo bem que isso não é exatamente uma grande vantagem, porque com a onda de refugiados de lá, a situação imobiliária se alterou profundamente. Mesmo assim, o que a consultoria notou foi que há um forte movimento de expansão de empresas latino-americanas para todo o continente, então teremos um bom mercado para conquistar.

Mateus ouvia tudo atentamente, mesmo sem tirar o olho das doze abas abertas no seu tablet. Nem sequer havia tocado no almoço. Sorte que era uma salada de frango e, portanto, poderia esperar mais um pouco sem esfriar. Se Leo entrasse no investimento, haveria algumas condições: ele escolheria a equipe para trabalhar na região da América Latina e seria o responsável por dar reports para a matriz, que ficava em Jerusalém. Sim, aquela era uma empresa israelense que surgiu num programa de aceleração, isto é, nasceu como uma startup e hoje conquistava o mundo. Trabalhar numa empresa daquelas era o sonho de qualquer aspirante a empreendedor. Mateus sabia o quão grande era esse sonho, mas sabia também das responsabilidades que acompanhavam esse presente que caíra no seu colo. Leo ponderou:

– Eu também sei das peculiaridades e das dificuldades do mercado de cá, e é justamente isso que tá me animando mais ainda, Mateus. É saber que o mercado daqui é bem diferente, mas que tem muita chance de se igualar aos mercados de todos os outros lugares em que a WP já atua.

A empolgação de Leo a essa altura já estava comprometendo a ordem social vigente no restaurante: era impossível que alguém não notasse o quanto ele gesticulava e falava alto, especialmente quando chegou a parte que dizia respeito a Mateus. Ele disse que não abriria mão de Mateus no comando da nova equipe.

– Jura, cara?? – Disse Mateus, mais como quem confirma do que como quem duvida.

– Sim, Mateus. – Leo garantiu. – Quero que você conduza esse processo. Eu sinto que você já está preparado para assumir isso, e acho que você também sente a necessidade de trabalhar desse jeito, como se fosse o empreendedor do negócio. Acho que vai ser bom para nós dois.

Aquele era o Leo sendo o Leo de sempre: perspicaz, determinado, objetivo e, ao mesmo tempo, transpirando intuição. Mateus teria autonomia, principalmente nos estágios iniciais, para compor a sua equipe. Ele se lembrou imediatamente da conversa que tivera com Pedro, e aproveitou para perguntar se Leo se importaria de chamar alguém da BIG.

– Complicado isso, né Mateus? – Ele disse. – Você precisa entender que, se eu tiro alguém do negócio que os gringos compraram pra colocar no outro empreendimento que eu serei sócio, eles podem achar que eu mesmo estou interferindo no negócio que acabei de vender.

Mateus não concordou nem discordou. Pensou que aquilo seria uma coisa fácil, mas entendeu que Leo poderia ficar numa saia justa. Foi pensando assim que expôs a conversa que teve com Pedro na noite anterior, lá na balada. Leo ouviu e entendeu toda a situação de ambos. Até se compadeceu com o relato, mas não pôde prometer nada. Mateus também compreendeu, e os dois ficaram de pensar melhor nesse assunto. Para Mateus, seria mais complicado: Leo deu vinte e quatro horas para ele decidir se aceitava ou não a proposta, pois a decisão do amigo definiria se ele ia ou não investir nesse novo caminho. O negócio ainda não estava fechado.

– Só vinte e quatro horas?

– Sim, Mateus. Tenho só esse tempo pra esperar uma resposta sua. Eu também tenho prazos e acordos com os caras, disse que até segunda eu daria uma resposta definitiva. Não posso de cara ir furando os prazos, né? Você sabe como eu sou com tudo que envolve prazos e responsabilidades.

Ele concordou. Sabia exatamente como Leo era, e prazo era praticamente uma religião que o amigo seguia. Aliás, não apenas prazos, mas tudo o que envolvia suas atividades. Tanto é que mal se passaram nem quinze minutos e ele já foi fechando a conta e chamando o Uber, pois viajaria ainda naquele dia para São Paulo – era lá que ele se encontraria com os gringos novamente. Pensou melhor e decidiu esticar o prazo para Mateus, marcando para o final da tarde de segunda. "Ou seja, você tem vinte e oito horas pra me dar uma resposta", reforçou. Abraçaram-se na saída e Leo garantiu que estaria no Skype na hora combinada.

Não responder uma proposta de cara não era um luxo para Mateus. Certamente, havia muitas outras coisas nas quais ele precisava pensar. Tinha um projeto em andamento com Luís, sim, mas não seria essa proposta que inviabilizaria o seu aceite. Na verdade, o que o preocupava é que ele iria receber por metas alcançadas, pois não achava que o mercado seria assim tão positivo quanto a consultoria tinha mostrado.

Saiu dali e, mal chegando em casa, mandou um Zap para George. Poderia ter consultado outras pessoas mais próximas, mas sabendo que George estava lá pros lados do Oriente, imaginou que ele poderia dar alguns toques mais precisos sobre aquela decisão. Como de praxe, George não demorou nem cinco minutos para responder. Entrou no Skype e logo os dois já conversavam, um de cada lado do planeta. George estava barbudo e com cara de quem já estava na cama.

– Não precisa se preocupar... Aqui já é quase de manhã, mas eu acordo bem cedo.

– Foi mal, cara, mas só consegui pensar em você pra me ajudar agora.

– Que bom que eu posso te ajudar. Quer dizer, vamos ver se eu posso mesmo, né?

Mateus contou toda a história para George: o convite, as condições, as perspectivas, tudo. Ele prestava atenção, mas por vezes pareceu meio hipnotizado. Entrou no site da empresa e confidenciou para Mateus que já tinha ouvido falar dela, mas não conhecia muito aquele mercado porque não era onde estava acostumado a investir. Pediu que Mateus encaminhasse os arquivos que Leo enviara. Queria saber mais detalhes para orientar melhor o pupilo, mas adiantou que, se aquele era um negócio que Leo estava interessado em investir, não devia ser um barco furado.

– Leo não vai investir em alguma coisa que não tenha ou ofereça garantias significativas de crescimento. – Garantiu.

Mateus já sacava isso, mas queria uma opinião mais equilibrada e imparcial sobre as questões que envolviam aquele mercado. "Esse é o ponto", destacou para George. Com a promessa de conversarem novamente em breve, terminaram a sessão. Mateus fechou o notebook e se jogou na cama – ainda estava de ressaca da noite anterior. Ninguém pegou ninguém, contrariando a hipótese furada de Luís, mas mesmo assim voltaram para casa quase de manhã, e ele precisava colocar o sono em dia. Passou o resto do dia na cama, mas seu sono estava intranquilo. Sonhou muito, se debateu demais. Era muita coisa que estava em jogo ali. Acordou ainda um pouco cansado: estava muito ansioso e seu subconsciente não conseguia ser passado pra trás. "Impressionante como pequenos movimentos podem causar tantas modificações", pensava. Estava ali, tendo uma vivência bem tranquila e coerente quando, de repente, depois de uma simples conversa com alguém, por conta de uma só proposta, sua vida virava pelo avesso. Foi um turbilhão de emoções. Seu presente, seu futuro, tudo poderia ser alterado com aquela decisão; fosse ela acertada ou não, toda a linearidade dos últimos meses seria – e já estava sendo – abalada. Mas não era isso que o intimidava: ele sabia que a vida de quem empreende é, do início ao fim, uma grande reviravolta, mas ainda não estava muito empolgado com a possibilidade de trabalhar numa startup já constituída. Ainda estava naquela expectativa de ter um insight incrível para poder empreender ele mesmo. Na verdade, foi a forma como as coisas surgiram que impactou Mateus. Ele não conseguia parar de pensar que é quando menos se espera, onde menos se espera, que surgem as aberturas. Cabia ao bom empreendedor, então, analisar essas possibilidades para tomar suas decisões.

A opinião de George não seria a responsável pela decisão de Mateus, mas com certeza iria influenciá-la. E foi exatamente o que aconteceu. Logo cedo, no dia combinado para dar a resposta para Leo, Mateus recebeu um WhatsApp de George pedindo que olhasse sua caixa de entrada, pois tinha enviado um e-mail com suas observações sobre a decisão de Mateus. O rapaz foi logo se sentando e ligando o notebook – em pouco tempo sua madrinha chegaria para almoçar e ele teria que parar tudo para ficar com ela. Mal abriu a caixa postal e lá estava a mensagem do amigo, com um título bastante intrigante: "Conselhos para um empreendedor". O texto no corpo da mensagem não era muito grande, mas havia diversos links que George insistia que fossem acessados. Em um deles, estava a pesquisa feita pela empresa de consultoria. "Como é que um cara que tá lá do outro lado do mundo consegue acessar essas informações mais rápido do que eu, que estou onde a consultoria foi prestada?", pensava Mateus, intrigado. Clicando no link, ele pôde entender melhor aqueles dados.

No geral, a análise de George confirmava que valia a pena entrar no negócio. Destacou quais eram os investidores por trás da iniciativa e, em outro link, mostrou notícias que atestavam a índole dos mesmos. Era um grupo forte, bem estruturado e que normalmente obtinha louros em suas investidas. No que dizia respeito às atividades já desenvolvidas no Oriente, notícias ainda melhores: em apenas 24 meses, a WP já era considerada líder de mercado naquele segmento. George destacava que o mercado latino-americano era realmente peculiar, mas sem dúvidas muito positivo no que dizia respeito à expansão. Terminou a mensagem sugerindo que procurassem empresas multinacionais já sediadas no Brasil para dar uma peneirada no público e se concentrar em clientes com maior potencial. Era um esboço do tal funil de vendas, nome dado ao processo de acompanhamento do cliente desde o momento em que ele toma conhecimento de um produto até o fechamento do negócio propriamente dito. Ele sugeriu um roadshow somente com as grandes empresas primeiro para, depois, atacar a rede de franquias, chegando finalmente ao mercado de varejo – ou seja, às pessoas físicas.

George acreditava na ideia e sublinhou que a oferta de Leo era legítima: Mateus não só ganharia muita experiência gerindo aquele negócio, mas também era o candidato mais cotado para ajudar a empresa a ganhar mercado. É claro que o garoto esperava que George terminasse mesmo falando o que ele deveria fazer, se topava ou não, mas o amigo era muito experiente e sabia que não deveria decidir por Mateus: não escreveu que sim nem que não, apenas ponderou que, se ele topasse, haveria grandes horizontes, e tudo aquilo seria muito importante para sua formação. Porém, a decisão caberia somente a Mateus.

Nem precisou esperar completar as vinte e oito horas. Ainda na segunda de manhã, Leo recebeu uma mensagem de Mateus: "Tô dentro".

14 RELAÇÕES

Seu dashboard estava lotado: precisava criar outra planilha e associá-la a outro schedule. Quem olhava também tinha a impressão de que era tudo muito colorido, mas Mateus não. Cada cor representava um segmento empresarial diferente, e as cores seguintes, nas outras colunas, mostravam o status comercial de cada proposta. Tinha se inspirado no modelo que Pedro usava para acompanhar as ações de marketing, pois lhe parecera bastante alegórico e pertinente com as atividades que estava desenvolvendo. Além do mais, vinculava cada segmento de mercado à outra planilha, que abria uma listagem de empresas em fase de internacionalização – ou, pelo menos, começando a pensar no assunto.

A solução da WP tinha um timing certo para ser apresentada. Aquilo era fundamental, pois não apresentar uma ideia no tempo certo era o mesmo que oferecer casacos de pele no verão carioca, ou biquínis no inverno gaúcho: ninguém se interessaria. Por sorte, a planilha de status comercial estava indo muito bem. À medida que alcançava metas estabelecidas, a paleta de cores escurecia qualquer que fosse a cor da linha. Por isso, todos se interessavam em ver aquele dashboard, e Mateus o compartilhava com os colaboradores diariamente. Leo, inclusive, o acessava com frequência para fazer suas observações. Com algumas, Mateus concordava; com outras, não. Nem por isso, deixava de compartilhar qualquer que fosse o argumento. Pode-se dizer que a perna da WP na América Latina estava ganhando a tração desejada dentro do prazo determinado, e já chamava a atenção do grupo investidor. Era preciso ressaltar também que boa parte da razão para isso se devia à horizontalização da comunicação da equipe, principalmente entre os vértices comercial-financeiro e operacional-administrativo. Somava-se ao fato a possibilidade de ganhar bonificações ao longo do processo e, é claro, bonificações polpudas. Apesar da resposta rápida para Leo, Mateus impôs algumas condições para embarcar no negócio: Pedro tinha que entrar no time. Ele seria o responsável por coordenar a equipe e, sempre que pudesse, modificaria algum processo para se adaptar às peculiaridades daquele ambiente de negócios.

Ganhou carta branca para todas essas "mini exigências", como ele mesmo as chamou. Sabia que essa era a grande chance que todo mundo procurava por aí, e não a deixaria passar assim tão fácil. Depois de ter se aconselhado com George, Mateus percebeu que havia uma mensagem nas entrelinhas que era mais ou menos assim: se Leo está querendo entrar nesse negócio, ele vai entrar. Se não for com você, ele com certeza escolherá outra pessoa para gerenciar o empreendimento. Aquela era a chance, a janela. Foi com tanta vontade, com tanto envolvimento, que contagiava que qualquer um que estivesse por perto. Boa parte do sucesso daquela filial devia-se a essa cultura de que "aqui-não-tem-ninguém-melhor-do-que-ninguém-mas-se-formos-trabalhar-sozinhos-de-nada-adiantará-o-que-iremos-fazer".

No decorrer da sua jornada empreendedora, leu muito sobre a importância da cultura para o sucesso de uma equipe, e estava em pleno vapor nesse sentido: mantinha os ânimos lá em cima, conversava com todo mundo e tinha feito algumas tropicalizações que julgou serem melhores para o desempenho financeiro e contábil da WP. Leo aprovou todas. Por exemplo, todo mundo operava remotamente. Quando era necessário, marcavam uma sala de reunião em algum coworking. Existiam tantos na cidade que a guerra de mercado já era por preço.

Equipe empolgada, mercado em intenso crescimento, monitoramento de metas quase que diário e custos enxutos: a WP tinha tudo o que qualquer empreendimento sonhava em ter graças, principalmente, aos esforços de Mateus. Leo até se permitiu tirar uns quinze dias de férias, incluindo um detox digital, uma vez que a WP já tinha registrado uma performance melhor do que as filiais do sudeste asiático antes mesmo de completar seis meses. Quando voltou, tudo ainda estava melhor do que antes. Mateus inovou em alguns processos que já eram estabelecidos e conseguiu chegar a resultados mais consistentes. Uma dessas inovações dizia respeito à fonte de informações para saber quais empresas-alvo já pensavam em ir para outros países: enquanto outras filiais contratavam escritórios de consultoria para obter esses dados, a proposta de Mateus era checar a destinação das verbas governamentais de acordo com os segmentos produtivos e os respectivos tratados comerciais que, diplomaticamente, eram regulamentados pelos órgãos governamentais financiadores. Tinha encontrado uma fonte de informações mais fértil dos que os outros escritórios, e justamente por isso ganhava mercado dia após dia, semana após semana. Era inegável que as contribuições de Mateus faziam muito sentido. Ele adotou um singular "brazilian way" e constituiu equipes comerciais em praticamente todas as capitais e cidades que ofereciam benefícios fiscais e tributários para empresas de qualquer segmento que quisessem se sediar naqueles municípios – assim, sempre conseguia obter as melhores soluções e os melhores imóveis para as empresas. Esse fato passou a ser fortemente aconselhado para todas as demais filiais que a WP tinha ao redor do mundo.

Foi exatamente quando estava numa call com uma candidata à corretora para o estado do Rio de Janeiro, que substituiria o antigo representante, que Mateus se interessou em disseminar pessoalmente a cultura da WP Brasil. A candidata era uma morena estonteante que, quando sorria, fazia as maçãs do rosto espremerem os olhinhos. Sentiu uma ligação desde que o pessoal da captação de corretores enviara o e-mail com a agenda das entrevistas on-line. Era a última etapa do processo seletivo para aquela vaga carioca e, entre outros dois candidatos, Lívia se destacava não somente pela beleza, mas também por se mostrar proativa, simpática e extremamente ponderada em relação às particularidades do mercado fluminense. Por conta da demanda petrolífera, havia muita procura por imóveis no norte do estado e, por isso, Mateus concentrou sua força comercial naquela região. Decisão acertada, pois foi assim que conseguiu fazer com que o faturamento daquela praça se expandisse. Percebendo aquele substancial crescimento, Mateus resolveu ir visitar a praça. Talvez, só talvez, mais proximidade pudesse ampliar ainda mais as vendas.

Passou os dias no Rio de Janeiro dedicando-se a conhecer Lívia melhor. Encontraram-se no aeroporto e foram direto para um quarto de hotel, só saindo de lá três dias depois. Se deram muito bem, e antes de voltar pra casa, Mateus prometeu ir ao Rio sempre que possível. A rotina se repetiu, então, durante outros três fins de semana seguidos. Os dois gostavam das mesmas coisas e tinham as mesmas ambições. Nesse vai e vem, começaram a namorar.

Leo foi o primeiro a saber do envolvimento dos dois, mas não se importou com isso. Só lembrou que era preciso ser mais profissional quando necessário, mas Mateus já era maduro o suficiente para distinguir uma coisa da outra.

– A carne é fraca, cara... – Leo advertia.

– Preocupa não, Leo. – Mateus respondia. – Eu sei onde estou pisando.

Ao final do primeiro ano de operações, a WP inteira já sabia do namoro de Mateus e Lívia, mas ninguém os julgava por isso. Era uma empresa que não precisava da fofoca, da conversa paralela, da névoa dos olhares das pessoas: todos estavam ali para trabalhar em prol de uma conquista que se aproximava cada vez mais da realidade. Mateus contribuía, e muito, para que esse futuro se avizinhasse. Ia a reuniões, seminários, encontros, palestras, visitava empresas, câmaras de comércio, entidades representativas de órgãos de classe, enfim, relacionava-se como uma celebridade por todos os meios empresariais, governamentais e econômicos. Sabia que era por ali que conseguiria obter informações privilegiadas para que o negócio de locação e vendas pudesse acontecer. Uma parte da história que realmente o seduzia era o fato de não existir horário, local ou tarefa específica para fazer. Alguns chamavam de teletrabalho, mas para ele, a denominação correta era rotina. Aquilo era o que mais havia de contemporâneo para ser usufruído.

Mateus não parava quieto. Passou a atender as praças de Minas Gerais e do Rio de Janeiro e, assim, ficou mais perto de Lívia. A busca por imóveis não era um negócio de recorrência, mas sim de replicação. Isso significa que, uma vez bem posicionado, o negócio seria visto como uma referência no mercado e, assim, teria fortes possibilidades de se tornar líder no segmento em que atuava. Qualquer modelo de negócio que procura se estabelecer nesse sentido deve entender que muito do mercado é mais manutenção do que crescimento; quando esse entendimento é absorvido, somente o tempo poderá validar ou não essa trajetória. Esse foi um dos grandes e inesquecíveis aprendizados que Mateus obteve em relação ao mercado e ao modelo de negócio. Compartilhava com toda a equipe, mas sempre a catequizando em relação à participação em eventos empresariais.

Todos sabiam que uma das regras básicas para a filial latino-americana era a capacidade de celebrar e manter um bom networking. Era por isso que o processo seletivo tinha de ser tão criterioso. Mateus fazia questão de verificar toda a vida social de seus colaboradores regionais, mas não apenas sob o aspecto das redes sociais: queria saber se o pessoal sabia e estava fazendo networking. Precisavam de pessoas de relacionamento, acima de tudo. O conhecimento comercial vinha com o tempo, depois de diversos treinamentos, e graças à comunicação horizontal, o conteúdo era facilmente absorvido. Os representantes regionais deveriam ser corretores, mas com uma pegada bastante diferente daquela dos corretores de imóveis tradicionais. Eles deveriam ser mais antenados em relação aos acontecimentos do mundo, principalmente no setor produtivo dos países e das capitais, pois aquele era um período muito positivo para os negócios. As crises políticas dos países da América Latina eram endêmicas, recorrentes, o que fazia com que às vezes alguns países fossem bem e outros nem tanto. Mas sempre existiam empresas que buscavam imóveis em outros países pela estratégia de internacionalização. A região sudeste do Brasil era a mais contemplada, mas o sul e o nordeste também atraíam muito, principalmente pelos municípios que, mediante subsídios fiscais e tributários, chamavam a atenção das empresas.

É claro que nem todo negócio dava certo, e nem sempre as negociações se encaminhavam da forma como se esperava. Para o mercado, naquele momento, havia muitos outros concorrentes e muita oferta de espaços para serem vendidos ou alugados. Curiosamente, a WP Brasil sempre tinha um ótimo posicionamento. Para compreender melhor esse espectro e toda a complexidade que envolvia tal ambiente, Mateus fez um curso rápido, pela web mesmo, sobre negócios internacionais. Se interessou também pela área de direito internacional, mas isso não estava no seu frame. Aliás, não poderia mesmo estar, pois a dedicação à WP Brasil era tamanha que ele nem conseguiria tempo para embarcar em outro curso de graduação, mesmo que a distância, pois muitos dos eventos que frequentava aconteciam à noite – e esse era o único tempo que teria disponível. Ficou só no conhecimento sobre o processo de internacionalização e insistia para que os candidatos que não fossem dessa área fizessem o curso também: esse tipo de treinamento estava incluído no pacote do processo de seleção. Depois de contratado, o candidato faria as aulas e teria que ser aprovado em um teste vinte e cinco dias depois. Se não passasse, poderia tentar de novo de acordo com a nota obtida. Mas se a reprovação se repetisse, aí não tinha mais jeito de ficar, não.

Lívia passou de primeira, e por isso fez o Skype com Mateus. Bendito Skype. A conversa com ela durou muito mais do que com qualquer outro candidato. Além de Lívia ter vindo da área de Relações Internacionais, ela também já havia sido empreendedora, tinha participado de um programa de aceleração e contava com uma fantástica rede de relacionamento em diversas áreas. Já tinha feito estágio em órgãos públicos, em entidades de classe, em fundações tanto daqui quanto de fora do Brasil. Além disso, participava ativamente de diversos movimentos sob a roupagem de articuladora, pois já tinha frequentado, como voluntária, uma instituição de fomento à educação empreendedora. Seus pais eram brasileiros, mas ela havia nascido na Alemanha e falava três línguas além do português. Ufa! Era um currículo e tanto. Daí o mistério: por que, com tanta qualificação, Lívia se candidatava à vaga de representante de um negócio tão disruptivo assim para o segmento imobiliário?

Ela havia ponderado diversos motivos. O "simples" fato de ser disruptivo já lhe chamara a atenção; achava que o momento era propício para que aquele tipo de negócio se desenvolvesse – não citou o *zeitgeist*, mas ele entendeu perfeitamente. Pontuou também que conhecia meios e acessos para fazer a venda certa no momento adequado. Mas nada o convenceu tanto quanto seu argumento matador: ela sentia que, ao entrar em uma empresa como a WP Brasil, teria mais chances de empreender novamente. Sem dúvida alguma, foi nesse momento que a vaga foi preenchida. A coincidência de propósitos era tanta que Mateus não se conteve e dividiu com ela essa mesma fresta de oportunidade: ele, no fundo mesmo, também voltava para esse mundo das startups e da inovação em modelos de negócio para se encher um pouco mais com o espírito empreendedor, e essa similaridade chamou a atenção de Lívia. Quando a câmera do notebook abriu, ela teve uma ótima impressão de Mateus. Gostou do que viu. Depois que eles compartilharam do mesmo horizonte, então, aí ela se apaixonou de vez.

Formavam um casal espetacular: um entendia o outro somente pelo olhar. Havia uma sintonia no ar entre eles que permitia criar certos códigos que nem o mais observador dos que estivessem presentes poderia notar. Mas o interessante é que também possuíam diversos antagonismos. Mateus, racional como ainda era, conseguia estabelecer uma linha clara e bem definida entre o trabalho e a paixão. Quando estava trabalhando, direcionava todas as suas energias para a tarefa e não pensava em qualquer outra coisa que não estivesse presente ali. O mesmo ocorria se estivesse namorando: pensava em fazer tudo para que Lívia se sentisse bem. É claro que ela adorava tudo isso, mesmo não sendo tão delimitadora quanto ele: misturava tudo. Se estivesse trabalhando, sempre que podia, dava uma cutucadinha nele. Por vezes ele nem notava, de tão absorto que ficava no trabalho, mas mesmo quando percebia, não conseguia retribuir. Aquele era o momento de trabalho, e não se permitia dividir a atenção com qualquer outra coisa que não fosse o que estava fazendo. Lívia transgredia. Trabalhava pensando em diversas coisas ao mesmo tempo, fazia correlações, lembrava-se de fatos passados e os associava com as perspectivas futuras. Rememorava pessoas amigas de outros lugares onde havia trabalhado e vivido e as conectava com questões de seu trabalho. Era uma figura de ligação.

O foco adquirido dele somado às conexões que ela produzia complementavam-se, e foi por essa conjunção que a praça dos dois acabou se destacando das demais. Nenhum dos dois tinha dúvidas de que essa harmonia era a fórmula mais apropriada para que metas pudessem ser alcançadas e resultados fossem atingidos. Mateus sabia da importância de ter valores dentro de uma empresa, sabia do peso que existia no fato de construir uma cultura em que a diversidade existia e era preservada, e achava engraçado que a esmagadora maioria de seus clientes não pensava assim. Eles ainda acreditavam que, se todos os colaboradores estivessem mirando o mesmo norte, os objetivos seriam atingidos. Na visão de Mateus e Lívia, esses seus clientes, as grandes corporações, eram gigantes dinossauros organizacionais, verdadeiros paquidermes que vagavam pelo planeta há um bom tempo e, justamente por isso, por essa longevidade, achavam-se evoluídos, superiores às demais milhares de pequenas e microempresas que, por qualquer pequena modificação no ambiente, pereciam. Mas as jurássicas grandes empresas, não! Gostavam de acreditar que eram elas mesmas que mudavam o ambiente, e não que o contrário as afligia. Sempre do mesmo jeito, com a mesma gestão, os mesmos processos, a mesma cultura. Nada ou quase nada a ser modificado. E elas sobreviviam! O casal achava isso impressionante. O mesmo acontecia no sentido oposto: quando os clientes conheciam a WP Brasil e entendiam como o negócio fazia para sobreviver num cenário tão hostil e regulamentado, eles logo se impressionavam também. Quanta diferença. Lá era tudo volátil, flexível, líquido. Se fosse preciso mudar um processo inteiro para atender um cliente, isso era feito de tal forma que a WP Brasil se tornava exatamente a solução necessária para aquela empresa expandir suas atividades.

Era definitivamente uma maneira muito inovadora de prestar serviço, tanto que o conselho administrativo da WP mundial resolveu partir para uma segunda rodada de captação de investimentos. A ideia era a de que a cultura brasileira de gestão pudesse servir de benchmarking, inspirando mudanças nos demais escritórios espalhados pelo mundo e servindo de modelo para as novas filiais que seriam abertas dali pra frente. Grande acerto.

A responsabilidade do feito não podia ser atribuída nem a um, nem a outro. O mais correto seria afirmar que as habilidades de Mateus se alinhavam perfeitamente às de Lívia: o que um tinha em excesso, o outro tinha em escassez, e isso era bom para ambos. Funcionavam como um imã – atração era o termo mais adequado para que o relacionamento e o resultado fossem alcançados. Davam-se bem em praticamente todos os campos em que estivessem juntos: visão de mundo, sentimentos, formas de pensar, gostos, preferências, sacanagens, curtições e até mesmo nos antagonismos. Visto de outra maneira, se completavam nas estratégias, nas percepções, nos sabores, nos modos de vida, na rotina diária, e achavam tudo aquilo muito divertido. Afinal, estavam vivendo um momento brilhante de suas carreiras, de seus sentimentos, de seus corpos, de sua energia.

Fato curioso é que o par também dividia as mesmas angústias e os mesmos temores. Queriam porque queriam voltar a empreender. Julgavam-se capazes e estavam na crista da onda. "Por que não?" era a pergunta que começava a martelar na cabeça de Mateus, e Lívia se deixou contaminar pelo questionamento. Mas isso só acontecia em partes, porque uma outra parte dizia outra coisa: "se estou indo tão bem na carreira aqui na WP Brasil, na trajetória que estou seguindo, então por que mudá-la?". Os dois questionamentos se confrontavam, pois havia argumentos suficientes de acusação e de defesa das duas esferas. No fim das contas, o fruto desse embate foi o surgimento de uma terceira perspectiva, que sugeria que Lívia ficasse na WP Brasil para assumir o lugar de Mateus, uma vez que este iria empreender. Assim, cada um poderia se realizar profissionalmente onde quisesse. Mas ainda havia um alerta nessa opção: Lívia não podia deixar de pensar que, se Mateus saísse, provavelmente a cultura da empresa sofreria um grande baque. Não que o julgasse insubstituível, mas decerto era ele quem conseguia manter o moral das equipes no alto, principalmente naquele momento em que a WP Brasil pretendia começar a abrir escritórios regionais nas médias cidades. Isso era o que Lívia se permitia pensar, mas a verdade é que ela não se achava preparada para reiniciar sua carreira solo. Gostava muito do que fazia na WP Brasil e temia não ter uma ideia disruptiva o bastante para deslanchar sua carreira. Já Mateus, que teve uma trajetória voltada totalmente para o propósito em vez da ideia, se sentia mais seduzido pela possibilidade de voltar a empreender – o medo do fracasso não o importunava mais. Frente a todo esse cenário, porém, não conseguiam chegar a lugar nenhum: essa passou a ser a única coisa que colocava os dois em lados opostos. Empreender ou não empreender? Tiveram longas conversas sobre isso, tanto virtual quanto pessoalmente. Mateus achava que o simples fato daquela possibilidade vir à sua mente era um sinal de que o momento havia chegado. Lívia retrucava dizendo que se nem uma ideia definida ele tinha, então talvez aquele não fosse o momento mais adequado para largar tudo e ir empreender. O assunto se tornou tão recorrente nas conversas dos dois que, depois de muito bate-boca, Lívia apelou e disse para ele ir empreender mesmo, que se ele estava falando tanto nisso era porque já queria ir e ninguém conseguiria mudar sua opinião. E completava: que fosse logo de uma vez – ela se viraria na WP Brasil do jeito que desse.

Não era blefe, ou pelo menos ela não parecia estar blefando. Entretanto, Lívia temia pela reação de Leo: o amigo sabia que Mateus faria falta na WP Brasil e que sua ausência poderia ser desastrosa para todo o trabalho desenvolvido até então. Lívia era muito boa em aspectos comerciais, mas não se dava muito bem em termos administrativos. Em contraste com a organização que Mateus aplicava em tudo que fazia, ela era um tanto bagunçada nesse campo. Não se planejava direito e não era muito de obedecer a regras e regulamentos – preferia criar as suas próprias. Percebendo tudo o que poderia acontecer, Mateus reconsiderava e adiava sua decisão. Tão logo esse assunto esquentou, atravessando o relacionamento dos dois, logo ele também começou a esfriar. No entanto, ambos sabiam que aquela era uma possibilidade real e que, a qualquer momento, poderia voltar para a mesa e ser enfrentada.

Foi numa dessas voltas que Mateus convidou Leo para jantar com ele e Lívia num restaurante charmosinho que acabara de ser inaugurado perto da casa onde estavam morando. Entre assuntos da empresa e comentários sobre outros negócios, veio a oportunidade para Mateus abrir o jogo com Leo. Começou dizendo que a hora dele era aquela, que tinha chegado num ponto em que acreditava estar com energia suficiente para voltar à estrada do empreendedorismo. Lívia ficou surpresa por ele ter dito aquilo assim, sem nem avisar que tocaria no assunto, e essa atitude intempestiva rendeu mais umas duas horas de conversa depois que voltaram pra casa. Mas o ponto alto da noite não foi esse – a reação de Leo é que foi mais chocante. Ele parabenizou Mateus, ciente de que esse dia chegaria. Achava que ainda poderia demorar mais um ano, só se espantou por ter chegado tão cedo, tão antecipadamente. Mas, mesmo concordando, Leo fez uma contraproposta ao amigo: nos próximos três meses, Mateus ainda continuaria na WP Brasil. Era vital que ele continuasse por diversos motivos, mas principalmente pela questão da segunda rodada de investimentos e a consequente expansão que esse movimento iria gerar. Já estava tudo planejado, era um trabalho de grande responsabilidade, e Leo não iria abrir mão da figura de Mateus, tão influente e inspiradora para os demais escritórios. Em contrapartida, passados os três meses, Leo teria mais noventa dias com Mateus. Nesse período, ele o ajudaria a elaborar o plano de investimento e as ações estratégicas para o empreendimento que pretendia lançar. Fosse o que fosse, se ele cumprisse esse prazo, Leo adiantaria o valor do investimento, obtendo um percentual compensatório.

Apertaram as mãos e se abraçaram, todos os três. Lívia seguia bastante espantada por tudo o que ocorreu enquanto aproveitavam a comida, mas por outro lado também estava aliviada com o cronograma estabelecido e sacramentado – assim, aquele assunto não importunaria mais os dois e o relacionamento voltaria ao normal. Apesar de ter quebrado um pouco o pau com Mateus quando foram embora, no fundo ela sentia que ambos tiraram um bom peso das costas. A situação já tinha afetado até a vida sexual dos dois: as briguinhas diárias, as discussões acaloradas, os bicos que um fazia pro outro, tudo isso acabou sendo considerado na cama, minando aqueles momentos de prazer e tesão que tanto os aproximara. Não chegaram a brigar em definitivo – a paixão era muita para aquilo acontecer –, mas ficaram algumas rusgas. Sempre ficam. Mas foi bom assim mesmo, pois ambos puderam vivenciar problemas comuns que sempre interferem na vida de qualquer par.

Leo também tratou de acalmar Lívia. Disse que confiava plenamente que uma transição lenta e gradual seria boa para todos os envolvidos e que contava com ela para assumir o lugar de Mateus, pois acreditava que estava suficientemente preparada para ser a nova CEO da WP Brasil. Lívia agradeceu, disse que também se sentia capacitada e habilitada para esse novo desafio. Leo ressaltou inclusive que, tirando ele mesmo, somente ela poderia encarar o novo cargo. Nas várias vezes em que os dois conversaram diretamente a respeito de algum assunto relacionado a WP ou ao mercado, ele ficara impressionado com os pontos de vista que ela destacava e com a solução que acabava sugerindo. Esse ponto foi surpresa para Mateus, que não fazia ideia de que Leo e Lívia já haviam conversado sobre outros assuntos profissionais. Mateus achou que seria uma boa saída usar esse argumento na conversa pós-jantar: se ele não avisara Lívia que pretendia conversar com Leo naquela noite, ela também nunca havia mencionado que conversava com Leo sobre aquele assunto. Mas a estratégia não funcionou como ele esperava, e Lívia rebateu:

– Nada a ver. As poucas vezes que eu conversei diretamente com ele foram somente sobre questões referentes à WP Brasil. Eu não precisava ter te contado, pois foram conversas muito triviais.

Ele, em débito por não a ter preparado para a conversa que teria com Leo, deixou o assunto de lado e começou a seduzi-la, aproximando-se na cama, roçando a perna na dela e sussurrando que queria ficar mais juntinho, pois sentia um pouco de frio. Ela, derretendo-se ao sentir o corpo dele encaixadinho ao dela, cedeu, e os dois puseram um ponto final naquela discussão depois de uma boa transa. Respiraram felizes e, quando ele começava a adormecer, Lívia perguntou:

– Amor, me conta: qual é sua ideia de negócio?

Mateus só conseguiu dizer “brinquedos, vou mudar o ramo dos brinquedos”.

15 REFLEXÕES

– Eu gostaria de chamar aqui o empreendedor convidado para a abertura desse evento. Eu tô falando do CEO e idealizador da TicToys! Vem pra cá, Mateus!

Depois desse anúncio, tudo que Mateus conseguiu ouvir foram palmas e assobios. Subiu, confiante, os poucos degraus que faltavam para encontrar e abraçar aquele que seria o seu entrevistador naquela noite. Estava feliz em poder subir a um palco, ainda mais sem ter competidor para disputar espaço com ele. Estava ali no osso, por conta própria, e não porque participara de um programa de aceleração. Era ele por ele mesmo. O seu esforço, a sua vontade, a sua gana, a sua energia. Era Mateus por Mateus. É claro que ele conseguira muita coisa graças às conexões que fez ao longo da sua trajetória até ali, mas acima de tudo estava sua atitude empreendedora, sua visão de negócio, seu timing para as ações que deveria desenvolver e que efetivamente desenvolveu, seu conhecimento sobre mercado – tudo isso reunido potencializava seu sucesso. Mateus estava diante de um auditório cheio de gente ávida em saber como ele havia conseguido, num cenário tão desanimador e burocrático, alcançar tamanho sucesso em tão pouco tempo. Era difícil reduzir isso em quarenta e cinco minutos de palestra, mas ele foi capaz – pelo menos foi o que lhe disseram quando o evento terminou. Sua capacidade de síntese havia sido ótima.

Em poucos passos, Mateus conseguira mostrar sua história e inspirar a todos com sua startup.

Desde o início, a TicToys tinha sido uma ideia muito bem elaborada. Com o conhecimento adquirido no decorrer de sua vida, Mateus pôde enfim compreender o que deveria fazer para manejar corretamente uma oportunidade. Foi assim que começou sua exposição. Vendo diversos rostos conhecidos na plateia, foi relembrando como era importante ter uma rede de relacionamentos sobre a qual se basear, gente com quem contar de verdade. Tudo começava pelos próprios pais, que estavam logo ali, na primeira fila. Chegaram antes e continuaram a aplaudir mesmo quando todos já tinham terminado. Mateus viu Luís, Pedro, Rodrigo, Leo, Lívia, Clara, Lauro e, já no final, até Lídice. Gostaria de ter visto Luísa, mas ela não estava no Brasil. Antes do evento começar, porém, Rodrigo contou ao amigo que a tia havia mandado um grande abraço e desejado boa sorte. O evento marcava o início de um novo, inédito e intensíssimo programa de aceleração de nível mundial, com abrangência nacional. A metodologia era praticamente a mesma dos demais programas já existentes: Scrum, Canvas, validações, pivotagens, mentorias, pitchs e saída para investimentos. Aquela pegada típica da jornada from Zero to Hero. Os diferenciais estavam no tempo e no local. O primeiro era mais extenso e o segundo era mais central, características que facilitavam não somente o acesso, mas também a possibilidade de que as validações ocorressem de maneira mais efetiva e abrangente. E havia outro considerável atrativo para aqueles que queriam acelerar suas ideias: as equipes selecionadas obteriam uma ajuda financeira bem generosa para dar início a algumas de suas atividades. Enquanto a equipe permanecesse no programa, seus custos seriam subsidiados. Os membros também receberiam um montante fixo destinado exclusivamente para as despesas com alimentação, moradia, transporte e outros gastos relativos à manutenção social da própria equipe. Esse fato, por si só, fez com que as inscrições praticamente triplicassem. E era ali, naquele evento que Mateus foi convidado para inaugurar, que seriam anunciadas as equipes selecionadas. Ter sido chamado para aquela abertura não era somente um reconhecimento pelo trabalho e pelo sucesso obtido, mas principalmente uma homenagem que servia para inspirar aqueles entrantes.

A trajetória de Mateus não tinha sido fácil. Em seu depoimento para aquela plateia, ele destacou a resiliência e a tolerância que adquiriu no infeliz programa que participou. Elencou as dificuldades que teve, os obstáculos que superou, as conexões que estabeleceu e até mesmo a ansiedade e as expectativas que manteve até o dia do anúncio final. Destacou com veemência o fracasso inerente à trajetória e a forma com que precisou lidar com aquela situação. Ao que tudo indicava, vários ali na plateia não sabiam que ele já tinha fracassado. Para o espanto desses incautos que achavam que ele estava ali por causa do sucesso da sua empreitada, Mateus frisou que o que mais ocorre na vida de quem quer empreender é o fracasso. O que todo mundo vê são as flores; já os espinhos ninguém nota, os tropeços ninguém observa. Brincou com aquela história de 99% transpiração e 1% inspiração, modificando com o dito: para ele, deveria ser 90% transpiração, 9% inspiração e 1% piração. Parafraseando seu amigo Rodrigo, acrescentou:

– A pessoa tem que pirar, né gente? Não dá pra ficar tão hardcore assim não, senão ninguém aguenta...

Aquele foi um dos momentos mais descontraídos da sua apresentação, e a ovação que recebeu ao terminar não foi à toa. Sua palestra foi elogiadíssima não somente pela imprensa, mas principalmente pelos que a assistiram. Tanto é que, quando terminou, vários queriam falar com ele, tirar selfies, entregar cartões, pedir contato, solicitar ajuda. Ouviu de tudo e quis atender a todos os pedidos, mas aquilo era impossível em tão pouco tempo. É bem certo, porém, que já sairiam dali alguns convites para falar sobre sua trajetória como empreendedor em outros locais. Para isso, contava com a presença indispensável de Lívia ao seu lado, que ia anotando os contatos e já estabelecendo um possível retorno para negociar datas ou encontros, reuniões.

– A agenda do Mateus já estava bastante comprometida. – Dizia ela. – Mas com certeza vamos retornar para agendar uma data e atender sua demanda.

Alguns queriam saber mais sobre a TicToys, sobre a possibilidade de trabalhar lá, de contribuir ou de negociar de alguma forma.

– Sim, com certeza podemos conversar mais. – Ele dizia, e encaminhando o interlocutor para Lívia, ela tratava de registrar e depois retornar.

Somente Mateus gozava da possibilidade de ter alguém para auxiliálo com essas demandas. Leo, Pedro, Luís e Rodrigo também foram cercados por diversas pessoas da plateia, mas tinham que se virar com a troca de contatos. Apesar de todos terem feito – ou ainda fazerem – parte da TicToys, o cabeça ali era Mateus: além de ter sido o idealizador, era graças a ele que a startup que estava revolucionando o mercado de brinquedos infantis, ganhando escala e se internacionalizando. Em breve, a TicToys atuaria em quase todos os países da América do Sul, além de já haver negociações em países da Europa e da Ásia.

A solução que a TicToys prestava não era assim tão diferente do que já existia por aí, mas seu diferencial foi fazer com que a doação de brinquedos fosse mais prática e rápida. Além disso, caso os brinquedos estivessem em bom estado, eles poderiam ser alugados para outras crianças – e os pais locatários teriam a possibilidade de obter retorno financeiro por meio desses aluguéis. O apelo girava em torno do aluguel e da doação de brinquedos, e esse apelo colou muito bem. Como prometido por Leo, o valor do investimento foi alto, principalmente em termos de publicidade, mas ele cumpriu com sua parte do combinado. Nas redes sociais, então, nem se fala! Pelas pesquisas que Mateus realizou para apresentar a proposta, ele constatou que havia cerca de três unidades de brinquedo por criança no mundo, mas pouco mais de um terço da população mundial de crianças tinha acesso a esses itens que abrem tantas portas da criatividade, da sociabilidade, da empatia. Ele acreditava que, brincando, as crianças aprendiam muito mais do que enfiadas nos bancos das escolas.

As doações eram estimuladas e, em quase um ano de funcionamento, já tinham ultrapassado a marca de dez milhões de downloads do app da TicToys. Era uma vitória e tanto. Acabaram difundido o aplicativo em várias outras línguas, mediante a criação dos embaixadores TicToys. Patrocinavam ações sociais de recolhimento e lá sugeriam o download. Funcionou que foi uma beleza! O hábito foi implantado e virou costume. Como conseguiram desenvolver diversas ações antes do

Dia das Crianças, o app também acabou estimulando mais as vendas nas lojas e nos sites do que seus criadores poderiam supor, pois quem doava acabava comprando outro brinquedo novo para repor o antigo. Daí a TicToys passou a ser vista como um maravilhoso Big Data para diversas empresas, desenvolvendo novas parcerias com outros segmentos. Com o crescimento do negócio e a ampliação para outros mercados interessados em adquirir informações relevantes de seus clientes e de possíveis outros clientes, a empresa deslanchou. Pouco tempo depois, a TicToys passou a ser somente um dos braços daquele business que se estabeleceu em outros mercados: tornou-se a TiCorp, um pool de empresas alinhadas horizontalmente de forma a garantir que os projetos fossem conduzidos para obter a maior quantidade de dados possíveis de seus diversos usuários. Assim, era possível utilizar a inteligência de mercado para vender a empresas ávidas, vorazes para desenvolver ações para seus clientes. A TicToys era um forte braço da corporação, é verdade.

Mateus tinha sido arremetido para outro patamar. Passou a dar entrevistas para vários canais de televisão, mas segurou as pontas com o seu orgulho: não, não foi capaz de criar páginas, canais, vlogs, blogs e nem podcasts próprios. Tinha lá suas redes sociais, seus pitacos e posts altamente curtidos, comentados, compartilhados e stalkeados diariamente, mas ainda conseguia manter os contatos, os locais e as empresas que encontrava nesse frenesi em ordem – era muito dedicado a isso. Tinha tido um ótimo aprendizado com Leo, George e mais um sem-número de outros empreendedores e investidores que conheceu e passou a conhecer. Afinal, apesar de aquele ter sido o primeiro de uma série de eventos dos quais estaria participando, precisava se manter como empreendedor também – e, agindo como tal, ansiava por novas oportunidades.

Também não se podia esquecer de Lívia. A morena que o fascinara desde o primeiro momento ainda o conquistava dia após dia. Mateus se mudou definitivamente para o Rio de Janeiro e de lá foi para quase todas as capitais do país. Vida de empresário. No fundo, não mais aquele cara engravatado tão frequente nas pontes aéreas, mas uma figura descolada, sem exageros. Discrição acima de tudo, mas com a elegância de um jeans bem lavado, um blazer bem cortado e uma boa marca de mochila nas costas. Sempre com óculos escuros no bolso interno, cartões, celular e fone de ouvido, marcas internacionais, modelos exclusivos, chamava a atenção por onde passava. Não à toa, Lívia ficava sempre no pé, de olho e alerta. Ligava, conferia. Usava o facetime, prático e fácil. Certa vez, Mateus foi fazer a abertura de um evento em Florianópolis, mas por causa de uma intensa chuva não conseguiram fazer a combinada call. Lívia nem pensou duas vezes: procurou o nome do hotel e ligou pra lá para conversarem por telefone. Aquela parecia uma experiência vintage; aliás, talvez tenha sido a única vez em que usaram um telefone – tudo era feito sempre por cam ou áudio. A questão não era tão-somente ciúme. Lívia tinha ciúme, sim, mas ligava e demarcava território por zelo também. Sabia que ele vivia com a agenda cheia e tentava manter as coisas sob controle. Não podia negar que fazia o papel de agente dele – como tinha acesso à sua agenda, sabia exatamente o que dava e o que não dava pra ele fazer –, e Mateus confiava muito no faro dela. Como ela era bem mais articulada do que ele, conseguia vincular cenários de boas oportunidades de negócios sempre que ele ia para algum lugar. Dizia quem eram as pessoas importantes, de quem ele deveria pegar o contato, coisa e tal. Ele já ia "brifado" para os lugares, como ela mesma dizia. Isso sempre facilitou o desenvolvimento de projetos. Foi desse jeito que George tinha ido parar lá do outro lado do mundo, num pedaço de paraíso terrestre. Não tinha erro: era comunicativo, estudado, compreensivo e bem treinado. Não fazia feio: já saía dos lugares com um início de negociações.

As grandes empresas precisavam de dados minerizados – ou seja, informações agrupadas mediante padrões pré-estabelecidos e analisadas dentro de um universo abrangente –, e para tanto, adquiriam vastos bancos de dados. Em termos de tipo de negócio e tipo de ação comercial, isso não era nada de novo. Desde a década de cinquenta até a era dos CRMs robotizados, sempre havia uma fatia do mercado que comprava banco de dados. A diferença é que, naqueles dias atuais, além desses bancos serem capazes de armazenar, analisar e configurar tantos dados gerados, eles ampliaram significativamente o interesse de novos compradores. E era assim que Mateus vivia sua vida, mesclando lazer e negócios de tal maneira que, às vezes, não conseguia distinguir um do outro. O esquema de ser 24/7 não o incomodava: não tinha dia certo para fechar negócios, marcar palestras, fazer contatos... Tudo isso resultava em relatórios para os demais investidores, parceiros, clientes e fornecedores. Tudo gerava uma quantidade bem substantiva de reuniões, comunicados e decisões, uma mais difícil que a outra. OK, difíceis talvez não fosse a palavra, mas certamente eram complexas – e, de fato, tomavam muito tempo do seu dia. Era incrível ver como um negócio mais abrangente e mais lucrativo acabava se tornando também mais complexo de ser gerenciado.

A presença de Lívia sempre amenizava a situação. Trocavam muitas ideias, e sua visão de mundo mais abrangente e conectada era uma contribuição e tanto. Apesar de tudo, havia uma coisa que Mateus sempre fez e continuava fazendo: seguia, prioritariamente, sua intuição. Do assunto mais trivial à mais importante decisão, havia sempre o critério apontado por sua intuição, quando seus valores mais se aproximavam. O que ele obtinha mediante gráficos, relatórios e análises era complementado pela visão conectada de Lívia e seus estudos, pesquisas e avaliações. Até se espantava quando o êxito não era tamanho, pois todas as vezes em que não seguiu seus instintos, seus propósitos, alguma coisa nunca funcionava como deveria. E esse era um ponto em que discordava de Lívia. Enquanto ela via esse tipo de acontecimento como normal e perfeitamente compreensível, ele julgava ser um obstáculo a mais para a TiCorp e, por isso, não conseguia concordar que a intuição poderia ser descartada. Achava necessário porque via que erros e acertos sempre se misturavam, e o foco dele era que isso não acontecesse. Erros podem ser racionalmente evitados, e inclusive devem ser. A busca pelo acerto, por outro lado, sempre deve ser perseguida, e o conhecimento gerado deve ser acumulado para que os erros sejam reduzidos e os acertos potencializados. Era como se procurasse a perfeição. Não era uma luta inglória, embora impossível de ser alcançada. Mas se para Mateus o fiel da balança entre errar ou acertar era sua intuição, para Lívia essa era a prova viva de que existe um quê de incontrolável nas decisões – e, vendo por esse lado, erros e acertos poderiam e deveriam se misturar. A garota achava normal tomar decisões certas e, às vezes, erradas – nada poderia conter esse movimento pendular. A diferença, para ela, era que havia certos segmentos e determinados negócios em que a tolerância para o erro era bem pequena, bem restrita. Isso fazia com que fosse normal buscar meios racionais para encontrar somente as alternativas mais assertivas. Para Lívia, o que mais impressionava era saber que a diferença entre ver uma questão como simples ou complexa só dependia do ponto de vista de cada espectador, e essa relativização corroía Mateus. Para ele, havia um ângulo certo, adequado, solucionador das questões, e enquanto não visse por todos os ângulos – tanto os racionais quanto os intuitivos –, nenhuma resposta confiável seria obtida. Por ele, as decisões intuitivas seriam as mais adequadas, enquanto as racionais apenas pareciam ser adequadas. Era como um truque de imagem. Para Lívia, esse truque de imagem ocorria pela intensa difusão de informações que circulam em torno das questões, das decisões. "Nada mais racional do que tomar decisões intuitivas nesse tipo de cenário", ela defendia, e acabava rindo. A química era tanta que ele também acabava rindo. Daí para ir pra cama, começar a sarrar e se entregar ao sexo era somente uma questão de tempo.

Talvez aquele fosse o primeiro momento da vida de Mateus em que ele podia desfrutar de intensa e real felicidade, tamanha sua realização. E o que era melhor e ainda mais indescritível: aquela felicidade se encontrava em praticamente todos os aspectos de sua vida. Sempre que podia, sua mãe repetia que sabia que Mateus era diferente, que trazia um otimismo nos olhos, capaz de fazer com que até mesmo o maior dos derrotistas ficasse esperançoso.

– Ele era diferente. Era o mesmo menino que os outros, vendo assim de longe. Mas era só abrir a boca que a gente notava que tinha um quê de especial nele, uma coisa bem diferente daquilo que os outros meninos falavam. – Dizia, e caía na risada.

A mãe não sabia explicar ao certo o que isso significava, mas sabia que o filho era diferente dos demais. E, pelo menos para ela e para o pai de Mateus, foi isso que fez toda a diferença na vida do filho. Não teve educação diferente, não foi exposto ou preservado de absolutamente nada do que os demais meninos da sua idade vivenciaram, simplesmente viveu na sua completude. Ainda perguntavam para ela como ele se comportava, se havia sido um moleque disciplinado ou não, ao que ela retrucava:

– Era um menino assim, como qualquer outro, mas despido de todo o preconceito possível. Isso nós sempre fizemos questão de frisar. Zero preconceito. Preconceito leva a nada, e eu acho que isso ele aprendeu bastante.

Isso era fato, e Lívia podia confirmar:

– Mateus conversa com qualquer pessoa. Se deixar, até com as coisas ele conversa.

Piada pronta, mas surtia efeito. Essa percepção que as pessoas próximas a ele tinham era tão intensa que até mesmo Mateus achava, às vezes, que sua sagacidade e intuição provavelmente era fruto da falta de preconceito, falta de medo, de receio daquilo que poderia ser diferente. Ele não tinha. Para ele, o normal era ser diferente – pensar dessa maneira fazia muito sentido! Querendo ou não, Mateus se via hoje como um ser bem diferente dos demais. Tal sucesso repentino, entretanto, não o transformou. Pelo menos não no sentido de mudar seus valores, seus objetivos de vida, sua maneira de encarar as coisas, e sim no sentido de que ele não era mais o mesmo menino que tinha uma boa articulação e uma espontaneidade fora da curva. Mateus foi mudado pela própria trajetória que projetou. Não foi uma projeção planejada; foi por ter adotado um caminho que acreditava ser o melhor. E justamente por ter assumido essa crença, sem temor de que alguma coisa pudesse acontecer – ou seja, sem o preconceito –, se sentia apto e talhado para o empreendedorismo. Naquele momento, ele conseguia ver tudo isso em retrospectiva, mas no decorrer de toda essa estrada não conseguira perceber o quanto mudara ao adotar esse caminho. E o que é melhor: escolhera aquele caminho pela sua própria intuição. Hoje, mais amadurecido e otimista, via que suas decisões cruciais nessa trajetória tinham sido todas apoiadas na intuição, e era isso que o deixava mais relaxado para tomá-las. Ao contrário de Leo, Mateus não gamificava a sua vida. Não era um seguidor, muito menos conseguia adestrar seu comportamento para o sucesso. Mesmo assim, era frequentemente convidado para subir em palcos, dar palestras e apresentações, desempenhando um papel inspirador para uma assistência repleta de cabecinhas interessadas em empreender. Mas não fazia isso por objetivo. Era mais o resultado de suas decisões intuitivas do que um apontamento de foco e determinação.

Em alguns aspectos, Mateus também intensificou seu potencial organizativo. Tornara-se um escravo de cronogramas, reuniões, leituras, análises, pautas, horários, cafés, auditórios, mentorias e mesas redondas sobre certos temas urgentes. Para aguentar esse batidão de atividades, munia-se de aplicativos que se vinculavam uns aos outros, marcando, registrando, anotando, enviando, curtindo e acessando o que fosse necessário. No fim das contas, os apps comandavam boa parte da sua existência. Achava normal trabalhar com uma carga diária maior do que as religiosas oito horas. Inclusive, era uma das coisas que mais se destacava em suas intervenções.

– Quem acha que vai empreender e ter mais tempo livre porque tem essa autonomia, pode ir esquecendo essa mamata. – Ele alertava. – Pensem bem antes de empreender, porque vocês vão trabalhar vinte e quatro por dia, sete dias por semana. Não vai existir essa história de dia útil mais não: qualquer hora vai ser hora. As oportunidades passam diante dos nossos olhos todo santo dia, e às vezes elas passam mais de uma vez. Você tem que estar atento, tem que estar por dentro. Ler bastante, estudar muito, colocar projetos em andamento – nada fica muito tranquilo, não. A gente descansa lendo, se informando, buscando informações novas, trocando ideias. Essa deve ser a sua Ritalina, o seu remedinho para a concentração.

O futuro estava ali, naquele momento, trazendo todas as soluções para todos os possíveis problemas que surgissem, além de outros problemas, outras dores de mercado que também precisavam ser solucionadas. Aqueles que querem empreender precisam saber do que está se passando nesse futuro-presente e encontrar oportunidades inovadoras. O foco deveria ser dado na solução, sabendo que esta poderia ser alterada para um ou para outro mercado, e essa alteração poderia manter ou diminuir seus custos. Nesse exercício paradoxal de ampliar o olhar para o momento, reduzi-lo para as soluções e desviá-lo para os custos, haviam sido produzidas diversas metodologias, cada qual com a sua funcionalidade, suas propriedades, possibilidades e limitações.

Era por isso que Mateus defendia o contínuo treinamento, a contínua apropriação de conhecimento. Para ele, essa era a base para desenvolver uma visão intuitiva, capaz de prever as soluções mais adequadas para determinado momento do mercado. "Com certeza não vai ser nenhum tipo de droga, poção mágica ou mesmo remédio que irá proporcionar isso", ele defendia. Mateus reconhecia que falar sobre esse perfil e sobre esse tipo de comportamento era fácil, sim. O complicado da história era exercê-lo, pronunciá-lo. Ainda dizia que ter foco era importante para isso. Exercer o seu potencial empreendedor, planejar, organizar, executar e refazer todo esse ciclo era o mantra de todo e qualquer aspirante a essa posição. Este tinha sido o enredo que ele testemunhava todas as vezes em que era convidado para algum evento, fosse como atração principal, fosse como um dos componentes entre vários outros empreendedores.

Foi num desses eventos que acabou conhecendo Liam, um carinha meio nerd, mas bem descolado para ser reduzido somente a uma categoria social. Liam era um filhote do Vale do Silício: ele representava o típico empreendedor tecnológico, que já tinha tirado o doutorado em física computacional, vivia entre o ambiente acadêmico e um mar de startups que se espalhavam por toda a Califórnia. Havia investido e perdido muito dinheiro, mas também já tinha ganhado muitos milhares de dólares com outros investimentos melhores. Rolou uma conexão imediata entre os dois. Pensavam de forma semelhante, agiam de forma semelhante, tinham quase a mesma idade e trajetórias muito parecidas, mesmo Liam tendo passado mais tempo na faculdade e estado mais próximo ao Vale – e, por isso, mais exposto, às inovações tecnológicas do que Mateus.

Liam empreendeu mais tarde, depois de um fracasso que o levou a enfiar a cara nos livros e seguir, durante alguns anos, a carreira acadêmica. Era um novo empresário com interesse em diversos negócios aqui no Brasil, e era a sexta ou sétima vez que vinha ao país para tentar negociar com empresários. Identificaram-se logo de cara quando foram apresentados antes de começar aquele evento. Mateus ficou fortemente impressionado com os pontos de vista de Liam naquela apresentação. Ele falou muito sobre a importância da inovação tecnológica para a evolução da sociedade, discorreu sobre a necessidade de investimentos pesados em inovação para colocar qualquer economia nos trilhos e para elevar um país inteiro a um patamar superior. Em especial, chamava a atenção para urgentes mudanças nos marcos regulatórios, para a inscrição de patentes, para o desembaraço tributário, fiscal e aduaneiro de insumos para a aquisição de máquinas, equipamentos, instalações de centros de pesquisa e muito mais. Liam também defendia a intensificação de investimentos em cursos, em treinamentos técnicos voltados especificamente para pessoas que quisessem empreender. Resumindo, Mateus virou fã de Liam: enquanto ele julgava que o ecossistema empreendedor brasileiro estava muito bem constituído e que mostrava claros traços de desenvolvimento, o novo amigo via somente problemas, limitações e obstáculos. Esse antagonismo que Liam proporcionou, expondo as feridas estruturais do ambiente de cá, acabou com os sonhos de Mateus, que acreditava que estava tudo indo muito bem e que um futuro bastante promissor o aguardava. Liam tingia esse cenário com cores mais sombrias, mais amarronzadas. É claro que naquele momento, muito mais do que no passado, havia condições melhores para difundir a cultura empreendedora. Mas para o desânimo e desespero de Mateus, tudo acabava por aí mesmo. "Como é bom ter uma visão mais completa e abrangente das coisas", ele pensava, entusiasmado em entender as coisas sob um novo ponto de vista.

Ao mesmo tempo, aquela realidade era dolorosa demais. Difícil demais. Na verdade, ao comparar as diferenças entre os níveis de investimentos em inovações nos outros países com o que fora praticado no Brasil nos últimos anos, Liam conseguia comprovar que esse era o ponto que fazia toda a diferença entre o ambiente empreendedor daqui em comparação ao de outros lugares, tais como Coreia do Sul, Singapura, Índia e até mesmo a Nova Zelândia. Foi nesse momento que Mateus percebeu que já não podia mais evitar o inevitável: precisava viajar. Precisava conhecer esses lugares, saber o que eles faziam lá, como eles faziam as coisas acontecer, como desenvolviam e impulsionavam seu ecossistema empreendedor. Lívia bem que já tinha dito isso pra ele tempos atrás, mas como estava sempre com a agenda apertada, sempre tinha uma boa razão para adiar esse plano. Mas foi ali, naquele restaurante em que almoçou com Liam um dia após terem se conhecido, que Mateus decidiu que estava na hora de dar um rolê por outros ecossistemas. Se ele queria melhorar o ambiente nacional, era preciso aprender e ver tudo com seus próprios olhos. Ia fazer perguntas, filmar, entrevistar, descobrir. Liam sentiu que podia fazer mais do que apenas informá-lo sobre esses locais: queria ir junto. Também sentia que precisava se atualizar mais, pois o cenário tinha mudado muito desde a última vez que estivera naqueles países, há três anos. Além disso, como ele já viajado pra lá, sabia de vários lugares que não estavam nas rotas principais para levar Mateus, o que certamente ele jamais descobriria se fosse sozinho. Sim, eram a mão e a luva. Um ajudaria o outro, um conheceria junto com o outro, e as perspectivas não paravam por aí. No mesmo almoço – que durou quase quatro horas, pois dali foram para um coworking e alugaram dois pontos –, Mateus compartilhou uma dezena de negócios que gostaria de conhecer. Falaram sobre startups, investimentos, pessoas, lugares e casos. Essa listagem era um compilado de diversas fontes que tinha adquirido no decorrer de sua trajetória, e tinha desde negócios e startups da antiga lista que Luís havia lhe enviado depois que voltou do Vale até todas as demais que ouvia, via e lia nos locais em que esteve. Havia também outra lista, bem menor, que guardava somente para sua pesquisa sobre o teletransporte. Não achou por bem compartilhar; por ser um assunto muito específico, era provável que Liam não conhecesse nada sobre aquele segmento. Liam insistiu que o fizesse, pois se alguma estivesse em algum centro de pesquisa que fossem passar, ele poderia conhecer. Mateus lhe enviou três nomes, e não custou nem um minuto para Liam abrir um imenso sorriso. De cara, já conhecia o primeiro. Mateus não acreditou: "Como assim? Esse cara é um Deus!", pensava. Liam explicou que esteve durante quase um ano no centro de pesquisa daquela universidade por conta de um aparelho que eles possuíam – ou melhor, que estavam desenvolvendo –, cuja tecnologia pretendia tornar possível a migração de dados através de cabos termoenergéticos: isso estava relacionado à tese de doutorado que estava estudando. Ele ainda contou a Mateus que no laboratório ao lado ficava outra startup que estava na lista, e que essa se dedicava quase que integralmente a pesquisar a transposição de objetos tridimensionais – ou seja, estudavam o teletransporte. Liam disse que conheceu todos os caras envolvidos naquele projeto; inclusive, o professor orientador e pesquisador-chefe do projeto tinha escrito, junto com ele, um artigo científico para uma revista da própria universidade.

Mateus ficou estático. Não conseguia acreditar que teria a chance de conhecer de perto aquela história que o fascinava tanto desde pequeno. Dessa vez, seu entusiasmo não fez com que ele se envergonhasse: foi logo perguntando se existia alguma possibilidade de visitarem aquele local. Liam nem pensou duas vezes para responder:

– Claro que sim! – Afirmou animado, mesmo sabendo que o tal professor-chefe não estava mais naquele centro.

Liam ainda tinha acesso a todo o restante da equipe, e por isso sabia que eles já tinham dado outros passos além do que fora divulgado. Só nesse assunto, os dois gastaram umas duas horas. Mateus queria saber mais: como poderia acompanhar os trabalhos que eles estavam desenvolvendo, como eram os investimentos naquela linha de pesquisa, se ele poderia ir até o laboratório, se os caras poderiam receber um leigo lá, se havia alguma aproximação com alguma startup para lançar ou experimentar algum modelo de negócio. Ao perceber que Liam era alguém que poderia fazer com que seus sonhos pudessem se transformar em realidade, não poupou esforços em questioná-lo sobre as possibilidades. O amigo respondeu diversos nãos a muitos daqueles questionamentos. Não era por falta de interesse que ele não sabia de tantos detalhes do projeto, mas sim pelo fato de que, enquanto esteve no centro, dedicara-se inteiramente à sua pesquisa. O trabalho acabou resultando em um modelo de negócio bem disruptivo e que ainda estava em fase final de teste: era o de algoritmos de interfaces de imagens para o reconhecimento facial e de voz a serem aplicados em robôs. Tratava-se de uma promessa e tanto, assim como aquele sonho, acalentado durante tantos anos por Mateus, de poder ver o teletransporte sendo construído.

Terminaram a reunião com grandes aspirações e com os planos já traçados. Ainda precisariam marcar datas, elaborar cronogramas, visitas, trajetos, analisar trechos, cruzar agendas com as atividades que pretendiam realizar, enfim, fazer todo o roteiro. Decidiram que, inicialmente, Mateus verificaria quais seriam as melhores datas, pois como Lívia mantinha algumas informações das áreas de interesse, talvez ele pudesse agendar a viagem quando já houvesse algum compromisso previsto. Depois de passar o cronograma, Liam iria elaborar o melhor trajeto por todas as cidades. Sabendo dos dias e locais, cada um pesquisaria as empresas, startups, pessoas, universidades e o que mais fosse interessante para conhecer dentro do escopo. Elegeriam então uma programação baseada nas escolhas dos dois e que coubesse no prazo em que ficariam em cada local.

Estava tudo acertado. Despediram-se bastante entusiasmados com o futuro e bastante animados com a nova e singular amizade. Mateus estava plenamente feliz: mais uma vez, sairia da caixa para voar longe. Esse era o seu momento, a sua oportunidade. E, como o bom empreendedor que era, jamais deixaria que ela passasse sem agarrá-la.

SO NHOS 16

Chamadas de voos são idênticas em qualquer aeroporto do mundo: a única diferença entre elas, é claro, são os idiomas. Mesmo que ele não entendesse muitas de outras línguas, sempre notava que eram seríssimas e entoadas de forma compassada. Exceto em Nova Deli, na Índia, onde sempre que a voz era transmitida pelo sistema de som, tocava junto uma musiquinha tipicamente indiana, como se um verso estivesse sendo entoado. Ficaram quase nove horas parados no aeroporto indiano por causa das monções, e por isso Mateus pôde enjoar de ouvir as chamadas dos alto-falantes. Tinha sido um período atípico: aquelas fortes chuvas costumam cair em épocas específicas, mas como o clima do mundo inteiro andava muito doido, era praticamente impossível prever tal desabamento de água onde quer que fossem. Apesar do seu gigantismo, até mesmo o rio Ganges tinha elevado muito de nível.

Mas o importante é que aquele atraso não prejudicou muito o andamento da viagem, que estava indo muito bem. Logo depois dali, foram para Pequim, e lá não tinham muita agenda além dos típicos passeios de turistas. A ideia era ficar três dias em Pequim, mas eles acabaram ficando menos para adiantar a ida a Hong Kong. É que Liam havia descoberto uma nova área de negócios que o interessava: a de criptografia de dados computacionais.

Hong Kong era realmente um lugar indescritível. Conseguia colocar, no mesmo espaço, aqueles prédios descomunais em tamanho e modernidade junto com pequenos – mas pequenos mesmo! – comércios locais, que vendiam tofu e uma enorme variedade de caldos e sopinhas. Era como se estivesse expondo a fortaleza e a fragilidade das coisas num mesmo local. Engravatados e mulheres finamente vestidas andavam na mesma rua em que se encontravam frutarias, pastelarias, carrinhos de caldos e idosas com trajes típicos dos orientais, que lembravam as gueixas. Parecia que estavam dentro de um almanaque de mangá. Para além dessa visão, aquela era uma cidade cosmopolita na definição mais aproximada do termo. Qualquer coisa que você precisasse, ali era possível de ser encontrada, desde grandes empresas multinacionais até escritórios de serviços e pequenos empreendimentos ligados ao artesanato. Avançada tecnologicamente, mas ao mesmo tempo selvagem e acolhedora. Olhando pelas janelas, Mateus conseguiu mudar radicalmente a sua visão de mundo. "Há muita coisa diferente acontecendo enquanto estamos dentro dos nossos universos limitados a uma tela, seja de qual dimensão for", pensava. Enquanto em Deli reinava uma pobreza, em Pequim havia uma frieza impenetrável. Já Hong Kong era uma cidade quente, que fervia dia e noite e prendia a atenção de qualquer espectador, fosse pela velocidade com que as coisas aconteciam, fosse pela dimensão urbana que seus arranha-céus impunham. Como tudo aquilo era diferente do Brasil! Como reproduzir aqueles cenários em outro cenário tão disforme quanto o do Brasil? Cada local que visitava era uma surpresa que encontrava, uma novidade que lhe era apresentada. Mesmo abatido com tantos fusos horários, com tantas malas, despachos, tíquetes, chaves de quartos e chamadas em aeroportos, Mateus ainda conseguia observar a força pulsante daquela cidade. Achou até que estava tendo algum tipo de alucinação. Vez por outra, não entendia muito bem o que estava à sua frente e não conseguia processar ao certo o que estava vendo. Foi assim que guardou as recordações da sua passagem por Hong Kong e foi assim que a elegeu a cidade mais global de todas, mesmo depois de conhecer Tóquio e Singapura, dois lugares sobre os quais ele já tinha lido e estudado tanto que ficou com aquela impressão de que já os conhecia antes mesmo da viagem – afinal de contas, desde a escola, fotos e filmes dessas capitais eram constantemente apresentados.

Hong Kong acabou sendo mesmo uma grande surpresa. Antes da viagem, Mateus não havia encontrado nada que fosse suficiente para despertar seu interesse. Pesquisou algumas coisas antes de embarcar, mas como Liam tinha sido o responsável pelo roteiro, não se ateve muito na preparação e nem nas rotas que tinham traçado. Assim como Lívia o acostumara, não se preocupava com as coisas simples da vida, não cuidava tanto assim da sua agenda quando sabia que o que fazia estava sendo muito bem conduzido. Deixou-se levar pela roteirização estipulada por Liam e, pelo menos até aquele ponto da viagem, o amigo tinha acertado em cheio.

Mateus saiu de São Paulo e encontrou seu amigo em Los Angeles. Nem chegou a sair do aeroporto. Quatro horas depois, partiram para Tóquio, com direito a um pouso de duas horas no Havaí, mas só viram a ilha americana pela sacada do restaurante do aeroporto. Mesmo assim, o tempo foi suficiente para tirar algumas selfies e entrar no avião prometendo voltariam pra lá outra vez. Chegando em Tóquio, o jetlag de Mateus foi quase instantâneo. Não era acostumado a viajar tanto assim, e bastou pisar no hotel para desmoronar – não conseguiu nem acompanhar Liam até o restaurante. Depois de comer, Liam também capotou, e os dois dormiram por quase oito horas. Até certo ponto foi bom, pois acordaram junto com o sol.

Dispostos e descansados, tomaram café e foram para o metrô. Mateus queria tirar fotos de tudo, registrar cada uma das pessoas com quem cruzava na rua e dentro dos trens. Porém, a civilidade e a seriedade, tão nitidamente típicas dos japoneses, não permitiam a intromissão de uma câmera naquelas situações – aquilo sim seria muito desrespeitoso. Então, limitava-se a tirar fotos das coisas diferentes e até mesmo exóticas daquele povo e de sua cultura. Liam tinha marcado de visitar algumas empresas interessantes nos ramos de robótica, tecnologia automobilística e, curiosamente, de automação cibernética. Não fez tudo isso em um só dia, mas como a pontualidade era uma condição para que as visitas acontecessem, não podiam se atrasar. Esse fato fazia com que sempre pairasse um clima de tensão no início, que só era aliviado à medida que a visita ocorria e a reunião seguia seu rumo. Liam perguntava muitas coisas de caráter técnico, enquanto Mateus se limitava a querer saber como era o estilo japonês de gerenciamento. Não que não quisesse conhecer ou pelo menos ser apresentado às estratégias de produtos que essas empresas tinham e como elas os comercializavam, mas Liam havia alertado que se esse tipo de pergunta viesse à tona, talvez pudesse criar um momento embaraçoso. Mateus compreendeu a gravidade da situação e decidiu afastar de vez a possibilidade de tocar nesse assunto. Passados dois dias, Liam tinha que ir a um seminário em uma universidade japonesa perto de Nagoya. Como seu objetivo era apenas assistir a uma apresentação de trabalhos científicos, Mateus recusou o convite e resolveu aproveitar para fazer programas de turista. Foi em templos, pagodes, parques, enfim, finalmente pôde experimentar a cultura do Japão.

Tinha marcado um Skype com Lívia no início da noite e, assim que pisou no quarto, ela já estava ligando:

– Oi, meu amor.

– Oi, Teteu.

– Saudades.

– Eu também. Como estão as coisas por aí?

– Tá tudo certo! Tóquio é linda! Hoje tirei o dia para conhecer melhor a cidade, a cultura. É tudo muito impressionante. Da próxima vez que vier, prometo que te trago junto.

– Ahh, não fala assim não que eu vou cobrar, hein?

– E é pra cobrar mesmo. Acho que você ia adorar essa cidade, esse povo... A limpeza, o senso de organização e de respeito. Chega a ser até difícil de entender como existe uma cultura tão civilizada assim, tão solícita e compreensiva. Se aí no Brasil a gente tivesse pelo menos 10% do que eles têm de seriedade na condução dos negócios, nosso país seria uma potência mundial.

Mesmo sem nunca ter posto os pés no Japão, Lívia compreendia perfeitamente o que ele dizia.

– Parece que estou em outro planeta. – Mateus completou.

Se essa era a impressão que Tóquio passava, Mateus teve a certeza de estar em outro planeta quando chegou em Seul, quatro dias depois. As características excessivamente urbanas da capital da Coreia do Sul eram muito mais agudas do que as vistas em Tóquio, onde a modernidade se misturava a pitadas de tradição. Seul era futurista no completo sentido da palavra: respirava inovação, transpirava tecnologia. Ali, sim, era outro planeta. Ficaram dez dias na cidade. Puderam ver, assistir e conhecer de perto as maravilhas tecnológicas aplicadas ao comércio, ao transporte, à educação, à saúde e ao lazer. As coisas que contavam com pessoas envolvidas eram as que mais lhe chamavam mais a atenção. O esquema de pesquisa e desenvolvimento era muito frio – necessário, imprescindível, mas ainda assim muito frio na visão de Mateus. Basicamente, Liam se interessava em desenvolver soluções para que máquinas pudessem fazer as tarefas dos homens, expulsando-os de locais – as indústrias – que, num primeiro momento, eram habitados por pessoas. Mateus se interessava pelo contrário: onde se concentravam as pessoas era onde ele preferia observar, analisar, identificar os problemas e os conflitos para, desse modo, pensar em soluções que pudessem se traduzir em empreendimentos. Enquanto o norte-americano se enfurnava em fábricas e universidades, o brasileiro ia a coworkings, centros de convenções, feiras, ruas... Ele queria ver produtos e conhecer apps mais utilizados não somente pela população, mas principalmente pelas empresas.

Tal distanciamento entre ele e Liam era até que bom, pois tinham assunto de sobra para conversar à noite, quando normalmente se encontravam e dividiam pratos típicos da Coreia. Antes de ir embora daquela incrível metrópole, tiraram um dia pra agitar e foram parar num clube de striptease meio mafioso, numa região pouco nobre da cidade que reluzia marcas de produtos. Tomaram doses de soju, a tal cachaça coreana, até perderem a conta. Mateus voltou sozinho para o quarto, mas percebeu que Liam, não. Ele chegou mais tarde – e acompanhado. Pelo menos foi o que Mateus pode ouvir, uma vez que tinham alugado um apartamento pelo Airbnb e o quarto de Liam ficava parede a parede com o dele.

E foi assim, no gozo e na saudade, que se despediram de Seul e foram parar na Índia, em Nova Deli. Havia diferenças explícitas entre esses dois cenários, mas com um traço em comum: a inabalável fé no que faziam. Mateus notou esse fato naquelas culturas tão opostas, pois independentemente do grau de desenvolvimento de uma cidade ou país, uma sociedade muito ligada a princípios e valores espirituais fortes tende a ser uma sociedade que oferece uma intensa gama de empreendedores também. Já tinha estudado sobre isso e sentia-se fascinado por essa possibilidade. Enquanto a Coreia vivia um incontestável futurismo, envolvida por tecnologias ultramodernas, práticas e acessíveis, a Índia buscava ainda qualificar e remunerar adequadamente seus futuros programadores para que atuassem como operadores. Enquanto uns pensavam e consumiam, outros produziam. Coreanos e indianos, cada qual do seu lado, mas ambos com a mesma obstinação: essa era a incrível semelhança entre aqueles polos tão distintos. Em ambos os lados, havia muitos empreendedores.

Ele também percebeu essa afinidade entre o povo de Singapura e a população de Hong Kong, que era tão diversa, formada por tantas variações que sequer ousava-se falar que eram somente chineses. Aliás, foi somente em Singapura que Mateus conduziu a visita. Como George havia morado lá por oito anos, eles se reencontraram antes da viagem para elaborar um roteiro ligado ao universo das startups que Mateus queria conhecer. George conhecia bem a vibe de Mateus e planejou um roadshow muito interessante, que até Liam gostou de conhecer um pouco mais sobre o potencial de aplicabilidade com que determinadas soluções podiam ser pensadas lá na indústria, nas áreas de inovação. Definitivamente, Singapura era uma cidade inovadora, o berço dos modelos de negócio que chegariam ao Ocidente e à América do Sul somente dali uns dois ou três anos. Era o local, até então, que mais interessava Mateus. Tinha a sua digital: não era somente aquele local de inovações tecnológicas e de produtos, mas sim – e principalmente – o point das inovações em modelos de negócios. Aprendeu a empreender naquele ambiente e, portanto, nada mais sensato do que buscar esse tipo de identidade ali, naquela pequena e efervescente cidade. Mas o que Singapura tinha em pequenez, sobrava em startups, que eram diversas. Para todo segmento de negócio que pudesse ser pensado, havia um modelo que pregava facilidade, simplicidade e praticidade para resolver algum tipo de problema.

Outro fator que Mateus achou interessante e peculiar é que lá, o governo acabava sendo o grande incentivador da prática empreendedora.

Sim, o governo. E esse incentivo vinha sob todos os aspectos: financeiro, tributário, fiscal, logístico e toda a infraestrutura que pode auxiliar o nascimento de startups. Invejável. Como as ações eram desenvolvidas, pensadas, implantadas e organizadas, e como havia indicadores de eficiência e de eficácia estabelecidos, era uma realidade muito distante daquilo que porventura qualquer outro governo de outro país pudera fazer. Mateus se impressionou ao saber que o governo pode, sim, ser protagonista do desenvolvimento econômico por meio da inovação, intervindo na economia de tal forma que empreendedores, empregados e toda a sociedade acabem se beneficiando com ações direcionadas e objetivas, que favoreciam a todos. Apesar de uma cultura bastante arraigada nas tradições, Singapura era a cidade-Estado do sudeste asiático que mais conseguiu aumentar o IDH (Índice de Desenvolvimento Humano) nos últimos anos, e isso era nítido em diversos contextos: governo, empresas e população caminhavam juntos, buscando resolver todos os problemas sem desmerecer nenhuma daquelas peças.

Lá, percebeu como o ecossistema empreendedor poderia se desenvolver junto com a ação do poder público – e isso era muito importante. Só perdia mesmo para o danado do Vale do Silício, na Califórnia, último destino que visitariam antes de se separarem e retornarem, cada um, para a sua cidade de partida. É claro que o governo da Califórnia também lançou as pedras fundamentais para a constituição do ambiente empreendedor, mas as ações de lá precisavam ser requeridas para que alguma coisa pudesse acontecer. Era o contrário do modelo singapurense, no qual, independentemente de ser solicitado ou não, o governo por si só já investia na inovação como forma de mitigar o subdesenvolvimento tão clássico por aquelas bandas.

Foram de Singapura para Tóquio e de lá embarcaram para Los Angeles, com outra paradinha esperta no Havaí. Dessa vez, decidiram passar mais tempo no arquipélago vulcânico, ainda que não fosse o suficiente para conhecer mais do que já tinham visto em seriados e filmes. Tomaram uma cerveja na praia, tiraram selfies e, prometendo voltar o quanto antes, seguiram viagem.

O roteiro norte-americano já havia sido todo preparado por Liam, e Mateus só sabia de uma coisa: Lívia estaria à sua espera no aeroporto de Los Angeles. Tinham combinado de conhecer juntos o Vale do Silício, e aquilo fazia todo o sentido para os dois. De quebra, seriam conduzidos pelo melhor guia que poderiam ter: Liam era o cara, ideal para aquele tipo de tour, fosse para conhecer modelos de negócios, fosse para fazer turismo local. Sua dedicação era tanta que conseguiu descolar três entradas para o show de uma banda que ainda não tinha estourado, mas que certamente ia bombar em breve no mundo inteiro. O amigo também procurou alguns conhecidos para agilizar um roadshow pelas empresas âncoras que tanto ilustravam aquele Vale: Apple, Twitter e Facebook eram as mais emblemáticas e icônicas, mas não ficaram de fora da programação outras como Symantec, AMD, Yahoo, HP, eBay e Intel, além, é claro, das aceleradoras, dos coworkings, das feiras, das universidades e de toda sorte de ambientes onde os empreendedores se reuniam.

O ambiente fervilhava: havia cafés, pubs, restaurantes e bares por todos os lados. Em todos esses locais aconteciam reuniões de empreendedores, desenvolvedores, designers e outros profissionais. Mateus podia até tangibilizar a cultura empreendedora. Definitivamente, sentia-se em casa, uma torre de babel da geração millennial espalhada por um vale ensolarado, tomada por uma brisa marítima, altamente inspiradora, carregada de ideias que estavam pipocando a torto e a direito. Enfim, todos os filhos da "bolha pontocom" – os que foram agraciados e os que foram penalizados por ela – estavam reunidos em torno de modelos de negócios com propósito.

Mateus se lembrou diversas vezes das conversas que teve com Luís depois que ele voltou do Vale. O amigo insistia que ele precisava conhecer aquilo ali, porque era lá que tudo acontecia. O Vale era o lugar em que a inovação já estava presente no dia a dia das pessoas, e isso soava muito natural. "Luís tinha com razão", Mateus constatava. "Aqui é realmente um lugar que desperta em qualquer pessoa a vontade de colocar uma ideia em prática, de executar algum tipo de operação que surta um impacto positivo em suas vidas."

Finalmente ele pôde ver e conversar com um sem-número de empreendedores. Como ficariam os últimos quinze dias por lá, não se preocupavam muito com horário – arrumavam atividades para preencher todos os dias. Apesar de estarem lá para conhecer, repensar, atualizar o ecossistema do Brasil com novos empreendimentos, muitas das ideias que viu e ouviu ainda não estavam adequadas ao ambiente brasileiro, e havia uma infinidade de aplicativos que nem sequer conseguiriam ser baixados no país. No Brasil, por exemplo, todo ano ainda eram vendidas muitas cadernetas e agendas, principalmente nas livrarias e papelarias. Nos Estados Unidos, ninguém mais usava isso: tudo era feito digitalmente, desde livros, música, compras, entregas, comidas, drones, roupas, moda e educação até lazer e entretenimento, que revestiam toda aquela costa desde a chegada de Hollywood. Mateus reservou os três últimos dias somente para conhecer alguns negócios em particular, e em todos observou – mesmo que de maneira limitada – as possibilidades de expansão para o Brasil. Já fazia um tempo que acompanhava o crescimento do comércio eletrônico brasileiro e sentia que o Big Data que a TiCorp mantinha fazia total sinergia com as soluções que aquela meia dúzia de startups oferecia. Marcou reuniões com todos os empreendedores. Liam não pôde acompanhá-los, pois ficou de dar um pulo no Texas para visitar uns amigos.

Antes de se encontrar com o primeiro empreendedor cujo negócio o interessou, Mateus entrou em contato com Leo por Skype para deixa-lo por dentro do assunto. Leo ficou impressionado com a determinação de Mateus: mesmo viajando, ele não perdia o foco, e onde todos os outros viam diversão e lazer, ele via possibilidades e oportunidades.

– Força do hábito! – Mateus brincou. – A Lívia é que me acostumou assim, Leo.

Os dois gargalharam. Ou melhor, os três, pois Lívia estava preparando o jantar e também ouvia a conversa.

– Mateus, eu entrei no site de todas essas startups aí que você falou e fui vendo do que se tratavam. Entendi toda sua argumentação, o interesse que elas te despertaram, mas não sei se teríamos braço para fazer tanta coisa assim.

– Não, Leo. Acho que não deixei muito claro, mas eu só tô te falando dessas startups porque acredito que podemos testar os mercados delas aí pra saber com quais nossa gente poderia se associar – quer dizer, associar com a TiCorp.

– Sim, eu saquei sua ideia de testar aqui para saber qual performa melhor, mas fiquei pensando se a gente não devia criar um cronograma pra trazer esses testes. Não dá pra trazer três negócios pra cá de uma vez só; nós ainda não temos braço comercial e nem de operação pra fazer isso simultaneamente.

– Você acha isso mesmo, Leo? Fico pensando na possibilidade de destacarmos uma equipe multifuncional, de alta performance para esses testes. O que me diz?

– Sei não, Mateus. Temos ótimos profissionais, mas tenho sentido que eles estão meio sobrecarregados. Se tirarmos mesmo que seja meia dúzia de pessoas mais qualificadas, fico temeroso de ser tipo a gota d'água pra outras pessoas, porque eu teria que remanejar mais trabalho pra elas. E você sabe o quanto é importante manter o ritmo, ainda mais com controle e diagnóstico do que nossos clientes esperam receber, né Mateus?

– Sim, claro! Você tá coberto de razão, cara. E se você diz que tem percebido que eles estão meio sobrecarregados, eu não duvido. Mas a questão é que, se formos os pioneiros em representar esses negócios aí no Brasil, eu acredito que podemos alcançar outro patamar. Você não acha?

– Bom, eu confio bem no seu faro e no seu instinto para negócios, Mateus, você sabe disso, né? Sempre confiei. Acho que, dos seis, se a gente conseguir testar ao menos uns três em doze meses, já é um bom horizonte. O que você me diz?

Mateus ficou um tempo em silêncio.

– Peraí que eu tô pensando nessa possibilidade.

Minimizou a tela do vídeo e abriu a listagem que havia planilhado, na qual constavam os nomes das startups, o que elas faziam, os sites, os e-mails dos componentes e comentários sobre até que ponto uma parceria com a TiCorp poderia ser benéfica. Criou outra coluna e foi ajustando a ordem das startups de acordo com o resultado que acreditava ser possível obter. Enquanto fazia isso, Leo foi atender ao celular. Acabou que os dois voltaram ao Skype quase que na mesma hora.

– Leo, fiz aqui um ranking das startups que eu quero visitar. Dá uma olhada e me diz o que você acha.

– Beleza.

– Em vinte e quatro meses, a gente testa seis validações de negócios aí no Brasil. Vamos estabelecer que cada uma poderá ter no máximo quatro meses de teste. Às vezes pode acontecer de ser só uma, em outras vezes pode ser que sejam até duas startups ao mesmo tempo, mas nunca deve ser mais do que duas, ok? Eu sempre vou acompanhar uma das startups mais de perto.

Ao ouvir esse último comentário, Lívia parou o que estava fazendo e virou-se para Mateus como quem diz "porra, Mateus! Você ainda vai fazer isso? Com tantos compromissos e responsabilidades, você ainda vai assumir isso? Ficou doido?". Ele imediatamente sacou que, daquele jeito, não conseguiria fazer mais nada da sua vida. Mudou a proposta antes mesmo que Leo pudesse responder:

– Leo, calma aí. Pensei em outro arranjo, acho que dá pra fazer melhor.

– Diz aí então.

– Teremos trinta meses para testar todos os negócios, um de cada vez, um a cada cinco meses. Uma equipe por vez. Eu só faço a abertura do projeto, reuniões periódicas e o fechamento. O que você me diz?

– De fato é uma proposta melhor, Mateus, mas ainda acho que poderíamos abrir uma nova equipe só pra cuidar dos testes. Não sei se deveríamos usar os nossos colaboradores, que já estão indo tão bem nas atuais posições.

– Vamos fazer o seguinte então: a gente se reúne com eles e vê quem é que tá afim de entrar nesse projeto e, dependendo, a gente remunera com três a cinco por cento, caso o projeto seja validado. Quem topar entra no projeto e nomeia um substituto para o seu posto original, aquele que estaria trabalhando caso não tivesse esse novo. Se, no mesmo prazo, o substituto tiver um desempenho acima da média, a gente mantém ele no cargo e oferece para o gerente que pegue o outro projeto que vai chegar dali a mais uns meses, oferecendo novamente o mesmo percentual caso a startup seja validada e o negócio possa performar. Vamos fazendo isso até testar todas. A gente vai virar uma fábrica de empreendedores-investidores, que poderão fazer a mesma oferta para o grupo depois.

– Sim, essa lógica me parece bem razoável. – Leo concordou.

Lívia fez uma cara de "tá certo, mas mesmo assim você vai ter mais serviço". Fecharam um acordo. Desse jeito, Mateus conseguiria fazer o possível para testar as possibilidades e, caso dessem certo, todos sairiam ganhando. O trato parecia perfeito: Mateus não se sobrecarregaria tanto, somando aquela responsabilidade a outras que já possuía. Mas ao terminar a ligação, sabia que já tinha uma fera pra amansar. Lívia não gostou de nada do que ouviu. Não achava que Mateus pudesse assumir mais uma participação, mas ao mesmo tempo sabia que não podia retrucar, pois esse era o vício dele. Empreender, ver oportunidades e, apesar de saber que ele não tinha diploma de administrador, sacou que ele tinha desenvolvido seu potencial de gestor na prática e por meio de videoaulas. Foi o que fez. Aprendeu direitinho e tomou jeito para a coisa. Agora, já sabia arriscar, já entendia o jogo de um empreendimento e, assim, passou a ser ótimo gestor. Ela não tinha como competir com tantos predicados que Mateus acumulava, sabia que era assim que ele gostava de viver – intensamente. Chegando mais perto dela, Mateus deu um cheirinho em seu pescoço desnudo e a deixou com vontade de se entregar para o amor, e assim foi. Quem viu os dois pegando um Uber depois para a reunião com a primeira startup da lista, jamais imaginaria que, somente seis horas atrás, os dois estavam se agarrando em cima de uma cama.

Ficaram um pouco tensos porque parecia não haver muitos veículos disponíveis naquele horário, e tudo o que não queriam era se atrasar. Não foi à toa que baixaram todos os aplicativos de compartilhamento de transporte. Conseguiram chegar em cima da hora, pediram desculpas e correu tudo bem. Inacreditavelmente, a equipe não topou a possibilidade: só poderiam aceitar se fossem a última das empresas submetidas para a fase de testes no Brasil, pois não tinham capacidade de operar em outro país – ainda estavam tentando resolver problemas relativos aos cashbacks e às questões legais em relação ao tipo de retorno financeiro que a plataforma possibilitava. Tanto Mateus quanto Lívia saíram aliviados por não terem que submeter aquela startup assim, daquele jeito, e ficaram felizes por eles terem falado sobre as dificuldades abertamente. Era justamente esse espírito que mais recordava Mateus da sua primeira visita ao paraíso do empreendedorismo – a honestidade. Não tinha essa de esconder o jogo: era tudo claro, transparente, e ninguém permitia também que outras pessoas fossem julgadas, por qualquer motivo que fosse. "Admirável", ele pensava.

Saíram de lá com o compromisso de conversarem novamente dali a uns dois anos, mais ou menos, para saber se aquelas pendências já tinham sido resolvidas. Almoçaram com os membros da segunda startup, que já eram bem mais animados e envolvidos com a causa. O produto era uma plataforma de jogos, que podiam ser adquiridos mediante o pagamento de uma assinatura mensal, tudo feito on-line. Esses toparam. Sabiam que o mercado brasileiro crescia ano após ano no segmento de jogos e resolveram apostar. Também já tinham lido sobre a TiCorp antes mesmo de se reunirem. Conheciam a reputação da holding e firmaram uma relação de ganha-ganha altamente positiva para cada uma das partes. Lívia registrou tudo em fotos.

Já a caminho para se encontrarem com os integrantes da terceira startup, no final da tarde, Mateus conferiu a pauta que havia elaborado para o site e para as redes sociais da TiCorp. Lívia, a seu modo, também era frenética e determinada em suas responsabilidades. Marcaram de se encontrar com o CEO da startup num restaurante de lanches veganos. Muito falante e simpático, ele topou logo de cara. Precisava testar sua solução em um mercado diferente para saber até que ponto seu modelo de negócio era replicável. Sentiu que, mais do que ter alguém conduzindo o negócio no exterior, poderia também economizar bastante para que esse teste fosse ser feito. Na verdade, desde a primeira vez que Mateus viu aquela ideia, teve a nítida sensação de que ela teria muito a acrescentar no portfólio de alguns serviços, agregando valor e podendo até se tornar outra fonte de receita. Fizeram outra sessão de fotos no restaurante e, já à noite, depois de um banho revigorante, pediram pizza e dormiram agarradinhos. Acordaram com mais de mil curtidas nas fotos pelas parcerias fechadas.

– Será que ninguém mais dorme nesse mundo, não? – Mateus debochava.

– Putz, da noite pro dia tivemos mais de mil curtidas, quase duzentos compartilhamentos e o mesmo de comentários. Isso dá uma média de três curtidas por minuto!

Curioso como só ele era, Mateus deu uma averiguada nos horários das interações. A maior parte foi até as duas da matina. Uns poucos, quase cem, das duas às cinco e meia da manhã. Depois desse horário, crescendo a cada hora que passava, mais curtidas e comentários. Era alucinado com esse tipo de conhecimento. Foi disso que surgiu a TiCorp, afinal de contas: inteligência de mercado para as decisões empresariais. Nada mais comum do que ter um CEO obstinado por dados, cruzando-os com outros para gerar informações consistentes. E o melhor: tudo isso podia ser analisado antes mesmo que eles saíssem para a primeira reunião do dia.

Chegando ao escritório determinado, foram informados que o responsável por marcar a reunião não poderia comparecer mais, pois teve um problema pessoal com a filha recém-nascida. Mas aquilo não pareceu um problema para ninguém: apresentaram a proposta de teste para investimento, alguns levantaram dúvidas sobre quem conduziria os testes e como eles seriam realizados. Solicitaram, quase como uma exigência, que houvesse um cronograma validado por ambas as partes. Se despediram com cordialidade e com a promessa de que Mateus enviaria o cronograma para ser discutido na próxima reunião, em vinte e quatro horas. Como ele ainda analisaria mais duas startups, porém, pediu mais algumas horas para apresentar o planejamento, pois as conversas seguintes poderiam influenciar em qualquer que fosse a programação. Concordaram.

Mateus e Lívia tomaram um ônibus em direção à parte nova do Vale, que ficava no caminho para San Diego. Mas antes, passaram em um shopping onde havia diversas lojas de roupas grife a preços de liquidação.

– Como todo bom brasileiro, não podemos sair da terra do Tio Sam só com contatos e negócios fechados. Vamos ter que levar umas muambas também!

Mateus saiu com umas três sacolas, e Lívia com o dobro. Pediram que a loja enviasse tudo para o endereço em que estavam hospedados e zarparam para as próximas reuniões. Embora Mateus achasse que poderia ter sido melhor, todas correram muito bem. Mas de fato a próxima programação seria ainda melhor. Entre o décimo quinto e o vigésimo mês, a situação poderia apertar, pois das cinco startups escolhidas, três queriam participar nesse período. Ele e Lívia quebraram a cabeça para estabelecer um cronograma que conseguisse se adaptar a todos os envolvidos. Foi difícil, mas chegaram a um denominador que agradou a todos. Ficaram tão aliviados depois que elaboraram as minutas de parceria em duas línguas que, finalizado o serviço, permitiram-se alugar um carro elétrico e foram passar o último dia de viagem numa vinícola ao norte do estado. Ficaram até o pôr do sol e cruzaram a Golden Gate já à noite. Não puderam comprar muitas garrafas porque embarcariam dali a uns dois dias quase, algumas horas a mais.

Mateus colocou uma garrafa na geladeira e Lívia preparou um banho bem quentinho para os dois desfrutarem de mais momentos de prazer na costa oeste. No outro dia, pela manhã, Liam chegaria do Texas. Na madrugada seguinte, o casal voltaria ao Brasil.

Dito e feito. Pouco antes das onze da manhã, Liam batia à porta e Lívia, secando as mãos com o próprio avental, abria para recebê-lo. Mateus desceu as escadas e repetiu o gesto.

– Onde estão suas malas, Liam? – Lívia queria saber.

– O Nath está tirando do carro.

– Nath? – Mateus e Lívia se olharam, ambos tentando entender quem poderia ser o Nath, até que o próprio Liam interveio.

– Sim, o Nath. Ele vai ficar aqui na casa com a gente até o fim de semana. Ou melhor, ele vai ficar com o Mateus. – E abriu um sorriso enigmático, que fez com que Mateus e Lívia se entreolhassem novamente. – Vocês querem conhecê-lo?

Liam sabia que, naquela situação, aquele tipo de oferta jamais seria recusada – os dois concordaram imediatamente. Voltaram para a porta da casa e viram um sujeito robusto que aparentava ter uns quarenta e poucos anos. Tinha cabelos muito pretos e alguns traços que lembravam o povo do oriente. Mais tarde, souberam que ele era filipino – ou melhor, seus pais eram. Tinham chegado aos Estados Unidos no mesmo voo, e Nath era nada mais nada menos do que o atual coordenador do projeto Movimentação Cinética de Objetos Sólidos, vulgarmente conhecido como teletransporte.

Aquilo foi o suficiente para que Mateus abrisse uma cara de espanto que assustou até o próprio Nath. Sim, Liam havia trazido a tiracolo o cara do teletransporte. Sabia impressionar e conseguiu. Mateus abraçou Liam com a alegria de uma criança que ganha o melhor presente de Natal. O elemento surpresa foi fundamental para que ele tivesse aquela reação.

O casal colocou os dois rapazes para dentro de casa e, conduzindo-os até uma pequena copa, ofereceram um bom café da manhã, com direito a waffles e calda de chocolate. Ali mesmo, Mateus já quis saber de Nath como estava indo a pesquisa. Ávido por conhecimento como era, pagou de indiscreto e emendou as mais variadas perguntas. Fato é que o café da manhã se arrastou por muito mais tempo do que o previsto – já eram quase duas da tarde, e nem Mateus nem Nath arredavam o pé da copa. Lívia já tinha começado a guardar as coisas e deixou os dois à vontade. Liam ia e vinha: atendia um telefonema, ajudava Lívia em alguma coisa, voltava à conversa e ouvia um pouco. Depois, sumia e voltava de banho tomado, aguardando. Os dois continuavam ali. Mateus estava absolutamente maravilhado com a evolução da pesquisa.

Nath confidenciou que dois discretos testes já tinham sido feitos, mas os resultados ainda estavam sendo analisados; por enquanto, eram inconclusos. Mesmo assim, Mateus não parava de falar e perguntar. Foram e voltaram do almoço conversando. Falaram também de amenidades, é claro, mas sempre que podia Mateus tocava no assunto central, voltando a falar sobre o teletransporte e sobre o impacto que aquilo poderia gerar nos serviços e na economia. As explicações que Nath dava sobre o tema e a forma com que ele comparava as coisas para que Mateus pudesse compreender melhor fascinaram ainda mais o brasileiro. Pensar na possibilidade de se teletransportar e, mais do que isso, de poder participar do início das atividades ligadas ao teletransporte, eram possibilidades bastante sedutoras, e Mateus se deixava embalar por isso. A empolgação era tanta que às duas da matina ele já estava acordado e tomando banho para chegar ao aeroporto às cinco.

Foi lá mesmo, embarcando de volta para o Brasil com cinco propostas de teste debaixo do braço – e muito conhecimento sobre o universo das startups – que Mateus começou a dedilhar uma pasta exclusiva para seu novo projeto, apelidado de TeleTic, onde ele reuniria tudo sobre o assunto.

Ouviram novamente a chamada para o embarque, levantaram e seguiram para a fila. Já sentados em suas poltronas, Lívia pediu que ele não abrisse o notebook e que deixasse o celular desligado. Queria ficar agarradinha nele, curtindo todo o trajeto de volta. Mateus aceitou – amava-a muito e a respeitava sempre. Tirou todos os objetos tecnológicos de perto e, encostando sua cabeça junto à dela, fechou os olhos. Imaginava um momento em que uma simples piscada de olhos poderia levar as pessoas de um lugar para outro. Como sempre fazia, viu o mundo dando uma reviravolta, como se a humanidade estivesse atingindo outro patamar de evolução, de adaptação. Como se isso fosse o futuro.

Sonhando com todas as mudanças, viu oportunidades e possibilidades de se destacar nesse movimento de transformação que se aproximava. Vislumbrou se tornar uma peça chave para que tudo isso acontecesse e, inebriado com tamanha revolução que o teletransporte poderia proporcionar, caiu no sono. Seu sonho de empreendedor continuou durante toda a viagem.

LEIA TAMBÉM

RECEITA PREVISÍVEL
Aaron Ross & Marylou Tyler
TRADUÇÃO *Celina Pedrina Siqueira Amaral*

Toda empresa precisa vender, isso é inquestionável. No entanto, a maior parte delas permanece refém do acaso, sobrevivendo à base de resultados pífios, insuficientes e imprevisíveis. *Receita Previsível* (*Predictable Revenue*) é uma provocação a empresas, gestores, empreendedores e todos aqueles que lidam com vendas, para que saiam da posição de vítimas passivas da demanda de mercado e passem a protagonistas dos resultados.

Com a revolucionária metodologia *Cold Calling 2.0*, sua empresa nunca mais perderá tempo e dinheiro com processos de prospecção ultrapassados e ineficazes, e você assumirá o controle da receita, tornando-a completamente previsível.

De forma objetiva e com *cases* reais implantados pelos próprios autores – Aaron Ross e Marylou Tyler –, você aprenderá, passo a passo, como colocar em prática o processo de vendas *outbound*, que levou empresas como a Salesforce.com e a HyperQuality a aumentarem em mais de 300% suas receitas e a obterem milhões de dólares em receitas futuras.

Sem milagres ou fórmulas mágicas, você será capaz de estruturar uma verdadeira máquina de vendas na sua empresa, sem grandes investimentos em marketing, utilizando apenas método, pessoas e disciplina para obter resultados incríveis.

Considerado a bíblia de vendas do Vale do Silício, *Receita Previsível* é um livro instigante, mas acima de tudo útil, como uma consultoria do mais alto nível.

PETER DRUCKER: MELHORES PRÁTICAS

Como aplicar os métodos de gestão do maior consultor de todos os tempos para alavancar os resultados do seu negócio.

William A. Cohen, PhD

TRADUÇÃO *Afonso Celso da Cunha Serra, Celina Pedrina Siqueira Amaral*

Mundialmente conhecido como o pai da administração moderna, Peter Drucker (1909-2005) também foi um dos mais renomados e bem-sucedidos consultores de gestão de todos os tempos, tendo atuado em centenas de organizações públicas e privadas de vários países. Em *Peter Drucker: melhores prática*s, William A. Cohen, o primeiro aluno graduado no PhD executivo criado por Drucker, detalha as práticas mais efetivas de gestão adotadas pelo fenômeno da administração que ajudaram empresas como a General Eletric (GE) a chegarem ao topo. Esta obra pode ser considerada uma enciclopédia das práticas de Drucker, além de orientar sobre como e quando aplicá-las. Enquanto consultores de gestão encontrarão um guia completo com as melhores técnicas e metodologias para serem aplicadas em projetos de intervenção organizacional, executivos, gestores e empreendedores poderão ter em mãos uma verdadeira bússola para examinarem seus negócios e organizações, por meio de perspectiva pragmática – que reforça a influência e o impacto do pensamento e das metodologias de Drucker sobre as organizações até os dias atuais.

A BÍBLIA DA CONSULTORIA

Métodos e técnicas para montar e expandir um negócio de consultoria

Alan Weiss, PhD

TRADUÇÃO *Afonso Celso da Cunha Serra*

Se você já atua ou pretende ingressar no mercado de consultoria, precisa ler este livro. Alan Weiss é um dos mais notáveis consultores independentes de todo o mundo. Com cerca de 40 livros publicados e mais de 500 clientes atendidos em 55 países, o autor é referência quando o assunto é consultoria.

Com a consistência de quem pratica o que diz, Alan discorre, ao longo de 15 capítulos, sobre seus métodos e técnicas, indo desde a estratégia e o posicionamento do serviço de consultoria até questões mais operacionais sobre como elaborar propostas ou como lidar com questões administrativas, tecnológicas e de pessoal.

Para aqueles que já estão nesse ramo há algum tempo, Alan dá dicas e orientações valiosas sobre como lidar com clientes, como cobrar honorários mais elevados e como expandir seu negócio por meio de licenciamento, *franchising* e desenvolvimento de processos patenteados que possam se tornar fontes de receita.

Se tornar-se um consultor ainda é apenas uma possibilidade, este livro pode ajudá-lo a tomar a decisão mais acertada, porque expõe de forma verdadeira, clara e objetiva o que constitui a rotina de um profissional da área.

Com uma linguagem didática e bem fundamentada, *A Bíblia da Consultoria* é um guia prático, tanto para prestar o serviço de consultoria em si quanto para gerir um negócio com excelência técnica e resultados financeiros.

CUSTOMER SUCCESS

Como as empresas inovadoras descobriram que a melhor forma de aumentar a receita é garantir o sucesso dos clientes

Dan Steinman, Lincoln Murphy, Nick Mehta

TRADUÇÃO Afonso Celso da Cunha Serra,

De onde virá a receita do seu negócio no futuro? Sua empresa ainda é daquelas que têm de "matar um leão por dia" para fechar o mês? Já ouviu falar em receita recorrente? Acha que *customer success* é assunto apenas para empresas de tecnologia ou startups?

Se esses e outros questionamentos já lhe foram feitos, você precisa ler *Customer Success* para descobrir que, mais que um neologismo, trata-se de uma nova estratégia para lidar com os modelos de negócio fundamentados em serviços em vez de produtos, no uso em vez da propriedade. Seja qual for o segmento em que atua, direta ou indiretamente, você será impactado por esse fenômeno.

Customer success tem a ver com a geração de receita por meio da criação de drivers de retenção ativa de clientes, de redução do *churn* e estratégias de *upselling* para maximizar o valor do cliente ao longo do seu ciclo de vida, o *Lifetime value* (LTV). Muito além da satisfação dos clientes, *customer success* é saber que a sobrevivência da sua empresa depende do sucesso do negócio do seu cliente e, a partir daí, adequar estruturas e processos para crescer de forma rentável e contínua.

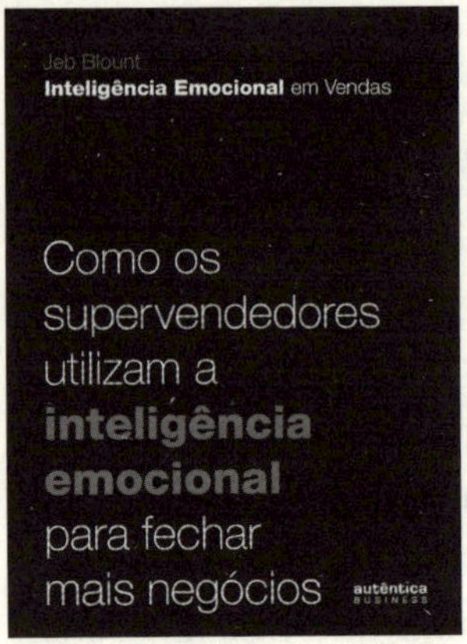

INTELIGÊNCIA EMOCIONAL EM VENDAS

Como os supervendedores utilizam a inteligência emocional para fechar mais negócios

Jeb Blount

TRADUÇÃO *Afonso Celso da Cunha Serra*

Os profissionais de vendas estão passando por uma verdadeira prova de fogo. De um lado, compradores com mais poder, informação e acesso a fornecedores prontos para tomar o seu lugar em todo o mundo. De outro, um ambiente tecnológico disruptivo, onde um produto ou serviço pode virar pó da noite para o dia.

O que fazer nessa situação?

Aproximadamente 1% dos profissionais que atuam em vendas estão se dando bem nesse cenário: são os supervendedores. Essa elite de vendas está usando a inteligência emocional para fechar mais negócios.

Nesta obra, Jeb Blount apresenta detalhadamente as técnicas e os comportamentos utilizados por esses vendedores de alta performance, capazes de influenciar compradores e decisores e superar a concorrência. *Inteligência Emocional em Vendas* aborda o hiato do relacionamento humano no processo de vendas atual, um momento em que as organizações estão falhando porque muitos vendedores nunca desenvolveram as habilidades humanas necessárias para envolver os compradores no nível emocional.

MITOS DA LIDERANÇA

Descubra por que quase tudo que você ouviu sobre liderança é mito

Jo Owen

TRADUÇÃO *Afonso Celso da Cunha Serra,*

Em *Mitos da Liderança*, Jo Owen derruba um a um, 56 mitos sobre a liderança que fazem parte do senso comum e estão impregnados nas mentes de milhares de estagiários, jovens profissionais e até dos mais experientes especialistas, impedindo-os de assumirem posições de liderança pela crença em ideias arraigadas, ultrapassadas e sem qualquer comprovação científica sobre o que é ser um líder de fato. Com base em dados e estudos científicos, Jo apresenta a cada capítulo os argumentos que derrubam cada um dos mitos que o senso comum em negócios nos faz acreditar. Ele também releva um horizonte de possibilidades para que cada um de nós se identifique com o texto e faça seu próprio diagnóstico sobre suas crenças e conhecimento a respeito da liderança.

Mais do que conhecimento, Jo Owen abre um novo horizonte sobre o tema da liderança e sacode o nosso espírito crítico para que possamos remover as barreiras que nos impedem de explorar todo o nosso potencial como líderes.

Depois de *Mitos da Liderança* sua visão e opinião sobre as "verdades" sobre os líderes nunca mais serão as mesmas.

Este livro foi composto com tipografia Bembo e impresso
em papel bold 70 g/m² na RR Donnelley.